曾子注译

姜涛 著

山东人民出版社

图书在版编目（CIP）数据

曾子注译 / 姜涛著. -- 济南 ：山东人民出版社，2016.4
ISBN 978-7-209-09210-4

Ⅰ. ①曾… Ⅱ. ①姜… Ⅲ. ①儒家 ②《曾子》-注释 ③《曾子》-译文 Ⅳ. ①B222.3

中国版本图书馆CIP数据核字(2015)第234842号

曾子注译
姜 涛 著

主管部门 山东出版传媒股份有限公司
出版发行 山东人民出版社
社　　址 济南市胜利大街39号
邮　　编 250001
电　　话 总编室（0531）82098914
　　　　 市场部（0531）82098027
网　　址 http://www.sd-book.com.cn
印　　装 山东新华印务有限责任公司
经　　销 新华书店

规　　格 16开（169mm×239mm）
印　　张 16.5
字　　数 250千字
版　　次 2016年4月第1版
印　　次 2016年4月第1次
ISBN 978-7-209-09210-4
定　　价 42.00元

论曾子（代序）

——关于历史上的曾子和曾子的历史评价

董治安

（一）

司马迁《史记·仲尼弟子列传》为后人留下了一节不足四十字的曾子评传：

> 曾参，南武城人，字子舆，少孔子四十六岁。孔子以为能通孝道，故授之业。作《孝经》。死于鲁。

今天我们了解曾子的生平，仍只能以此作为重要的支点和依据。试略作申释如下：

首先，曾子名“参”，字“子舆”。按曾子名参，见于《论语》《里仁》《先进》《庄子》《寓言》《吕氏春秋》《劝学》等多种先秦古籍；“字子舆”，则始著于此。又按参通骖，并读如森，居古韵侵部。东汉许慎《说文解字·林部》“森”字下，有释云：“读若曾参之参。”

其次“南武城人”，按武城为鲁地。考之《左传》，春秋时鲁国有二武城，一在今山东费县西南（参见《左传》昭公二十三年、哀公八年），一在今山东嘉祥县以南（参见《左传》襄公十九年）。唐张守节《史记正义》引《括地志》称：“南武城在兖州，子游为宰者。”此指前一武城。而日人泷川资言《史记会记考证》引孙志祖曰：“《大戴礼·卫将军文子》篇注云‘曾参南武城人，澹台灭明鲁东武城人’，其为两判然。东武城亦单称武城，《左传》《论语》

《孟子》所言皆是，在今费县；若曾子本邑之南武城，自在今嘉祥县，于曲阜为西南，与费县之在曲阜东北者不同，故加南以别之。”则是以后一武城为曾子故里了。

兹查明人于慎行所纂万历二十四年刻本（齐鲁书社 1984 年影印本）《兖州府志》卷七《圣里志中》“曾子”条，有记云：“国朝正统甲子（按为公元 1444 年）创建曾子庙于嘉祥南武山之阳，旧传有曾子书院在南武山之东，元时碑记可考，故重建焉。”同条目下又道：“成化（按为公元 1465 年至 1487 年）初年，山东守臣上言：‘嘉祥南武山西南，玄寨山之东麓，有渔者陷入一穴中，得悬棺，其前有石碣，镌曾参之墓。’奉诏封树丘陵，筑建飨堂神路，傍松柏缭以周垣，墓在嘉祥始此。”卷二十二《古迹志》“嘉祥县”条也称：“南武城，世传曾子故里也，在县南四十里，以在南武山下，故名。其后改为陈城，今于其下建宗圣公祠。”“耘瓜台，在南武山之阳，相传即曾子耘瓜误断其根处也。”据此，曾子故里及葬地为今嘉祥县以南之武城，其说已见元、明碑刻记载，流传既久，值得重视。

但同上刻本《兖州府志》卷二十二《古迹志》“费县”条下又载：“故武城，在县西南八十里石门山下，所谓南武城也……曾子所居。”卷二十三《陵墓志》“费县”条下：“曾皙墓在县西南八十里南城山……《史记》：‘曾子南武城人。’南武城者，汉泰山郡南城即今之费也。县志记曾皙墓在磨山故县之墟，于理为近。”如此，则又定曾子故居并葬地在今费县西南。兹录以备考。

再次，“少孔子四十六岁”。这为了解曾子所处的年代提供了极其重要的坐标参数。按孔子生于公元前 551 年（鲁襄公二十二年，见《史记·孔子世家》），据此相推，曾子当生于公元前 505 年（鲁定公五年）。相传曾子高寿，《阙里文献考》有“曾子七十而卒”的话，准此，则其卒年约在公元前 435 年。此时上距孔子之死（公元前 479 年）四十多年；下距孟子之生（公元前 385 年？）也不过四五十年。

复次，“能通孝道”“作《孝经》”。这是汉代及其以后流行甚广的一个传说，然实不足信。《孝经》不惟不是出自曾子之手，而且很可能纂成于刘汉立国以后（详下）。但曾子重孝行，确见载于《论语》《孟子》，这大约正是汉人附会其说的根据。

最后，“死于鲁”。按曾子晚年居武城（见《孟子·离娄下》）；其有疾，鲁大夫孟敬之“问之”（见《论语·泰伯》），当亦在鲁地。又先秦典籍所载曾子所与交往者，几不见鲁之外诸侯、大夫等。凡此，似均与曾子老死于鲁相合。

《论语》成书于孔子弟子和再传弟子之手。今本《论语》二十篇，其中计十三章十七次出现过曾子（或“参”）一名。从条数和字数看，所记多于一般孔门弟子，而少于子路（十三章七十七次）、子贡（十三章五十四次）、颜回（七章二十七次）、子张（十章二十八次）、子夏（八章二十四次）、冉求（八章三十三次）等。

《论语·先进》（以下引《论语》只列篇名）：“德行：颜渊、闵子骞、冉伯牛、仲弓，言语：宰我、子贡，政事：冉有、子路，文学：子游、子夏。”这里所谓“四科十哲”，自然应该是为孔子所肯定者，或者是为孔门众弟子所推重者，但是，为什么竟未言及曾子其人呢？《先进》篇又有“参也鲁”的话，似为孔子所言。“鲁”是鲁钝不聪敏。虽非有意贬斥，亦绝无推重之意，是不是也反映着孔子的一种态度或评价呢？

看来，孔子在世之时，曾子在诸孔门弟子间，并不特居于“先进”的地位。钱穆先生说：“按曾子于孔门为后进。孔子死，曾子年仅二十七……曾子之在孔门未从夙为弟子所推尊。其后游、夏、子张欲尊有子为师，强曾子，曾子不肯（董按，此见《孟子·滕文公上》）。曾子既为鲁、费君所重，其子又见崇于鲁缪（董按，此事待商）。吴起出曾氏门，显名于楚魏。至孟子推尊曾子，后世因谓其独得孔门一贯之传，实不然也。”（《先秦诸子系年·孔子弟子通考》）是有道理的。事实上，由于年岁为少，入师门较迟，曾子在孔子身边，尚未能如子路、子贡等人那样更多参与活动、讨论问题；而其名声的大大上扬，主要还是在孔子去世以后。

然而，曾子在孔子门下毕竟有其特定的地位。其颇为人称道的突出表现之一，是对孔子的学说理会比较深切，能够得其要领。《里仁》篇有载记说：

> 子曰：“参乎，吾道一以贯之。”曾子曰：“唯。”子出，门人问曰：“何谓也？”曾子曰：“夫子之道忠恕而已矣！”

“忠恕”是孔子之基本和核心的思想。“己所不欲勿施于人”为恕（见《卫灵公》），而“己所欲施于人”则为忠。忠恕相合，即为仁。孔子不止一次地强调忠恕（即仁）在自己全部学说中的重大意义，视之为串通钱贝的贯。《卫灵公》记孔子与子贡的对话：“子曰：‘赐也，女（汝）以予为多学而识之者与？’对曰：‘然，非与？’曰：‘非也，予一以贯之。’”清人阮元于此评道：“此夫子恐子贡但以多学而识学圣人，而不于行事学圣人也。夫子于曾子则直告之，于子贡则略加问难而出之。”（《研经室集·论语一贯说》）其说甚是。而值得注意的是，所谓“一贯”者究竟为何？孔门一般弟子、甚至连“十哲”之一的子贡也未能了然，而曾子却能够洞悉孔子微意，一语中的。这是曾子对孔子之道有深刻领悟的一个显著例证。

《论语》表明，曾子像孔子一样推重仁德，并深有体会。他说：“士不可以不弘毅，任重而道远。仁以为己任，不亦重乎！死而后已，不亦远乎！”（《泰伯》）把仁的实现看作是值得全力以赴、生死以求的大事，表现了宏大的抱负和努力实践的决心。又说：“君子以文会友，以友辅仁。”（《颜渊》）则是从个人进德修业的角度，说明时刻不忘追求仁德。孔子有云：“志士仁人，无求生以害仁，有杀身以成仁。”（《卫灵公》）又说：“为仁由己，而由人乎哉！”（《颜渊》）曾子所论，全与孔子相通，同样可以说是得其精要。

孔门儒家认为，仁之本在孝悌（有子说：“孝悌也者，其为人之本与！”——《学而》）。在《论语》中，多次见到曾子对于孝道的强调和论述。他转述夫子之言道：“人未有自致者也，必也亲丧乎！”（《子张》）“孟庄子之孝也，其他可能也，其不改父之臣与父之政，是难能也。”（《子张》）前者谓父母之丧时，人子必极尽其情；后者在于重复所谓“三年无改于父道可谓孝矣”（《学而》）之义。《泰伯》篇另有载记说：

> 曾子有疾，召门弟子曰：“启（视）予足，启予手！《诗》云：‘战战兢兢，如临深渊，如履薄冰。’而今而后，吾知免夫，小子！”

曾子在病中犹以保全身体为虑，是把“免刑全身”视为孝行之重要内容。《孝经·开宗明义章》：“身体发肤受之父母，不敢毁伤，孝之始也。”《大戴礼记·曾子大孝》：“身者亲之遗体也，行亲之遗体，敢不敬乎！”显然都是由此演化而来。

曾子说：“慎终追远，民德归厚矣！”（《学而》）又说：“君子笃于亲，则民兴于仁。”（《泰伯》，按此条原连上条并释为孔子语，今依清人说订正。）表明他极为重视丧祭之礼、奉亲之仪，以为由此可以彰扬孝道。孔子本已有“生事之以礼，死葬之以礼、祭之以礼”为“孝”之说（见《为政》），而曾子进一步发挥了孔子所论之蕴义，把孝行（修身）与治民（为政）联系了起来。可以看出，曾子贵孝，并不是仅仅拘于倡言某种单纯道德观念，而是把发扬孝道与转变民风、求得治世结合起来，把孝行纳入了礼治的范畴，体现了以孝治民、为政的政治思想。这是曾子一个重要的思想。孟子以后，包括秦汉之际的许多儒者，津津乐道于曾子之重孝道，并不断为之踵事增华，其主要基础和根据亦在于此。

《论语》所记另一不能忽视的内容，是曾子的“自省”说。他说：

> 吾日三省吾身：为人谋而不忠乎？与朋友交而不信乎？传不习乎？（《学而》）

所谓“三省吾身”，作为一种自律的要求，不过是对客观实践的及时检讨和反思，并不能视为脱离现实的标志。其实，孔子也曾倡言德化、德教，主张“修己以敬”“修己以安人”“修己以安百姓”（《宪问》）；曾子所论，实与孔子相通。研究者或笼统指责曾子“内省”说的消极性，夸大其与孔子的不合，似还值得斟酌。

然而，曾子强调“内省”，确乎又有重视个人正心诚意的内容，从而把个人主观修养的重要性提到了更高的地位。曾子说：“堂堂乎张也，难与并为仁矣！”（《子张》）正是说子张只追求言辞仪容之盛美，缺少品德修养的反躬自求，因而难及于仁。又说：“君子思不出其位。”（《宪问》）也是推重对于本职工作的专精不二、诚心不欺。《泰伯》篇还有载记道：

> 曾子有疾，孟敬子问之。曾子言曰：“鸟之将死其鸣也哀，人之将死

其言也善。君子所贵乎道者三：动容貌斯远暴慢矣，正颜色斯近信矣，出辞气斯远鄙倍（背）矣。笾豆之事则有司存。”

“远暴慢”“近信”“远鄙倍”，都是指处事之客观效果；而“动容貌”“正颜色”“出辞气”，则指修身慎行、言辞不欺等，是对于个人主观修养的要求。这里，作为曾子临终“善言”，把后者视为“君子所贵”之要道，显然是有意的强调，充分表现了曾子对于个人主观修养之异乎寻常的重视。曾子又有言：“可以托六尺之孤，可以寄百里之命，临大节而不可夺也，君子人与？君子人也！”（同上）应该就是对他通过“内省”所能达到的最高修养境界的热情颂扬了。正是从这里不难看出，曾子之“内省”说，正与孟子之言“性”言“气”和“养心”说相通，前者事实上已为后者开辟了门径。

综观《史记》及《论语》所记，可以得到如下对曾子的基本认识：曾子，鲁人，小孔子四十六岁，为孔子晚年重要弟子之一。他的思想主要承传孔子，而于孔子学说领悟较深，能得其旨要。他重视仁德、提倡孝道，主张“内省”，从一个方面体现了儒家的发展。

（二）

为了进一步对曾子在我国思想文化史上的地位和影响作出比较全面的说明，我们在力图辨析曾子历史面貌之本真的同时，还有必要联系战国并稍后儒学演化的实际，再作一些补充探讨，还需要把我们的考索向其他古文献作一些延伸。

先秦文献表明，孔子去世之后，在战国时期，曾子的名声有了很大的提高。从《左传》（约成书于战国初年）中，可以多次见到孔门弟子冉求（十一见）、子贡（十一见）、子路（五见）；《国语》（约与《左传》同时）中，也可见到冉求、子夏，而都不见曾子之名。但是，到成书于战国中期或更迟的一些著作中，情况就大有改变。如《孟子》一书，计九章二十二处言及曾子，远远超出孔门其他弟子。又如《庄子》（《骈拇》《胠箧》《在宥》《天地》）、《荀子》（《性恶》《大略》《法行》）、《韩非子》（《守道》《难三》《六反》

《八说》），也都一再提到曾子其人，引述曾子的言论，或以“曾史”（曾参与史鳝）、“曾骞”（曾参与闵子骞）并列，以为某种贤德之士的代表等等。战国后期的政坛人物，在进说国君时，也动辄引用曾子的话（参见《战国策》之《秦策》二、五，《燕策》一）。这就把曾子突出到其他孔门弟子之上，就不是偶然的了。

为什么会出现这种现象呢？一种回答：可能是由于政治上的原因。如上文所引，钱穆先生曾列举到：（一）曾子曾为鲁、费君所重，（二）其子曾申见崇于鲁缪，（三）弟子吴起显名于吴楚。此外，也许还可以征引《韩诗外传》第一章：“曾子仕于莒……亲没之后，齐迎以相，楚迎以令尹，晋迎以上卿。”第七章曾子自称：“吾南游于楚，得尊官焉，堂高九仞，榱题三围，转毂百乘。”《说苑·杂言》：“曾子从孔子于齐，齐景公以下卿礼聘曾子，曾子固辞。”似都表明曾子一度为某些诸侯国所重、所用，甚至还取得过很高的职位。

但上述记载并不完全可信。比如钱穆先生所举二、三两项，他自己又有专文订正其谬误。其他如《韩诗外传》《说苑》所记，往往似小说家言，“得尊官”于楚云云就不无夸饰之笔，而所谓齐景公“聘曾子”更与史实不符[a]。客观而论，战国之际，诸侯竞以“好贤”“用贤”相标榜，孔门弟子之被任用并不全悖于情理。然而，上述记载中究竟有没有附会之辞？有多少真实历史的投影？今天已难于详考。

从更多史料看，曾子名气的增大，主要还是由于他在孔门传道人的行列中所处的地位发生了变化。

孔子去世以后，儒家逐渐分化（《韩非子·显学》有“儒家分为八”之说）；而作为这种分化的第一步，是孔门弟子纷纷离开鲁国，流散于各地。《史记·儒林列传》说：“自孔子卒后，七十子之徒散游诸侯，大者为师傅卿相，小者反教士大夫，或隐而不见。故子路居卫（按此有误。子路死于孔子在世时），子张居陈，澹台子羽居楚，子夏居西河，子贡终于齐。”与这般孔子弟子相比，曾子却守在鲁国旧地，直到老死于鲁。这就使得曾子之传孔学，更易于被视为嫡传，从而带上一种“正宗”的色彩。

---

① 史载齐景公薨于鲁哀公五年，是年曾子十五岁。而孔子适齐，在鲁昭公二十五年，下距曾子出生尚有十七年。

《孟子·滕文公上》所载的一个故事是耐人寻味的：孔子即没三年之后，“子夏、子张、子游以有若似圣人，欲以所事孔子事之”，而“强曾子”。子夏等人所为，或许是出自对老师的追念之情，但何以要“强曾子”—如此看重曾子的表态呢？而且曾子在断然拒绝子夏之后，又态度虔敬地唱出对孔子的赞歌：“江汉以濯之，秋阳以暴（曝）之，皜皜乎不可尚矣！”所显示的，不也正是一副孔子之道正宗承传者的姿态么！

还要看到，曾子小孔子四十六岁，是孔门重要弟子中年纪最少者之一。而如上所述，由于曾子的高寿，其一生活动直可延续到公元前435年左右。同门之中，颜渊与子路早在孔子逝前已经逝世（见《论语》），又据《礼记·檀弓》，子张、子游之死亦在曾子之先。其余如冉伯牛长曾子三十九岁，闵子骞长三十一岁，冉有、仲弓、宰予均长十七岁，子贡长十五岁（此从一般说，参见《史记·仲尼弟子列传》等），依常理而论，也都难以如享有高寿的曾子在世之久后。那么，随着时间的推移，原先孔子之“后进”弟子，逐渐演为孔门后学的前辈尊长，从而受到推重，就是符合逻辑、十分自然的了。

由于在本学派中所处地位的变化，曾子遂在孔子身后一段时间，成为承传孔学的一位重要和有威望的人物，发挥了特殊的作用，留下了不可忽视的历史影响。这种作用和影响主要表现在以下三个方面：

第一，曾子及其弟子参与了《论语》一书的最后编纂。

《论语》记载孔子“应答弟子时人及弟子相与言、而接闻于夫子之语”（《汉书·艺文志》），原出于诸孔门弟子手记，自然具有很高的真实性和极大的权威性。在孔子身后，《论语》一书的出现，既为孔门后学研习儒道、统一思想提供了一部有绝对指导性的经典著作，起到了规范和团结儒家的作用，也有利于在诸子百家争鸣的环境中，捍卫和发展儒家学说。东汉赵岐称《论语》是“五经之馆辖，六艺之喉吟”（《孟子题辞》），并非过誉。因此，《论语》的编纂，不仅对儒学发展具有十分重要的意义，也是中国文化思想史上的一件大事。

从《论语》的内容看，当非出自一人一时（参见崔述《崔东壁遗书·洙泗考信录》卷之四），而其后编纂成书，则为时较迟。早在唐代，柳宗元就指出：“是书（指《论语》）载弟子必以字，独曾子、有子不然；由是言之，弟子之号之也。”又“是书记曾子之死，则去孔子也远矣”。（《论语辩》上篇）清人崔述也指出：“鲁《论语》中所记之君大夫如哀公、康子、敬子、景伯之属皆经谥举……则是孔子既没数十年后，七十子之门人追记其师所述以成篇。”（同上引《洙泗考信录》）以上所举，足证《论语》编定在曾子死后。柳宗元断言：“卒成其书者，曾氏之徒也。”今人杨伯峻先生同意此说而又有补充论证（参见《论语译注·导论》），都是有道理的。但是，《论语》最后之整理、纂定，必然有一个过程。而此一过程的实际开始，又必有年辈居长、孚乎众望者主持其事。在孔子死后半个世纪左右的鲁国，能称此职者，只能是曾子其人。曾子弟子“卒成其书”，恰恰表明其师曾子实际也投入了全过程的部分或大部分工作，并且是主持者的工作；门弟子们不过是续其未竟之绪而已。

曾子门人之知名者，除吴起外，还有乐正子春、公明仪、单离居、子襄、沈犹行等，见于《大戴礼记》《礼记》以及《孟子》诸书所载。在孔子再传弟子中，他们何以较多得留其名？是否与参与纂定《论语》有关？材料所限，难以论定，但值得注意。

第二，曾子为儒学由孔子向子思、孟子的发展起到了承先启后的作用。

子思即孔伋，为孔子之孙，约与曾子同时或稍后。孟子曾“受业子思之门人”（《史记·孟子荀卿列传》），与子思有着间接的师承关系。战国中期以后，子思、孟子及其追随者，形成儒家内部之举足轻重的大学派，《荀子·非十二子》曾指名予以大力抨击，并说：“世俗之沟瞀儒嚾嚾然不知其所非也，遂传而受之。”可见其声势之盛[a]。《韩非子·显学》所谓“儒分为八”，也着重提到“子思之儒”与“孟氏之儒”。然而，《汉书·艺文志》著录之“《子思》二十三篇”，俱已亡佚；“《孟子》十一篇”，也仅存内篇七篇。今天考察由曾子到思孟学派之思想发展、联系的轨迹，只能主要依据于今存之《孟子》内篇。

《孟子·离娄下》（以下引《孟子》只列篇名）先引述“曾子居武城，有越寇”与“子思居于卫，有齐寇”，两个相类的故事，接下载孟子之论道：“曾子、子思同道。曾子，师也，父兄也；子思，臣也，微也。曾子、子思易地则皆然。”这里，把曾子与子思之先后传承，喻为师长与后学、父兄与子弟，极

① 当代研究者或认为《荀子》抨击之“五行”说，不见于今本《孟子》，其所针对，可能为战国后期之孟子后学，有一定道理。但据此断言思孟学派并不存在，却可商酌。

见其“同通”关系之密切；而对曾、思的推崇，意在彰扬，又分明是以后继人自居。可见，曾子对于子思、孟子的直接而重要的影响，在孟子本人，是直言而不讳的。

从《孟子》看，曾子对孟子的影响，至少有如下三端：首先是倡言仁义。孔子有义利之辨，说：“君子喻于义，小人喻于利。”（《论语·里仁》）曾子进一步指出：“晋楚之富，不可及也。彼以其富，我以吾仁；彼以其爵，我以吾义。吾何慊乎哉！”（见《公孙丑下》所引）用仁、义与官、爵相抗衡，明确把仁义当作一种立身处世的重要原则。至孟子，则依此原则，建立了一“亦有仁义而已矣，何必曰利”（《梁惠王上》）的完整理论体系。这种崇尚仁义、贬斥功利的理论，经汉儒、宋儒发挥，在封建社会产生过广泛的影响；而其最早确立，却经历了一个由孔子、经曾子、至孟子的发展过程。还可一提的是，孔子言“仁”、言“义”，却极少“仁义”连；“仁义”连用，始于孟子。但从上述引文看，曾子分明已发其端，他同样在孔子到孟子之间起到了中介和桥梁的作用。

其次是养“自反而缩”之气。《公孙丑上》引曾子谓子襄曰：“子好勇乎？吾尝闻大勇于夫子矣：自反而不缩，虽褐宽博，吾不惴焉；自反而缩，虽千万人，吾往矣。”“自反而缩”，讲的是一种反躬自问正义在握的感觉。曾子认为，能有此种感觉，则能激发“大勇”，虽千万人于面前亦无所畏惧。孟子推重曾子的话，称之为“守约”（得其要领）之论。他主张由立“志”“养气”而至于“不动心”（坚守自己的内心），全与曾子相似、相通。他又说：“我善养吾浩然之气”，“其为气也，至大至刚，以直养而无害，则塞于天地之间。其为气也，配义与道；无是，馁也。是集义所生者，非义袭而取之也。行有不慊于心，则馁矣”。（同上）进而申论了“浩然之气”的培养途径及其无往不胜的威力，强调了行为之正义性与人之主观能动作用的绝对重要，论题的蕴义有了更丰富的开拓，其间气象也显得更为阔大了。

再次是推重孝道。孟子如曾子一样大力提倡孝道，重视丧祭之礼。他说：“不得乎亲，不可以为人；不顺乎亲，不可以为子。”（《离娄上》）“尧舜之道，孝弟（悌）而已矣。”（《告子下》）在《滕文公上》中，孟子说：“亲丧，固所自尽也。”旋引曾子之言为证：“生事之以礼，死葬之以礼、祭之以礼，可谓孝矣。”都可见所受曾子思想直接影响。《孟子》书中还记述了“曾皙嗜羊枣而曾子不忍食羊枣”和“曾子养曾皙”两个故事（见《尽心下》《离娄上》），有意渲染和宣扬曾子之孝行，以为效法的榜样，也表现孟子及其门人充分肯定曾子孝行观的积极态度。

第三，在曾子影响下，战国秦汉间产生了一批托名于曾子而广为后世所知的儒家论著。其中重要的有《大戴礼记》（“曾子”十篇）、《礼记》（《大学》《中庸》《檀弓》《曾子问》等）、《孝经》。

《大戴礼记》是先秦至西汉儒家论礼资料的汇编，原书八十五篇，今存三十九篇。其中十篇（《曾子立事》《曾子本孝》《曾子立孝》《曾子大孝》《曾子事父母》《曾子制言》（上）（中）（下）、《曾子疾病》《曾子天圆》），托曾子之名，记曾子之言，自宋代起，即被视为《汉书·艺文志》“《曾子》十八篇”之仅存部分；清代乾嘉年间，阮元从《大戴礼记》辑出单行，即以“《曾子》”为题。今按“十篇”屡见“曾子”之名，自非出于曾参本人之手。又有乐正子春（曾子门人）与“门弟子”的问答（见《曾子大孝》），必当见记于曾子再传弟子以后。“十篇”论事往往与《论》《孟》或其他儒家经典相合，而并无简单抄袭古文献弊病；所记曾子之子曾元、曾化，门弟子公明仪、单离居、乐正子春等人与曾子间的问答，虽有增饰成分，却也保留许多可用的史料。总括以上，把此“十篇”定为基本完成于战国后期，是合理的。作者或整理者可能是曾子后学；纂著的根本目的，显然是在于彰扬曾子的学说。

可见，“十篇”对于研究曾子和先秦儒学，仍有其可贵的历史资料价值，在我国伦理学史和思想文化史上占有一定的地位。其“本孝”“立孝”“大孝”“事父母”四篇论孝行，“立事”一篇论好学自省、慎思笃行，以及“制言”三篇所记有关重仁贵义、持德守节之类的先贤格言，都有补充《论》《孟》，或阐发儒家经典的意义。“天圆”一篇还保存了古人有关天体变化、律历形成之认识史资料，如其中“天圆地方”之论，就颇可与《吕氏春秋·圜道》等内容相比照。

《礼记》性质与《大戴礼记》相类，也是战国至汉初“七十子后学者”论礼资料的汇编。全书四十九篇，除八篇专释《仪礼》以外，概可分为三类：一是有关礼或哲学、政治的通论，二是古代礼仪制度的专记，三是孔子及其弟子等言行的杂录。就其中托曾子之名或称引曾子之言较多的几篇而言，《大学》《中庸》属第一类，而《檀弓》《曾子问》属第三类。

《大学》与《中庸》堪称《礼记》中含义丰厚而论述精到的两篇重要论文。宋儒朱熹以此两篇合《论语》《孟子》而为“四书”，得以广为传诵。朱熹分《大学》为“经”“传”两总分，断言“经”为曾子述孔子之意，而“传”为门人传曾子之言，这就把《大学》判为曾子所作。《中庸》一篇，司马迁以为出自子思（《史记·孔子世家》），这也就事实上肯定了《中庸》内容与曾子思想存在密切联系。清代以来，研究者或怀疑司马迁、朱熹之说，似还值得进一步讨论；但两篇的产生均与曾子影响有关则不成问题。像《大学》推重“诚意”“正心”以及“君子必慎其独”的修养方法，并引曾子之语以示强调；像《中庸》对于“至诚之道”的确认，赞扬“舜其大孝也与！”“武王、周公其达孝矣乎！”称美所谓“敬其所尊，爱其所亲，事死如事生，事亡如事存，孝之至也”等等，实都相近于孟子，而与曾子相通。据此推测，两篇极可能是出自战国晚期之曾子后学或思孟一派儒者。

《檀弓》（上、下）、《曾子问》都以记丧祭之礼为多，也都较多述及曾子其人。前者侧重记孔门佚闻琐事，在总计百余则中，有关曾子、子思、乐正子春的言行竟达三十则以上；后者更通篇大都托言曾子与孔子的问答。说明此两篇同样可能是出自曾子的追随者或仰慕者之手。《檀弓》篇曾被讥为“道听途说，僵桃而李代”（毛奇龄《檀弓订误》），而《曾子问》中所谓“（孔子）从老聃助葬于庵党”、孔子闻“子游子徒有庶子祭者”等等，也显然有伪托的痕迹。不过，两文毕竟被收入《礼记》一书，又都是西汉以前的古文献，所记载的礼仪规定、宗法制度以及由此反映的文化思想，都有史料参考价值，弥足珍贵；《檀弓》之简而赅、质而婉的记事风格，在文学史上也有一定的意义。

《孝经》一书，司马迁认为为曾子所作（见前文所引）；班固则说：“《孝经》者，孔子为曾子陈孝道也。”（《汉书·艺文志》）宋王应麟称：“详其文义，当是曾子弟子所为书。”（《汉书·艺文志考证》）清人姚际恒则肯定：“是书来历出于汉儒，不惟非孔子作，并非周秦之言也。”（《古今伪书考》）黄云眉先生更进一步断言：“此书之为汉人伪托，灼然可知”，“其作期必在《戴记》后”。（《古今伪书考补证》）按黄先生的意见是值得注意的。从书的名称和内容看，《孝经》很可能是西汉儒家迎合当世需要，撮取孔子、曾子言论，而又有所推衍附会后编成。

在《孝经》中，曾子完全被置于孔门主要传道者的地位，而由于《孝经》在汉代得立博士，唐玄宗又亲为作注，五代以后列入“十三经”，广为流行，曾子之名遂也更加传扬。

应该说，《孝经》“广明孝道”的基本思想，与曾子的主张是相符、相通的；《孝经》中所记曾子或孔子的言论，也有不少能从《论语》等先秦文献中找到根据。但是，书中又确乎掺杂着汉人说教的痕迹。如所谓“夫孝，德之本也，孝之所由生也”（《开宗明义章》），“明王以孝治天下”（《孝治》章），“罪莫大于不孝”（《五刑》章）等，就把孝道之要人为地提到了绝对的高度；又如把“天子之孝”“诸侯之孝”“卿大夫之孝”“士之孝”与“庶人之孝”一一分别缕述，借以强调等级的严峻，凡此，都在孔、曾所论的基础上又有新的发挥，更多带有汉王朝力图强化封建政治的烙印。总之，《孝经》的内容既不无同曾子思想存在联系的一面（这同样从一个方面反映了曾子的历史影响），同时，又不能如实视为曾子之言的可靠记载，或“孔子为曾子陈孝道”之类；它大体是一部完成于汉人之手的有托古意味的论“孝”之作。

目 录

杂 篇

内 篇

曾子立事

［原文］　曾子曰："君子攻其恶①，求其过，强其所不能②，去私欲，从事于义，可谓学矣③。

［注释］　①攻：治理。《周礼·考工记》："凡攻木之工七，攻金之工六，攻皮之工五。"郑玄注："攻犹治也。"　②强：努力。《淮南子·修务训》："名可务立，功可强成。"高诱注："强，勉也。"　③王聘珍："恶匿于心，非攻则不去，过出于身，不求或不知。"

［译文］　曾子说："君子要克服自身的不良行为，找出自己的过错，努力去做自己还不会做的事，除去私欲，去做符合道义的事，这才可以说是学了。

［原文］　君子爱日以学，及时以行①，难者弗辟②，易者弗从，唯义所在③，日旦就业，夕而自省思以殁其身④，亦可谓守业矣⑤。

［注释］　①爱日以学，及时以行：《易·乾》："君子进德修业，欲及时也。"②辟：同"避"。　③唯义所在：以义为唯一标准。《论语·里仁》："无适也，无莫也，义之与比。"　④以殁其身：殁：没，亡。《礼记·表记》："俛焉日有孳孳，毙而后已。"　⑤王聘珍："爱日以学，恐玩时弃日也。及时，谓随时也。行，谓行其所学。弗辟，不畏难。弗从，不苟安。殁身，谓终身也。"

［译文］　君子珍惜时间去学习，及时按照所学的去做，难做的不回避，容易的也不盲从，只看所做的是否符合道义，早上按所学的去做，晚上则对一天的行为进行省察思考，坚持这样一直至死为止，也就可以说是能够坚守学业了。

［原文］　君子学必由其业①，问必以其序，问而不决，承闲观色而复之②，虽不说③，亦不强争也。

[注释] ①孔广森："君子学必由其业，不攻异端也。"《礼记·学记》："时教必有正业。"孔颖达疏："正业，谓先王正典。" ②王聘珍："观色者，不干逆色也。"复：重复。卢辩："复，再问也。" ③说：同"悦"。

[译文] 君子治学必须从学习先王典籍开始，提问题必须按所学的次序，提出的问题没有得到解决，趁老师空闲，观察老师的脸色再去请教，即使解答的不满意，也不与老师争辩。

[原文] 君子既学之①，患其不博也②；既博之，患其不习也；既习之，患其不知也③；既知之，患其不能行也；既能行之，患其不能以让也④。君子之学，致此五者而已矣⑤。

[注释] ①既：已经。 ②患：担心。《说文》："患，忧也。" ③孔广森："习者，温故；知者，知新。" ④患其不能以让也：原本作"贵其能让也"，据王念孙说校改。 ⑤致：做到。王聘珍："致，犹尽也。"

[译文] 君子学了，还怕不够渊博；渊博了，又怕不能时时温习；温习了，又怕有不明了的地方；都明白了，又怕不能照着去做；能照着去做了，又怕不能保持谦让。君子治学，达到这五个目标就可以了。

[原文] 君子博学而孱守之①，微言而笃行之②，行欲先人，言欲后人③，君子终身守此悒悒④。

[注释] ①卢辩："孱，小貌，不务大。" ②微：少。 ③行欲先人，言欲后人：先做后说。《论语·学而》："君子食无求饱，居无求安，敏于事而慎于言。" ④卢辩："悒悒，忧念也。"

[译文] 君子务求博学而小处也不放过，话说得少但却能坚决做到，做在别人前面，说在别人后面。君子一辈子坚守这种谨慎小心的态度。

[原文] 行无求数有名①，事无求数有成，身言之，后人扬之，身行之，后人秉之②，君子终身守此惮惮③。

[注释] ①数：迅速，立刻。 ②王聘珍："秉，持也，谓持守之。"卢辩："非法不言，言则为人诵之，非德不行，行则为人安之。"《孝经·圣治章》："君

子则不然，言思可道，行思可乐，德义可尊，作事可法。”　③ 卢辩：“惮惮，忧惶也。”

[译文] 做事不要想马上获得名声，也不要想立即取得成就；自己所说的，后人会宣扬它，自己所做的，后人会效法它。君子一辈子坚持这种忧虑惶恐的态度。

[原文] 君子不绝小，不殄微也[①]。行自微也，不微人[②]；人知之，则愿也；人不知，苟吾自知也[③]，君子终身守此勿勿也[④]。

[注释] ① 殄：绝。王聘珍：“不绝小，谓不以小善为无益而弗为也。”② 行自微也，不微人：王念孙：“微犹匿也。己有善则务自匿，人有善则扬之。”王树楠：“微犹小也。言君子不绝小善，行自小而不小人也。三微字皆一义。”王聘珍：“微，隐也。行自微，谓隐行善事也。不微人者，谓非隐秘不使人知也。”　③ 人不知，苟吾自知也：不求人知，但求自知。《论语·里仁》：“不患莫已知，求为可知也。”苟：只。王引之《经传释词》卷五：“苟犹但也。”　④ 勿勿：通“忽忽”，忧虑的样子。《晏子春秋·外篇》：“忽忽矣，若之何？惙惙矣，若之何？”

[译文] 君子不拒绝做细小的善事。自己有了善行不要夸大，别人有了善行不要小看；别人了解我，那是我的愿望；别人不了解我，只要自己了解就行了。君子一辈子坚持这种忧虑小心的态度。

[原文] 君子祸之为患[①]，辱之为畏，见善恐不得与焉[②]；见不善者，恐其及已也[③]，是故君子疑以终身[④]。

[注释] ① 患：担忧。　② 与：参与。阮元：“与，及也。”　③《论语·季氏》：“见善如不及，见恶如探汤。”　④ 卢辩：“疑者，疑善之不与，恶之及己也。”

[译文] 君子担心的是祸患，所害怕的是耻辱；见到好事唯恐自己不能参与，见到坏事唯恐牵连到自己。所以君子的一生是要在疑虑中度过的。

［原文］

君子见利思辱，见恶思诟[①]，嗜欲思耻，忿怒思患[②]。君子终身守此战战也[③]。

［注释］

①诟：诟病。《礼记·儒行》郑玄注："诟病，犹耻辱也。" ②患：灾祸。 ③战战：恐惧的样子。

［译文］

君子见到利益就要想到可能会招致耻辱，见到丑恶就要想到可能会遭到诟病，贪求私欲就要想到可能会蒙受羞耻，怨恨愤怒就要想到可能会带来祸患。君子一辈子坚持这种忧惧担心的态度。

［原文］

君子虑胜气[①]，思而后动，论而后行[②]，行必思言之[③]；言之，必思复之[④]；思复之，必思无悔言，亦可谓慎矣。

［注释］

①胜气：克制冲动的情绪。 ②论：通"抡"，选择。《国语·齐语》："权节其用，论比其材。"韦昭注："论，择也。" ③行必思言之：汪中："谓所行者欲其可以告人也。"《礼记·缁衣》："可行也，不可言，君子弗行也。" ④必思复之：《论语·学而》："信近于义，言可复也。"朱熹注："复，践言也。"

［译文］

君子考虑问题不受情绪的干扰，想好了才行动，选定了才去做，做事情一定要想到它能否拿到桌面上讲，能在公开的场合讲了，还要考虑到可以兑现，想到可以兑现，还要考虑到说出的话不至于后悔，这样可以说是谨慎了。

［原文］

人信其言，从之以行[①]；人信其行，从之以复[②]。复宜其类，类宜其年[③]，亦可谓内外合矣[④]。

［注释］

①从之以行：随之以行动。卢辩："以言不虚。"《荀子·荣辱》："君子者信矣，而亦欲人之信己也。" ②从之以复：随之以重复的行动。《易·乾》："终日乾乾，反复其道。"朱熹注："反复，重复践行之意。" ③复宜其类，类宜其年：汪中："复宜其类，谓言行信果，惟义所在也。类宜其年，谓积久而不改其节。"《国语·周语》："类也者，不忝先哲之谓也。万年也者，令闻不忘之谓也。" ④孔广森："人信君子之言者，以其言之必从而行之也。人信君子之行者，以其今日行之，明日复行之，而前后相类也。

久而验之，至于积年，所行无弗类者，可谓外内合一，无虚假矣。”

［译文］ 人相信了他的话，接着就要按所说的去做；人相信了他的行为，接着就要用重复去做来证实；重复的行为要符合同类的圣人贤人，古往今来的同类圣贤，可使这种行为千古流传，这就可以算是语言和行为内外合一了。

［原文］ 君子疑则不言①，未问则不言，两问则不行其难者②。

［注释］ ①疑：犹豫不决。　②两问不行其难者：孔广森：“人以两端来问，则择其易行者告之。”司马贞《史记索隐》：“行者，先也。”《礼记·学记》：“善问者如攻坚木，先其易者，后其节目。”

［译文］ 君子说话，拿不准的不讲，人家没有问的不讲，同时有两个问题，不先说那个难的。

［原文］ 君子患难除之，财色远之，流言灭之。祸之所由生①，自孅孅也②，是故君子夙绝之③。

［注释］ ①由：从。　②孅孅：细微。《说文》：“孅，锐细也。”　③夙：早。孔广森：“孅孅，小也。夙，早也。《金人之铭》曰：‘涓涓不雍，终为江河，毫末不札，将寻斧柯。’”《荀子·大略》：“流言灭之，货色远之，祸之所由生也，生且纤纤也。是故君子蚤绝之。”

［译文］ 君子遇到祸患和灾难就排除它，遇到财物和美色就远离它，遇到流言就消灭它。灾祸的发生，往往是从细微处开始，所以君子要趁早根除它。

［原文］ 君子己善，亦乐人之善也；己能，亦乐人之能也；己虽不能，亦不以援人①。

［注释］ ①王聘珍：“援犹引也，取也。谓隐取人之能以为能也。”《礼记·缁衣》：“臣仪行不重辞，不援其所不及。”郑玄注：“援，犹引也。”

［译文］ 君子自己好，也乐意别人好；自己能做到的，也喜欢别人能做到；即使自己做不到，也不拿别人做的当成是自己的。

[原文] 君子好人之为善，而弗趣也[①]；恶人之为不善，而弗疾也[②]；疾其过而不补也[③]，饰其美而不伐也[④]；伐则不益，补则不改矣。

[注释] ① 卢辩："弗趣者，不促速之，恐其倦也。"趣：催促。《礼记·月令》："乃趣狱刑，毋留有罪。" ② 王聘珍："疾，急也。不急持之，恐其生乱也。"《论语·泰伯》："人而不仁，疾之已甚，乱也。" ③ 王聘珍："补，谓弥缝其阙。" ④ 伐：夸耀。王聘珍："饰，好也。伐，矜也。言恶人之过而不为之弥缝，俟其自改也。好人之美而不与之矜夸，恐其自足也。"

[译文] 君子喜欢别人做好事，但不催促别人去做；厌恶别人做坏事，但不急切地表现出来；厌恶他的过错但不替他弥补，助成他的美德但不使他骄傲；骄傲就不能再进步，替他弥补过错就不利于他自己改正。

[原文] 君子不先人以恶，不疑人以不信[①]，不说人之过，而成人之美[②]。存往者，在来者[③]。朝有过夕改，则与之[④]；夕有过朝改，则与之。

[注释] ① 卢辩："不先，谓不亿。不信，不逆诈。" ② 阮元："说，述也。谓不扬人之过。"而：阮元据《群书治要》所引增补。孔广森："彼有过者方畏人非议，我从而为之辞说，则彼将无意于改，是成人之过矣，故君子不为也。不扬人之过，厚也。不说人之过，忠也。" ③ 在：看。《尔雅·释诂》："在，察也。"孔广森："察人往行来行，知其过改否。" ④ 与：肯定，赞许。

[译文] 君子不先把人往坏处想，不怀疑人家靠不住，不议论人家的过失，成全人家的好事。既往不咎，着眼于将来。早上有过错晚上能改正，就赞成人家；晚上有过错早上能改正，也赞成人家。

[原文] 君子义则有常[①]，善则有邻[②]。见其一，冀其二[③]；见其小，冀其大[④]。苟有德焉，亦不求盈于人也[⑤]。

[注释] ① 常：恒久。 ② 善则有邻：《论语·里仁》："德不孤，必有邻。" ③ 冀：希求。孔广森："虽冀人为善之心无穷，然其人止有小德一善者，亦不责难求备也。" ④ 王聘珍："一、二、小、大，并以人之善言。"

⑤ 苟：但，只。不求盈于人：不苛求人具备所有的好品德。《论语·微子》："无求备于一人。"

［译文］ 君子行义就会名声长久，行善就会有人支持。见到人有一种善行，就希望他有两种；见到人有小的善行，就希望他有大的。一个人若有了好的品德，也就不要再对他求全责备了。

［原文］ 君子不绝人之欢，不尽人之礼①；来者不豫，往者不慎也②。去之不谤，就之不赂③，亦可谓忠矣④。

［注释］ ① 绝：尽。《礼记·曲礼》："君子不尽人之欢，不竭人之忠，以全交也。" ② 孔广森："豫，谓未来而推度之也。慎，古通以为顺字。顺犹遂也。事已者无所系恋，不必期于遂成之，君子之接物，因境顺应云尔。"来者不豫：对来者不盲目乐观。豫：高兴。《尔雅·释诂》："豫，乐也。"往者不慎：过去的不后悔。《礼记·儒行》："往者不诲，来者不豫。"《方言》："慎，思也。秦晋曰慎，凡思之貌亦曰慎。" ③ 卢辩："去之不谤，以义去之。就之不赂，以道往也。"就之不赂：就，接近，追随。赂：赠送财物。《说文》："赂，遗也。" ④ 王聘珍："忠，尽中心也。此言君子之全交也。"

［译文］ 君子不极尽别人的欢乐，不让人行尽对他的礼节；对未来的事不盲目乐观，对过去的事也不再追念后悔。君子离开一个人后不毁谤他，追随一个人的时候也不去讨好他，这样可算是忠诚了。

［原文］ 君子恭而不难①，安而不舒，逊而不谄，宽而不纵，惠而不俭②，直而不径③，亦可谓知矣④。

［注释］ ① 难：通"戁"，畏惧。《诗经·商颂·长发》："不震不动，不戁不竦。"毛传："戁，恐也。" ② 俭：吝啬，节俭。 ③ 径：抄近路。《老子》："大道甚夷，而民好径。" ④ 知：同"智"。

［译文］ 君子恭敬而不畏惧，安详而不迟缓，谦逊而不谄媚，宽厚而不放纵，好施而不吝啬，直行而不走捷径，也可以算是聪明了。

［原文］ 君子入人之国，不称其讳，不犯其禁①，不服华色

之服，不称惧惕之言[②]。故曰，与其奢也，宁俭；与其倨也，宁句[③]。

［注释］ ① 不称其讳，不犯其禁：不触犯人家的禁忌。卢辩："讳，国讳。禁，国禁。"《礼记·曲礼》："入境而问禁，入门而问讳。" ② 惧惕：恐惧可怕。阮元："惧惕，危厉也。"《孝经·卿大夫章》："非先王之法服不敢服，非先王之法言不敢道。" ③ 王聘珍："倨，傲也。"句：谦卑。《广雅·释诂》："句，下也。"

［译文］ 君子进入别人的国家，不讲那个国家所忌讳的话，不触犯那个国家的禁令，不穿色彩华丽的衣服，不讲骇人听闻的话。所以说：与其侈华，不如俭约；与其傲慢，不如谦虚。

［原文］ 可言而不信，宁无言也。君子终日言，不在尤之中[①]，小人一言，终身为罪矣[②]。

［注释］ ① 尤：过错。《孝经·卿大夫章》："言满天下无口过，行满天下无怨恶。" ②《左传·昭公八年》："君子之言，信而有征，故怨远于其身；小人之言，僭而无征，故怨咎及之。"

［译文］ 可说的话如果没根据，宁可不说。君子整天说话，没有一句是错的，小人一开口说话，就会成为终身的罪过。

［原文］ 君子乱言而弗殖[①]，神言弗致也[②]，道远日益云[③]。众信弗主[④]，灵言弗与[⑤]，人言不信不和。

［注释］ ① 殖：繁殖，生长。《国语·晋语》："同姓不婚，恶不殖也。"韦昭注："殖，蕃也。" ② 致：至，引申为受。卢辩："怪力乱神，子所不语。" ③ 道虽远而日有所益。云：语助词。王聘珍："道之旨远，非一言可尽，君子日益其言，言以明道也。"《荀子·大略》："君子疑则不言，未问则不言，道远日益矣。"杨倞注："为道久远，自日有所益。" ④ 俞樾："信乃言字之误。众言弗主，与上文乱言而弗殖、神言弗致也，下文灵言弗与、人言不信不和，文法一律。"主：专。 ⑤ 灵言：空话。《广雅·释诂》："灵，空也。"弗与：不赞同。

[译文]　君子对于扰乱人心的话不去传播，对于荒诞离奇的话不去接受，离道虽远但每日有所增益。对大家公认的话，不要固执己见，空口无凭的话不去赞同，别人的话不真实就不去附和。

[原文]　君子不唱流言①，不折辞②，不陈人以其所能③，言必有主，行必有法④，亲人必有方⑤。多知而无亲，博学而无方⑥，好多而无定者，君子弗与也⑦。君子多知而择焉，博学而算焉⑧，多言而慎。博学而无行，进给而不让⑨，好直而径⑩，俭而好偧者⑪，君子不与也。夸而无耻⑫，强而无惮，好勇而忍人者⑬，君子不与也。亟达而无守⑭，好名而无体⑮，忿怒而为恶，足恭而口圣⑯，而无常位者⑰，君子弗与也。

[注释]　①王聘珍："唱，导也。流言灭之，不导之使行。"不唱流言：唱，通"倡"。《礼记·缁衣》："故大人不倡游言。"　②折辞：穷究别人的言辞。③陈人：向人列举陈述。王聘珍："陈人，陈说于人也。能，谓己之功能。"④卢辩："行必有法，依前言往行也。"《易·家人》："君子以言有物而行有恒。"　⑤卢辩："方，犹常也。"　⑥知：相交、相知的人。孔广森："多知而无亲，知，所知也。言泛爱众而不能亲仁。"王聘珍："知，谓通问相知之人。无方，谓无常也。"　⑦王聘珍："定，犹成也。"《荀子·大略》："多知而无亲，博学而无方，好多而无定者，君子不与。"⑧算：选择。孔广森："算，选也。"　⑨给：便捷。王聘珍："进，谓进取。给，捷也。让，谓礼让。"　⑩径：捷径。　⑪卢辩："偧，塞也。言好直则太径，为俭又太逼塞于下也。"　⑫夸：夸毗。《尔雅·释训》："夸毗，体柔也。"郭璞注："屈己卑身，以柔顺人也。"　⑬忍人：对人残忍。王聘珍："强，暴也。惮，惧也。忍，谓残忍。"　⑭亟达：孔广森："亟，急也。急于求通达。"　⑮体：行。阮元："好虚名而无实践之行。"⑯孔广森："足恭，便辟为恭也；口圣，大言自圣也。"　⑰阮元："无常位，无方无定也。"

[译文]　君子不传播流言，不穷追别人的言辞，不在别人面前夸耀自己的

能力，说话一定要有自己的主见，行为一定要有规范，与人亲近要有原则。相交的人多而没有亲近的人，所学广博而没有常规，贪多而没有固定的方向，君子是不赞成的。君子交往的人多但要有选择，学的面宽但也要有专攻，说的话多但要小心谨慎。学识渊博但没有德行，敏于进取但不能谦让，喜欢直率但好走捷径，喜欢节俭但又太吝啬，君子对此是不赞同的。卑躬屈膝而不知羞耻，强悍而肆无忌惮，好勇斗狠对人残忍的人，君子是不赞成的。急于追求闻达而没有操守，喜欢好名声而没有德行，一旦发怒就去作恶，用巧佞卑恭表示恭顺，用夸夸其谈显示自己的高明，而没有固定立场的人，君子是不赞成的。

[原文]

巧言令色①，能小行而笃②，难于仁矣。嗜酤酒，好讴歌，巷游而乡居者乎③！吾无望焉耳。出入不时，言语不序，安易而乐暴④，惧之而不恐，说之而不听，虽有圣人，亦无若何矣⑤。临事而不敬，居丧而不哀，祭祀而不畏，朝廷而不恭，则吾无由知之矣⑥。

[注释]

①《论语·阳货》："巧言令色，鲜矣仁。" ②小行，小聪明。笃：固。《论语·卫灵公》："君居终日，言不及义，好行小慧，难矣哉！"朱熹注："言其无以入德，而将有患害也。……小慧，私智也。" ③嗜酤滔……乡居者：酤酒，买酒。嗜酒闲游，为古时法制所禁止。《周礼·地官·司武虎》："司掌宪市之禁令，禁……以属游饮食于市者。" ④王聘珍："安易，谓以简易为安。乐暴，谓以残暴为乐。" ⑤戴礼："无若何，谓刑不能齐，德不能通，虽圣人在上，亦无术以治。" ⑥无由知之：不知道怎么办好。戴礼："无由知，谓不忠不孝不敬不畏者，人心已尽失矣，故不知乱伊胡底也。"《论语·八佾》："居上不宽，为礼不敬，临丧不哀，吾何以观之哉！"

[译文]

花言巧语，满脸堆笑，小聪明玩得很到家的，是难以做到仁了。那些闲居乡里，好买酒喝，哼着小调在街上闲逛的人啊！我对他们是不抱什么希望了。出入没有定时，说话语无伦次，处事草率而心安理得，以残暴为乐，吓唬他也不怕，劝说他也不听，即使有圣人，对这种人也毫无办法。遇到事情不认真对待，服丧期间也无悲伤的表现，祭祀时不敬畏，在朝廷上不恭敬，对这种人我不知拿他如何是好了。

[原文]　三十、四十之间而无艺[①]，则无艺矣[②]；五十而不以善闻，则无闻矣[③]；七十而无德，虽有微过，亦可以勉矣[④]。其少不讽诵[⑤]，其壮不论议[⑥]，其老不教诲，亦可谓无业之人矣。

[注释]　①艺：学问，本领。《礼记·内则》："三十博学无方，逊友视志；四十方物，出谋发虑。"　②则：原作即，据汪中说校改。　③则无闻：三字原脱，据戴震、孔广森、王树楠说补。王聘珍："无艺之人，亦安有善可闻乎？"　④勉：通"免"。阮元："可免者，言不足责。"　⑤讽诵：《周礼·大司乐》郑玄注："倍文曰讽，以声节之曰诵。"　⑥《荀子·大略》："少不讽诵，壮不议论，虽可，未成也。"

[译文]　到了三四十岁还没有学问本领，那就是真的没有学问本领了；到了五十岁还没有什么善行让人传颂，那也就不会再有了；到了七十岁还是没有德行，即使有微小的过失，也就不足以深责了。少年时不读书，成年时不讲习学问，老年时不教诲别人，也可以说是无所作为的人了。

[原文]　少称不弟焉[①]，耻也；壮称无德焉，辱也；老称无礼焉，罪也。过而不能改，倦也；行而不能遂[②]，耻也；慕善人而不与焉[③]，辱也；弗知而不问焉，固也[④]；说而不能，穷也；喜怒异虑[⑤]，惑也；不能行而言之，诬也；非其事而居之，矫也[⑥]；道言而饰其辞[⑦]，虚也；无益而厚受禄，窃也[⑧]；好道烦言，乱也；杀人而不戚焉[⑨]，贼也。

[注释]　①不弟：不遵守悌道。弟：同"悌"。　②遂：成。卢辩："谓不能终也。"　③与：加入。王聘珍："与，及也。"　④卢辩："固，专固也。"阮元："固，谓鄙固。"　⑤王聘珍："异虑者，逐物而迁，不与心谋也。"　⑥阮元："矫，诈伪也。"　⑦道言：道听途说之言。　⑧无益而厚受禄：《荀子·大略》作"无益而厚受之"。　⑨戚：哀伤。

[译文] 一个人年轻时被说是不敬兄长，就是羞耻；成年时被人说是没有德行，就是耻辱；老了被人说是不懂礼法，那就是罪过。有了过错而不能改正，是倦怠；做事情不能坚持到底，是羞耻；羡慕好人而又不能与他们为伍，是耻辱；自己不懂却不去请教别人，是固陋；经过解说还是不会，是智能穷尽；思路因喜怒不同而改变，是糊涂；做不到却只会说大话，是诬妄；并非自己的职事却去管是诈伪；道听途说而又大加渲染，是虚伪；无所作为却享受优厚的俸禄，是窃取；说话繁琐而无条理，是思路混乱；杀人、害人却不感到哀痛，是盗贼。

[原文] 人言不善而不违，近于说其言①；说其言，殆于以身近之也②；殆于以身近之，殆于身之矣③。人言善而色葸焉④，近于不说其言；不说其言，殆于以身近之也⑤；殆于以身近之，殆于身之矣⑥。

[注释] ①违：去，离开。卢辩：“人言不善而不违，色顺之也。近于说其言，说，古通以为悦字。” ②殆于：几乎等于。孔广森：“殆，几也。” ③身之：亲身去做。王聘珍：“身之，谓身亲为不善矣。” ④色葸：脸色畏惧。王聘珍：“葸，畏惧貌。” ⑤孔广森：“不悦善言，则亦几于以身近不善矣。其夫身为不善者，亦几希矣。此深言乐善之当速，远恶之当严也。” ⑥阮元：“不说其言，非身为不善也，然近于为不善。近于为不善，则将身为不善矣。”

[译文] 听见别人说不好的话却不避开他，就接近于喜欢他的话了；喜欢他的话，就几乎使自己靠近不善了；使自己几乎靠近不善，就几乎等于自己亲自去做不善的事了。听见别人说好的话脸上却有畏惧的表情，就接近于不喜欢他的话了；不喜欢他的话，就几乎使自己靠近不善了；使自己几乎靠近不善，就几乎等于自己亲自去做不善的事了。

[原文] 故目者，心之浮也①；言者，行之指也；作于中，则播于外也②。故曰，以其见者③，占其隐者④。故曰，听其言也，可以知其所好矣。观说之流⑤，可以知其术也；久而复之，可以知其信矣；观其所爱亲⑥，可以知其人矣。

临惧之，而观其不恐也；怒之，而观其不昏也⑦；喜之，而观其不诬也；近诸色⑧，而观其不逾也；饮食之，而观其有常也；利之，而观其能让也；居哀，而观其贞也；居约，而观其不营也⑨；勤劳之，而观其不扰人也⑩。

［注释］ ①浮：通“符”。 ②播：传。 ③见者：显现出来的。见：通“现”。④占：推测。戴礼：“见谓言、目，隐谓心事。”《法言·五百》：“史以天占人，圣人以人占天。” ⑤说之流：所说的话。卢辩：“流，谓部分。”⑥所亲爱：指所亲的人、所爱的人。王聘珍：“爱亲，谓所亲爱之人。语云：‘不知其人，视其友也。’” ⑦卢辩：“昏，乱也。” ⑧诸：“之于”的合音。戴礼：“美色当前不逾矩，君子人矣。” ⑨王聘珍：“约，贫困也。营，惑也。” ⑩勤：原作“动”，据戴震误校改。王聘珍：“扰，挠也。不扰人，言不为人所扰也。”

［译文］ 所以，眼睛是心灵的信号；言语，是行为的指示；内心有变化，就会在外表显示出来。所以说，通过外在的表现，可以推测到内在的本质。所以说，听他的语言，就可以知道他爱好什么。分析他说的那些话，就可以知道他的心术；通过他长时间内多次重复的话，就可以知道他的真实情况；看他平时所亲近的人，就可以知道他自己是怎样一个人了。一个人让他面临险境，才能看出他的无所畏惧；让他发怒，才能看出他不昏乱；让他高兴，才能看出他不诬妄；让他接近女色，才能看出他不越轨；让他吃喝，才能看出他有常规；让他得利，才能看出他能谦让；让他处在悲哀之中，才能看出他的真诚；让他处在贫困之中，才能看出他不谋财货；让他辛勤劳作，才能看出他不受别人的干扰。

［原文］ 君子之于不善也，身勿为可能也①，色勿为不可能也②；色也勿为可能也，心思勿为不可能也。太上乐善，其次安之，其下亦能自强也③。仁者乐道，智者利道，愚者从，弱者畏④。不愚不弱，执诬以强，亦可谓弃民矣⑤。太上不生恶⑥，其次而能夙绝之也⑦，其下复而能

改[8]。复而不改，殒身覆家，大者倾社稷[9]。是故君子出言鄂鄂，行身战战，亦殆勉于罪矣[10]。是故君子为小由为大也[11]，居由仕也，备则未为备也[12]，而勿虑存焉[13]？

［注释］

①可：原脱，阮元据《群书治要》所引补。　②王聘珍："勿者，攀止之辞。为，作也。能之为言耐也。言人于不善，虽强制于外，而不可强制于中也。"　③卢辩："太上，德之最上者，谓其心不为也。其次，德之次者，谓其色不为也。自强，谓其身不为。"　④《礼记·表记》："仁者安仁，智者利仁，畏罪者强仁。"　⑤执诬以强：阮元："自执诬说，强不为善。"王聘珍："古者弃民，屏之远方，终身不齿。"　⑥生：原脱，据王念孙说补。⑦夙：早。　⑧复：再。孔广森："复，贰也。夙绝之，则不贰过也。贰而改之，犹无过。"　⑨殒：没，亡。倾，覆灭。《孟子·离娄上》："诸侯不仁，不保社稷；卿大夫不仁，不保宗庙；士庶不仁，不保四体。"原"倾"下有"覆"字，据阮元、王树枏说删。　⑩原"言"字、"身"字下均有"以"字，据王树枏说删。鄂鄂：直言的祥子。战战：小心谨慎的样子。殆：几乎。勉：通"免"。　⑪由：通"犹"。　⑫备：具备。《礼记·祭统》："上则顺于鬼神，外则顺于君长，内则以孝于亲，如此之谓备。"　⑬而：读为"能"。存：省察。《尔雅·释诂》："存，察也。"王念孙："勿虑，犹言无虑，语之转尔。"孔广森："推家而致之国，事有小大，人有众寡，其道亦未备也。然能齐其家，而国有勿虑难治之理，存乎此矣。"

［译文］

君子对于不好的事，自己不去做是容易的；在脸色上表现出不想去做，就不大可能了；如果说让脸色表现出不想去做是有可能的话，那么真正在心里不想去做，那是不可能的。品德最高尚的人以做好事为快乐，次一等的以做好事为本分，再差一点的也要能坚持不去做坏事。仁人君子以实行仁道为快乐，聪明的人从实行仁道中得到好处，愚昧的人喜欢从众，软弱的人不敢做坏事。既不愚又不弱的人，持论诬妄而行为暴虐，这种人也可以说是应该被社会抛弃的人了。品德最高尚的人不生罪恶，次一等的人虽生罪恶但能早早地根除，再次一等的人虽重复产生罪恶但能改正。屡犯而不改，就会丧命毁家，严重的甚至会使国家灭亡。所以君子言语正直，立身行事小心谨慎，这样就差不多能避免罪恶了。所以君子做小事就好比做大事，闲居在家好比在朝廷做官；说是做人的各种品德都具备了，其实还是没有具备啊，能不经常思虑省察吗？

［原文］ 事父可以事君[①]，事兄可以事师长[②]；使子犹使臣也，使弟犹使承嗣也[③]；能取朋友者[④]，亦能取所予从政者矣[⑤]；赐与其宫室，亦犹庆赏于国也；忿怒其臣妾，亦犹用刑罚于万民也[⑥]。是故为善必自内始也，内人怨之，虽外人亦不能立也[⑦]。

［注释］ ①《孝经·广扬名章》："君子之事亲孝，故忠可移于君。"孔传："能孝于亲，则必能忠于君矣。求忠臣于孝子之门也。" ②《孝经·广扬名章》："事兄悌，故顺可移于长。"孔传："善事其兄，则必能顺于长也。忠出于孝，顺出于弟。" ③承嗣：长子。卢辩："承嗣，谓冢子也。" ④取：指取信于人。 ⑤所予从政者：给予参政机会的人。王聘珍："予，犹与也。政，谓国政。予从政，言同升诸公，与之事君也。" ⑥《荀子·大略》："赐予其宫室，犹用庆赏于国家也；忿怒其臣妾，犹用罚于万民也。" ⑦卢辩："《大学》曰：'欲治其国，先齐其家。'居家治，则移官亦理也。"《论语·颜渊》："在邦无怨，在家无怨。"

［译文］ 能事奉父亲就可以事奉君王，能事奉兄长就可以事奉长辈和老师；役使儿子就好比使用臣下，役使弟弟就好比使用长子；能得到朋友的信任的人，也能够得到给他从政机会的人的信任；赐给他住宅，就好像国家在庆典时所行的赏赐；对自己身边的人发怒，就好比对百姓使用刑罚。所以做好事一定要从自己家里开始，家里的人怨恨他，即使外人也不能给他树立好名声。

［原文］ 居上位而不淫，临事而栗者[①]，鲜不济矣[②]。先忧事者后乐事，先乐事者后忧事。昔者天子日旦思其四海之内，战战唯恐不能又也[③]；诸侯日旦思其四封之内，战战唯恐失损之也[④]；大夫士日旦恩其官，战战唯恐不

能胜也[⑤]；庶人日旦思其事，战战唯恐刑罚之至也。是故临事而栗者，鲜不济矣。

[注释] ①栗：通“慄”。《尔雅·释诂》：“慄，惧也。”《论语·述而》：“必也临事而惧，好谋而成者也。” ②鲜：稀少。阮元：“济，成也。”《孝经·诸侯章》：“在上不骄，高而不危。制节谨度，满而不溢。” ③又：再。一说通“有”，义亦通。战战，畏惧的样子。 ④王聘珍：“四封，谓四境起土为界也。失，谓失守社稷。损，减也。” ⑤胜：胜任。

[译文] 身居高位但不骄侈淫佚、遇事小心谨慎的人，很少有不成功的。先为事业而忧虑，后来就因事业的成功而安乐；事业未成先享乐，后来就会为事业而忧虑。从前天子一大早就想到他的四境之内，战战兢兢唯恐不能再拥有；诸侯一大早就想到他的四境之内，战战兢兢唯恐领地有减损；大夫和士一大早就想到他们的职守，战战兢兢唯恐不能胜任；平民百姓一大早就想到他们所从事的工作，战战兢兢唯恐刑罚降到他们身上。所以遇事小心谨慎的人，很少有不成功的。

[原文] 君子之于子也，爱而勿面也[①]，使而勿貌也[②]，导之以道而勿强也[③]。宫中雍雍[④]，外焉肃肃[⑤]，兄弟憘憘[⑥]，朋友切切[⑦]，远者以貌，近者以情[⑧]。友以立其所能，而远其所不能[⑨]，苟无失其所守，亦可与终身矣。”

[注释] ①卢辩：“勿面，不形于面。” ②卢辩：“勿貌，不以貌劳徕之。” ③王聘珍：“导，引也。强，谓强其所不能也。”《荀子·大略》：“君子之于子，爱之而勿面，使之而勿貌，导之以道而勿强。” ④雍雍：和睦的样子。《尔雅·释训》：“雍雍，和也。” ⑤肃肃：庄重的样子。 ⑥憘憘：犹怡怡。《论语·子路》：“朋友切切偲偲，兄弟怡怡。” ⑦切切：真诚的样子。 ⑧《荀子·礼论》：“君者，治辨之主也，文礼之原也，情貌之尽也。”杨倞注：“貌，恭敬也；情，忠诚也。” ⑨王聘珍：“立，成也。能，道艺也。立其所能，谓成己之道艺也。远，疏也。不能者疏之，无友不如己者。”

[译文] 君子对于他的儿子，喜欢他但不要表现在脸上，使用他但不要表现在态度上，教导他但不要勉强他。在家里要创造一种和睦的气氛，

在外面要表现出一种庄重严肃的态度，兄弟之间要愉快地相处，朋友之间要真诚地交往，对疏远的人要以恭敬之礼相待，对亲近的人要以真诚之情相处。交朋友是为了成就自己的事业，而远离那些自己不去从事的事业，如果没有因为交一个朋友而影响自己所坚持的事业，那么就可以和他交往终生了。”

曾子本孝

[原文]

曾子曰："忠者，其孝之本与[①]！孝子不登高，不履危，痹亦弗冯[②]；不苟笑，不苟訾[③]，隐不命，临不指[④]，故不在尤之中也[⑤]。

[注释]

①与：同"欤"，感叹词。孔广森："孝贵忠诚，无饰伪也。" ②痹：戴震校改为"庳"。卢辩："敬父母之遗体，故跬步不敢忘其亲。"孔广森："庳，卑也。弗冯，卑者不临深也。"冯：冯临，由高处向低处看。 ③苟：随便。訾：毁，说人坏话。 ④《礼记·曲礼上》："为人子者……不登登高，不临深，不苟訾，不苟笑。孝子不服闇，不登危，惧辱亲也。登城不指，城上不呼。" ⑤尤：过错。

[译文]

曾子说："忠，大概是孝的根本吧！孝子不登高峻的地方，不经过危险的地方，也不去凭临低下的深渊；不随便嬉笑，不随便说人的坏话；在隐蔽的地方不叫人，在登高临下时不指点，所以不会有过错。

[原文]

孝子恶言死焉，流言止焉[①]，美言兴焉，故恶言不出于口，烦言不及于己[②]。

[注释]

①王聘珍："恶言死焉者，离而去之也。流言者，如水之流，止之使不行。"《荀子·大略》："流言止焉，恶言死焉。"杨倞注："郑康成曰：'死之言澌。'澌谓消尽也。" ②烦言：忿怒之言。阮元："烦，读为忿。《小戴记》云：'一出言而不敢忘父母，是故恶言不出于口，忿言不反于身。'今案烦、忿音近字，'反'亦为'及'字形之讹。"

[译文]

孝子要使坏话消亡，使流言止息，使好话兴盛起来，所以坏话不从自己口中说出，侮辱忿争的话就不会涉及自己。

[原文]

故孝子之事亲也，居易以俟命[①]，不兴险以徼幸[②]；孝子游之，暴人违之[③]；出门而使，不以或为父母忧也[④]；

险途隘巷，不求先焉[⑤]，以爱其身[⑥]，以不敢忘其亲也。

［注释］ ①卢辩："处安易之道以听命也。" ②王聘珍："兴，犹行也。险行，谓倾危之行。徼，求也。幸，非望之福也。"《礼记·中庸》："故君子居易以俟命，小人行险以徼幸。" ③违：去，离开。阮元："由之，谓素位而行。曾子曰：'思不出其位。'游、由通借。"王聘珍："违，去也。" ④或：通"惑"。阮元："奉君、师、亲使出门，不以疑惑贻父母之忧。" ⑤王聘珍："不求先者，不以身尝殆也。" ⑥《礼记·哀公问》："身也者，亲之枝也，敢不敬与？"

［译文］ 孝子事奉父母，居处平安以听天命，不冒险以图侥幸；与孝子同游，远离凶暴的人；出门做事情，不要因为疑惑不定而让父母担忧；在危险的路上和狭窄的小巷里，不与人争先，爱惜自己的身体，是因为不敢忘记父母啊。

［原文］ 孝子之使人也不敢肆[①]，行不敢自专也；父死，三年不敢改父之道[②]；又能事父之朋友[③]，又能率朋友以助敬也[④]。

［注释］ ①肆：尽。《尔雅·释言》："肆，力也。"郭璞注："肆，极力也。" ②《论语·学而》："父在观其志，父殁观其行，三年无改于父之道，可谓孝矣。" ③《礼记·曲礼》："见父之执，不谓之进不敢进，不谓之退不敢退，不问不敢对，此孝子之行也。"郑玄注："敬父同志如事父。" ④王聘珍："言率朋友之有孝德孝行者，以益己之敬也。"

［译文］ 孝子使用别人，不敢用尽人家的力量，行动也不敢自作主张；父亲死后，三年不敢改变父亲的做法；又能恭敬地事奉父亲的朋友，按照朋友的样子，增进自己对父母的孝敬。

［原文］ 君子之孝也，以正致谏；士之孝也，以德从命[①]；庶人之孝也，以力善食[②]；任善，不敢臣三德[③]。

［注释］ ①王聘珍："以德从命者，言先意承志，喻父母于无过，其命皆可从也。" ②善：原本作"恶"。以力恶食，卢辩云："分地任力致甘美。"

王树楠："以力恶食，本作'以力善食'。以力善食，谓以其力善其食，注所谓分地任力致甘美也。"今据卢注、王说校改。　③卢辩："谓王者之孝。三德，三老也。《白虎通》曰：'不臣三老，崇孝。'"

［译文］

君子之孝，以正道对父母进行劝谏；士人之孝，按道德听从命令；平民百姓之孝，以勤劳奉养父母并尽力改善其饮食；君王之孝，是任用贤能，不敢像对待下属那样对待有德行的资深老臣。

［原文］

故孝子于亲也，生则有义以辅之[①]，死则哀以莅焉[②]，祭则莅之以敬[③]，如此而成于孝子也[④]。"

［注释］

①戴震："故孝子于亲也，'子'各本讹作'之'。"义以辅之：卢辩："喻于道。"　②莅：临。　③原"祭"下有"祀"字，据阮元校本删。④王树枬："于、为古通。"王聘珍："成，犹终也。"《孝经·丧亲章》："生事爱敬，死事哀戚，生死之本尽矣，死生之义备矣，孝子之事亲终矣。"

［译文］

孝子对待父母，在父母活着时要用道义辅佐他们，在他们死的时候就哀痛地在他们身边，在祭祀的时候要诚心恭敬，像这样才算得上是孝子。"

曾子立孝

［原文］

曾子曰：“君子立孝，其忠之用也，礼之贵也①，故为人不能孝其父者，不敢言人父不能畜其子者②；为人弟而不能承其兄者③，不敢言人兄不能顺其弟者④；为人臣而不能事其君者，不敢言人君不能使其臣者⑤。故与父言，言畜子；与子言，言孝父；与兄言，言顺弟；与弟言，言承兄；与君言，言使臣，与臣言，言事君⑥。

［注释］

①卢辩：“有忠与礼，孝道立。”《贾子·道术》：“子爱利亲谓之孝，爱利出中谓之忠。” ②畜：养。 ③承：奉。 ④王树楠：“顺，读若‘训’。《广雅》：‘训，顺也。’同音相假，义亦近也。” ⑤原“者”下有“也”字，据阮元校本删。 ⑥《仪礼·士相见礼》：“与君言，言使臣；与大夫言，言事君；与老者言，言使弟子；与幼者言，言孝父兄；与众言，言忠信慈祥；与居官者言，言忠信。”

［译文］

曾子说：“君子立志行孝，要用内心的诚恳，要重视行为礼节。做儿子的不能孝敬父亲，就不敢说人家父亲不养他的儿子；做弟弟的不能遵从兄长，就不敢说人家兄长不顺从弟弟；做臣子的不能事奉他的国君，就不敢说人家国君不使用他的臣子。所以，与做父亲的讲话，要讲如何教养儿子；与做儿子的讲话，要讲如何孝敬父亲；与做兄长的讲话，要讲如何顺从弟弟；与做弟弟的讲话，要讲如何遵从兄长；与做君主的讲话，要讲如何对待臣子；与做臣子的讲话，要讲如何事奉君主。

［原文］

君子之孝也，忠爱以敬①；反是，乱也。尽力而有礼②，庄敬而安之③；微谏不倦④，听从不怠，欢欣忠信，咎故不生⑤，可谓孝矣。尽力而无礼⑥，则小人也⑦；致敬而不忠，则不入也⑧。是故礼以将其力⑨，敬以入其忠，饮食移味[10]，居处温愉[11]，着心于此[12]，济其志也[13]。

［注释］ ①以：而。王聘珍："忠爱，谓中心之爱。敬，谓严肃。" ②尽力：《论语·学而》："事父母，能竭其力。" ③《释名》："安，晏也，晏晏然和喜，无动惧也。" ④孔广森："微谏，几谏也。"《论语·里仁》："事父母，几谏，见志不从，又敬不违，劳而不怨。"包咸注："几者，微也。言微谏纳善于父母。"《礼记·内则》："父母有过，下气，怡色，柔声以谏。" ⑤王聘珍："咎，灾也。故，事变也。咎故不生者，《曾子事父母》曰'由己为无咎则宁'是也。" ⑥而：原脱，阮元、汪中据《群书治要》所引补。⑦阮元："小人，愚民也。"卢辩："岂小人而已哉，乃犬马之养。" ⑧孔广森："不入，不得乎亲也。敬而未安，是色庄也。严威俨恪，非所以事亲也。" ⑨将：助。《诗经·樛木》："乐只君子，福禄将之。" ⑩卢辩："饮食移味，随所欲也。" ⑪《礼记·内则》："柔色以温之。"郑玄注："温，藉也。承尊者，必和颜色。" ⑫孔广森："此者，如上所言也。居心于此，以成其孝子之志。" ⑬济：成。《书·君陈》："必有忍，其乃有济。"

［译文］ 君子孝顺父母，要忠诚、爱戴、尊敬；反之，就是乱臣贼子。竭尽全力并且有礼节，庄重恭敬，使父母感到安乐；委婉的劝谏而不厌倦，父母听从了，事奉他们仍不懈怠，欢欢喜喜竭尽忠心，过错就不会产生，这就可以说是孝了。尽了力而没有礼节，那是愚人的做法；做到了恭敬但不真诚，那是没有深入内心。所以，礼是用来增加他的力量的，恭敬是用来使真诚深入内心的。给父母的饮食要经常调换口味，使父母居处感到温暖愉快，把心思用在这方面，就可以成就做孝子的愿望了。

［原文］ 子曰：'可入也，吾任其过①；不可入也，吾辞其罪②。'《诗》云：'有子七人，莫慰母心③。'子之辞也。'夙兴夜寐，无忝尔所生④。'言不自舍也⑤。不耻其亲⑥，君子之孝也。

［注释］ ①入：采纳。原文为"人"，据戴震校本改，下"人"与此同。孔广森："可入也吾任其过，此言微谏之道，过则称己也。入，谓纳其言。"任：担当。

② 辞：自责。孔广森："不可入也吾辞其罪，言谏若不从，又为之辞说，使亲若无罪然，所谓子为父隐。" ③ 卢辩："七子自责任过之辞。"见《诗经·邶风·凯风》。 ④ 忝：辱没。见《诗经·小雅·小宛》。《尔稚·释言》："忝，辱也。" ⑤ 自舍：自我放松。王聘珍："舍，释也。不自释其过。" ⑥ 王聘珍："耻，辱也。过成则辱至。"

［译文］

孔子说：'劝谏的话可以说进去，我就承担那个过错；不能说进去，我就数责自己的罪过。'《诗经》里说：'有子七人，莫慰母心。'就是儿子数责自己的话。又说：'夙兴夜寐，无辱尔所生。'是说儿子不放松自己，不给父母带来耻辱，就是君子的孝啊。

［原文］

是故未有君而忠臣可知者，孝子之谓也；未有长而顺下可知者，弟弟之谓也①；未有治而能仕可知者，先修之谓也②。故孝子善事君③，弟弟善事长，君子一孝一弟，可谓知终矣④。"

［注释］

① 弟弟：能行悌道的弟弟。前"弟"字通"悌"。 ② 治：治理政事。王聘珍："治，治职也。先修，修于家也。"《礼记·中庸》："知所以修身，则知所以治人。" ③ "故"字下原有"曰"字，阮元据《群书治要》所引删。 ④ 孔广森："孝忠于事君，弟终于事长。君子以其孝弟，知其能终。"《孝经·开宗明义章》："夫孝，始于事亲，中于事君，终于立身也。"

［译文］

所以还没有国君就可以知道他是忠臣，说的就是孝子啊；还没有长辈就可以知道谦卑顺从，指的是能行悌道的弟弟啊；还没有治理政事，就可以知道他能做官，说的是先做好自身修养的人啊！所以，能行孝道的儿子善于事奉君主，能行悌道的弟弟善于事奉长辈，对于君子，只从孝和悌上看，就可以知道他的结局了。"

曾子大孝

[原文] 曾子曰："孝有三：大孝尊亲[①]，其次不辱[②]，其下能养。"

[注释] ①《孟子·万章上》："孝子之至，莫大乎尊亲。" ②孔广森："不辱，不辱亲。"

[译文] 曾子说："孝有三等：大孝是使父母尊荣，其次是不给父母带来耻辱，最低的是能供养父母。"

[原文] 公明仪问于曾子曰[①]："夫子可谓孝乎[②]？"曾子曰："是何言与[③]？是何言与？君子之所谓孝者，先意承志，谕父母以道[④]。参直养者也[⑤]，安能为孝乎[⑥]？身者，亲之遗体也，行亲之遗体[⑦]，敢不敬乎？故居处不庄，非孝也；事君不忠，非孝也；莅官不敬，非孝也；朋友不信，非孝也；战陈无勇[⑧]，非孝也。五者不遂[⑨]，灾及乎身，敢不敬乎[⑩]？故烹熟鲜香，尝而进之，非孝也，养也[⑪]。君子之所谓孝者，国人皆称愿焉[⑫]，曰：幸哉，有子若此！所谓孝也。民之本教曰孝，其行之曰养[⑬]。养可能也，敬为难[⑭]；敬可能也，安为难；安可能也，久为难；久可能也，卒为难[⑮]。父母既殁[⑯]，慎行其身，不遗父母恶名[⑰]，可谓能终也[⑱]。

[注释] ①《礼记·祭义》郑玄注："公明仪，曾子弟子。" ②夫子：先生，指曾子。 ③与：同"欤"，语气词。 ④孔颖达："先意，谓父母将欲发意，孝子则预先逆知其意而为之也。承志，谓父母已有其志，己当奉承而行之。谕父母于道，或在父母意先，或在父母意后，皆晓谕父母归于正道也。" ⑤直：只。孔广森："直，犹特也。" ⑥安：如何，哪里。 ⑦王聘珍："遗，余也。行，奉行也。"《孝经·开宗明义章》："身体发肤，受之

父母，不敢毁伤，孝之始也。” ⑧战陈：战场。陈，读为“阵”。阮元：“阵字乃六朝以后俗字。” ⑨郑玄：“遂，犹成也。”乎：各本原作“其”，据戴震说校改。 ⑩孔颖达：“若行在上五者，事不成，其如是，灾害必及亲，所以为非孝。然则君子于上五者，岂敢不敬而承之者乎？” ⑪孔颖达：“言亨熟膻芗之美，先自口尝而后荐之父母。此非孝也，唯是供养。”王聘珍：“鸟兽新杀曰鲜，香谓黍稷馨香也。尝者，谓尝其旨否也。养也者，谓养口体也。” ⑫孔颖达：“一国之人称扬羡愿。”王聘珍：“称，誉也；愿，犹慕也。” ⑬《孝经·开宗明义章》：“夫孝，德之本也，教之所由生也。”卢辩：“其行之曰养，谓致衣食，省安否。” ⑭《论语·为政》：“今之孝者，是谓能养。至于犬马，皆能有养，不敬，何以别乎？” ⑮卒：终。孔颖达：“父母在日，使之安乐，犹可能也。但父母没后，终身行孝，是为难也。” ⑯殁：没，去世。 ⑰不遗父母恶名：不给父母留下恶名。《礼记·内则》：“父母虽殁，将为善，思贻父母令名必果。” ⑱《礼记·内则》：“终身也者，非终父母之身，终其身也。”《孝经·开宗明义章》：“立身行道，扬名于后世，以显父母，孝之终也。”

[译文] 公明仪问曾子说：“先生您可算是孝了吗？”曾子说：“这是什么话！这是什么话！君子所说的孝，是能早早地领会父母的意图，并按他们的意思去做，用正道去辅佐父母。我曾参只是一个能养父母的人，怎么能算是孝呢？身体是父母所给予的，用父母给的身体去行事，敢不恭敬吗？所以，居处不庄重，就不算是孝；事奉君主不忠心，不能算孝；处理政事不恭敬，不能算孝；结交朋友不讲信义，不能算孝；在战场上不勇敢，也不能算孝。这五条做不到，灾祸就会降临到身上，敢不恭敬谨慎吗？所以煮熟了新鲜馨香的食物，尝了以后再进给父母，不能算是孝，只是养罢了。君子所说的孝，一国之人都称赞仰慕他，说：‘真是幸福啊，有一个像这样的儿子！’这才是所说的孝啊。对人民施行的根本教育就是孝，实行孝道叫养。供养是可以做到的，再做到恭敬就难了；恭敬也是可以做到的，做到使父母安乐就难了；使父母安乐也是可以做到的，长久地坚持就难了；长久地坚持也是可以做到的，能坚持到底就更难了。父母死后，谨慎地约束自己，不给父母带来坏

名声，这就可以说是能把孝坚持到底了。

［原文］

夫仁者，仁此者也[①]；义者，宜此者也[②]；忠者，忠此者也[③]；信者，信此者也；礼者，体此者也[④]；行者，行此者也；强者，强此者也；乐自顺此生，刑自反此作[⑤]。

［注释］

①此：这。阮元："此者，指孝而言。" ②孔广森："古文仁义之义本作谊，凡小学皆以形声相训诂，故谊谓宜也。" ③忠：各本作"中"，据戴震校本改。 ④体：实行。孔广森："分布于事，各有条理之谓礼。故礼者，体也。"《礼记·祭义》作"履"。孔颖达："履，践履也。言欲行礼于外者，必须履践此孝者也。" ⑤孔颖达："言身之和乐，由顺从孝道而生。若能顺从孝道，则身和乐。身受刑戮，由反此孝道而兴作，若违反孝道，则刑戮及身。"

［译文］

仁爱的人，就是由这个孝来表现出仁爱的；正义的人，就是由这个孝来表现出正义的；忠诚的人，就是由这个孝表现出忠诚的；诚实的人，就是由这个孝来表现出诚实的；有礼节的人，就是由这个孝来表现出有礼的；笃行的人，就是由这个孝来表现出笃行的；坚强的人，就是由这个孝来表现出坚强的；快乐是从顺从这个孝而出现的，刑罚是由于违背这个孝而产生的。

［原文］

夫孝者，天下之大经也[①]。夫孝，置之而塞于天地[②]，衡之而衡于四海[③]，施诸后世而无朝夕[④]，推而放诸东海而准，推而放诸西海而准，推而放诸南海而准，推而放诸北海而准。《诗》云：'自西自东，自南自北，无思不服[⑤]。'此之谓也。

［注释］

①天下之大经：天下的根本。《孝经·三才章》："夫孝，天之经也，地之义也，民之行也。" ②置：竖立。卢辩："置，犹立也。"孔颖达："置，谓措置也，言孝道措置于天地之间，塞满天地。" ③衡：通"横"，横放。《汉书·礼乐志》："扬金光，横泰河。"颜师古注："横，充满也。"《礼记·祭义》作："溥之而横乎四海。"孔颖达疏："溥，布也。布此孝道而横被于四

海，言孝道广远也。”④诸：“之于”的和音。《礼记·祭义》郑玄注：“无朝夕，言常行无辍时也。”《淮南子·原道训》：“夫道者，植之而塞于天地，横之而弥于四海，施之无穷而无所朝夕。”⑤见《诗经·大雅·文王有声》。

［译文］

孝，是天下的大道理。这个孝，立起来能充满天地之间，横过来可以装满四海之内，施行于后代是任何时候都少不了的，是放之四海而皆准的。《诗经》上说：‘自西自东，自南自北，无思不服。’说的就是孝啊。

［原文］

孝有三：大孝不匮[①]，中孝用劳，小孝用力。博施备物[②]，可谓不匮矣；尊仁安义，可谓用劳矣；慈爱忘劳，可谓用力矣。

［注释］

①匮：缺乏。《诗经·大雅·既醉》：“孝子不匮，永锡尔类。”毛传：“匮，竭也。”②备物：以天下之物奉养。《孟子·万章上》：“以天下养，养之至也。”《礼记·中庸》：“富有四海之内，宗庙飨之。”

［译文］

孝有三等：大孝是不匮乏，中孝是用事功，小孝是用力气。以德教化百姓，以整个天下奉养，可以说是不匮乏了；尊重仁人，安抚义士，可以说是用事功了；敬养父母而忘记辛劳，可以说是用力了。

［原文］

父母爱之，喜而不忘；父母恶之，惧而无怨[①]；父母有过，谏而不逆[②]；父母既殁[③]，以哀[④]，祀之加之[⑤]，如此，谓礼终矣。”

［注释］

①郑玄《礼记·祭义》注：“无怨者，无怨于父母之心。”②郑玄《礼记·祭义》注：“不逆，顺而谏之。”③殁：没，去世。④《孝经·丧亲章》：“孝子之丧亲也，哭不偯，礼无容，言不文，服美不安，闻乐不乐，食旨不甘，此哀戚之情也。”⑤祭祀时增加祭品。《国语·楚语》：“祀加于举，天子举以太牢，祀以会；诸侯举以特牛，祀以太牢；卿举以少牢，祀以特牛；大夫举以特牲，祀以少牢；士食鱼炙，祀以特牲；庶人食菜，祀以鱼。”

［译文］

父母喜爱他，就高兴得不能忘记；父母厌恶他，就惧怕而没有怨言；父母有了过失，劝谏而不敢忤逆；父母死后，就只有哀痛，祭祀时，增加祭品供奉父母，这样，孝敬父母的礼节就算完了。”

［原文］

乐正子春下堂而伤其足[①]，伤谬[②]，数月不出，犹有忧色。门弟子问曰：“夫子伤足，谬矣，数月不出，犹有忧色，何也？”乐正子春曰：“善，如尔之问也。吾闻之曾子，曾子闻诸夫子曰[③]：‘天之所生，地之所养，人为大矣[④]。父母全而生之，子全而归之，可谓孝矣；不亏其体，可谓全矣[⑤]。’故君子顷步之不敢忘也[⑥]。今予忘夫孝之道矣[⑦]，予是以有忧色。故君子一举足不敢忘父母，一出言不敢忘父母。一举足不敢忘父母，故道而不径[⑧]，舟而不游，不敢以先父母之遗体行殆也[⑨]。一出言不敢忘父母，是故恶言不出于口，忿言不及于己，然后不辱其身，不忧其亲[⑩]，则可谓孝矣。草木以时伐焉，禽兽以时杀焉。夫子曰：‘伐一木，杀一兽，不以其时，非孝也。’”

［注释］

① 郑玄《礼记·祭义》注：“乐正子春，曾子弟子。” ②《诗经·郑风·风雨》：“既见君子，云胡不瘳。”朱熹传：“瘳，病愈也。” ③ 夫子：指孔子。《礼记·祭义》郑玄注：“曾子闻诸夫子，述曾子所闻于孔子之言。” ④ 人为大：《孝经·圣治章》：“天地之性，人为贵。” ⑤《孝经·开宗明义章》：“身体发肤，受之父母，不敢毁伤，孝之始也。” ⑥ 卢辩：“‘跬’当声误为‘顷’。”孔广森：“字本从足，圭声，亦或为‘蹞’。《小尔雅》：‘跬，一举足也。倍跬谓之步。’”陆德明《经典释文》：“一举足为跬，再举足为步。” ⑦ 予：我，乐正子春自称。 ⑧ 道而不径：走大路不抄小路。卢辩：“不径，不由径也。”《说文》：“径，步道也。” ⑨ 殆：危险。卢辩：殆：危也。 ⑩ 不忧其亲：不让父母为自己担忧。

［译文］

乐正子春走下堂时伤了脚，伤好了，几个月不出门，脸上还有忧愁的样子。他的弟子问他说：“先生伤了脚，已经好了，几个月不出门，脸上还有忧愁的样子，这是为什么？”乐正子春说：“好啊，你问的这个问题。我听曾子说过，曾子从孔子那里听说的：‘天地所生所养的万物中，以人为最重要。父母完完全全地生出来，儿子完完全全地归还给他们，可以说是孝了；不让自己的身体受到亏损，可以说是完全了。’所以君子一举一动也不敢忘记。现在我忘了这孝的道理，所以脸上有忧愁的样子。所以君子一抬脚不敢忘父母，一说话也不敢忘父母。一抬脚不敢忘父母，所以走大路不走小路，涉水乘船而不游水，这是不敢拿父母所给的身体去冒危险啊。一说话不敢忘父母，所以坏话不出口，怨忿的话也不会找到自己，自己也不会受到污辱，不使父母为自己担忧，这就可以说是孝了。砍伐草木要有定时，杀戮禽兽也要有定时。孔子说过：‘砍伐一棵树木，捕杀一只野兽，如果不按其时令，那就不是孝。’”

曾子事父母

[原文] 单居离问于曾子曰[①]："事父母有道乎？"曾子曰："有。爱而敬。父母之行若中道则从[②]，若不中道则谏。谏而不用，行之如由己[③]。从而不谏，非孝也；谏而不从，亦非孝也[④]。孝子之谏，达善而不敢争辩[⑤]；争辩者，作乱之所由生也。由己为无咎则宁[⑥]，由己为贤人则乱[⑦]。孝子无私忧无私乐[⑧]。父母所忧忧之，父母所乐乐之。孝子唯巧变，故父母安之[⑨]。若夫坐如尸[⑩]，立如齐[⑪]，弗讯不言，言必齐色，此成人之善者也，未得为人子之道也[⑫]。"

[注释] ①卢辩："单居离，曾子弟子也。" ②中：符合。 ③行之如由己：之，指父母的主张；如由己，如同出于自己。孔广森："如由己，使若父母之过由己致之者。" ④卢辩："谏而不从，徒以义谏而行不从。"《礼记·曲礼》："子之事亲也，三谏而不听，则号泣而随之。" ⑤孔广森："达善，以善言达于亲也。" ⑥由己为：按自己的主张去做。王聘珍："由，用也。由己，谓父母用己之谏。无咎，谓咎故不生也。宁，安也。" ⑦贤人：夸耀于人。王聘珍："贤，犹胜也。谓争辨求胜也。" ⑧无私忧：原本无此三字，据阮元所校补。 ⑨王聘珍："巧，善也。变，犹化也。安，乐也。" ⑩尸：古时祭祀时，用活人代表死者受祭，这人就叫尸。《公羊传·宣公八年》何休注："祭必有尸者，节神也。礼，天子以卿为尸，诸侯以大夫为尸，卿大夫以下以孙为尸。夏立尸，殷坐尸，周旅酬六尸。" ⑪齐：祭祀时恭敬的样子。卢辩："齐，谓祭祀时。"郑玄《礼记·曲礼》注："坐如尸，视貌正；立如齐，磬且听也。" ⑫《礼记·祭义》："严威俨恪，非所以事亲也，成人之道也。"

[译文] 单居离问曾子："事奉父母有好方法吗？"曾子回答："有。就是爱和敬。父母的行为如果合乎道理就遵从，如果不合乎道理就劝谏。

劝谏如不被父母采纳，就照着父母的意思去做，就好像是自己的主意一样。遵从父母错误的意见而不去劝谏，不是孝；劝谏不被接受因而不再遵从，也不是孝。孝子的劝谏，表达出善良的愿望但不要力争强辩；力争强辩是犯上作乱的根源。让父母照自己的主意去做而没有什么过错，心里就很安宁；让父母照自己的主意去做是为了博取好名声，那就是犯上作乱了。孝子没有自己的私忧，也没有自己的私乐。以父母的忧愁为忧愁，以父母的快乐为快乐。孝子只有随父母的忧乐而改变，才能使父母舒服。至于坐着像祭祀时的尸那样庄严，站着像斋戒的那样恭敬，不经询问不说话，说话必定是脸色庄重，那是成年人的好榜样，不能用来当作做儿子的规范啊。”

[原文] 单居离问曰：“事兄有道乎？”曾子曰：“有。尊事之以为己望也①，兄事之不遗其言②。兄之行若中道，则兄事之；兄之行若不中道，则养之③；养之内，不养于外，则是越之也④；养之外，不养于内，则是疏之也。是故君子内外养之也⑤。”

[注释] ①望：样子。卢辩：“望，谓仪象也。” ②卢辩：“不遗其言，奉其所令。” ③养：担忧。王聘珍：“养，读若‘中心养养’，忧念也。” ④王聘珍：“内谓心，外谓貌。”孔广森：“越，过也。言以能贤加其兄。一曰越，谓视若越人，亦疏之也。” ⑤王聘珍：“内外养之，谓忧诚于中，形于外，冀感悟之也。”

[译文] 单居离问曾子说：“事奉兄长有好方法吗？”曾子回答说：“有。尊奉他，把他作为自己的榜样；把他作为兄长对待，不忘记他的话。兄长的行为如合道理，就以对待兄长的方式对待他；兄长的行为如不符合道理，就为他担忧。只在内心替他担忧而不在外表上替他担忧，那就是要想超过他；只在外表上替他担忧而不在内心里为他担忧，那就是要疏远他；所以，君子在内心里和外表上都要替他担忧。”

[原文] 单居离问曰：“使弟有道乎？”曾子曰：“有。嘉事

不失时也[①]。弟之行若中道，则正以使之[②]；弟之行若不中道，则兄事之；诎事兄之道若不可，然后舍之矣[③]。”

［注释］ ①嘉事：指冠礼和婚礼。卢辩：“嘉事，谓冠娶也。” ②正以使之：使之以正，以对弟弟的正道使用。 ③诎：用完。王聘珍：“诎，尽也。不可，谓不可化也。舍，止也。”

［译文］ 单居离问道：“役使弟弟有好方法吗？”曾子回答说：“有。为弟弟举行冠礼、婚礼等要不错过时间。弟弟的行为如果符合道理，就以对待弟弟的正道来使用他；弟弟的行为如不符合道理，那就以对待兄长的方式对待他；尽了对待兄长的方式仍然不能感化他，那就只好舍弃他了。”

［原文］ 曾子曰：“夫礼，大之由也[①]，不与小之自也[②]。饮食以齿[③]，力事不让，辱事不齿[④]，执觞觚杯豆而不醉[⑤]，和歌而不哀。夫弟者，不衡坐[⑥]，不苟越[⑦]，不干逆色[⑧]，趋翔周旋[⑨]，免仰从命[⑩]，不见于颜色[⑪]，未成于弟也[⑫]。”

［注释］ ①由：行用。《吕氏春秋·务本》：“诬诈之道，君子不由。”高诱注：“由，用也。” ②与：王聘珍：“读若‘可与共学’之与。”自：用。《礼记·内则》：“二十而冠，始学礼；十年，朝夕学幼仪。” ③卢辩：“饮食以齿，以长幼也。”《礼记·内则》：“八年，饮食必后长者。” ④孔广森：“辱事不齿，不自以齿长辞辱事也。” ⑤执觞觚杯豆：觞、觚、杯，古代的酒器。豆，古代食器。《管子·弟子职》：“先生将食，弟子馔馈，左酒右浆，左执虚豆，右执挟匕，周旋而贰。” ⑥衡：通“横”。 ⑦苟：随便。 ⑧不干逆色：干，犯。逆色，怒色。 ⑨趋：小步快走。王聘珍：“翔，行而张拱也。”《礼记·曲礼上》：“遭先生于道，趋而进，正立拱手。” ⑩免：同俯。《左传·成公二年》：“韩厥免，定其右。”杜预注：“免，俯也。” ⑪见：同“现”，显现。孔广森：“不见于颜色，言劳而无愠。” ⑫未成于弟：《礼记·冠义》：“已冠而字之，成人之道也。……成人之者，将责成人礼焉。”

［译文］ 曾子说：“礼，是成年人照着去做的，不必要小孩也一起照着去做。

吃饭要按年龄大小分别先后，出力的事不要推让，卑贱的事也要去做而不要强调自己的年龄，拿着大小的杯、盘劝酒添饭不要醉酒失礼，应和成年人的歌声而不出哀伤的声音。做弟弟的在长者面前不能横着坐，不能随便超越长者，长者颜色不愉快时，不要冒犯，在长者中间周旋要轻行快走，一举一动都要听长者的话，脸上不表现出倦怠的颜色，未成年做弟弟的，就应该这样。”

曾子制言上

[原文]

曾子曰："夫行也者，行礼之谓也①。夫礼，贵者敬焉，老者孝焉，幼者慈焉，少者友焉，贱者惠焉②。此礼也，行之则行也，立之则义也③。今之所谓行者，犯其上，危其下，衡道而强立之④。天下无道，故若⑤；天下有道，则有司之所求也⑥。

[注释]

①行：德行、品行。《礼记·聘义》："众人之所难而君子行之，故谓之有行。" ②王聘珍："少，谓年少于己者。兄敬爱弟谓之友。贱，卑贱也。惠，谓恩惠。"《礼记·祭义》："贵贵，为其近于君也；贵老，为其近于亲也；慈幼，为其近于子也。" ③行之则行也：王聘珍："行之，谓行于身也；则行者，谓为德行也。立，置也，谓置之于天下；义，宜也。" ④衡道而强立之：阮元："不循正道，矫强自立。"卢辩："衡，横也。" ⑤故若：所以如此。 ⑥孔广森："求，拘罪人也。《淮南子》曰：'求不孝不弟，戮暴傲悍而罚之。'"王引之："言犯上危下之人，所以幸而免者，天下无道故也。若天下有道，则有司诛之。"

[译文]

曾子说："所谓的德行，指的是遵行礼啊。所谓的礼，就是对尊贵的人要恭敬，对老人要孝顺，对小孩要爱护，对年轻人要友善，对贫贱的人要有恩惠。这些礼啊，照着做就是德行，确定下来就是行为规范。而现在所说的'德行'，是冒犯在上的人，危害在下的人，横行于道而强暴自立。天下无道，所以才出现这种事情，如果天下有道，那这种人就是官府所追捕的了。

[原文]

故君子不贵兴道之士①，而贵有耻之士也。若由富贵兴道者与贫贱②，吾恐其或失也③；若由贫贱兴道者与富贵，吾恐其羸骄也④。夫有耻之士，富而不以道，则耻之；贫而不以道，则耻之⑤。

[注释] ①兴道：喜欢、追求道。兴：《礼记·学记》郑玄注："兴之言喜也，歆也。" ②与：参与，处于。 ③或：通"惑"。 ④羸：积。《释名》："羸，累也。"王聘珍："羸骄者，谓为富贵所累而生骄也。" ⑤《论语·泰伯》："邦有道，贫且贱焉，耻也；邦无道，富且贵焉，耻也。"

[译文] 所以君子不重视喜欢正道的人，而是重视那些有羞耻感的人。如果是从富贵的环境里来求道的，一旦处于贫贱之中，我害怕他迷惑而不能自守；如果是从贫贱的环境里来求道的，一旦处于富贵之中，我害怕他积累上骄气。那些有羞耻感的人，致富不以正道，就以为耻；贫贱而不由正道，也认为是耻辱。

[原文] 弟子，无曰不我知也[①]。鄙夫鄙妇相会于墙阴，可谓密矣，明日则或扬其言矣[②]。故士执仁与义而明行之[③]，未笃故也[④]，胡为其莫之闻也[⑤]？

[注释] ①王聘珍："弟子，曾子呼其门人也。"不我知：不知我。 ②或：有人。阮元："此戒弟子勿以无闻誉而自懈其修也。"《礼记·中庸》："莫见于隐，莫显于微，故君子慎其独也。" ③执：持。孔广森："执，守也。"王聘珍："笃，厚也，固也。"阮元："隐微鄙事，欲人不知尚不能，何况持仁义之道明行于世，岂终无闻？若其无闻，行未笃也。" ④笃：深厚。王聘珍："笃，厚也，固也。"故：原因。《礼记·中庸》："有弗行，行之弗笃弗措也。" ⑤胡：何。莫之闻：莫闻之，没有人听到。

[译文] 弟子们，不要说没有人知道我。那鄙陋的男女幽会于墙根的阴暗处，可以说是很隐秘了，但第二天就会有人张扬出他们所说的话。所以，士人固守着仁和义并且正大光明地去实行，只怕是不坚定罢了，哪会没有人知道呢？

[原文] 杀六畜不当及亲[①]，吾信之矣；使民不时失国[②]，吾信之矣[③]。

[注释] ①及亲：连累父母双亲。孔广森："不能爱物，则不能仁民，不仁于民者，亦将不仁于亲也。"戴礼："谓非祭而杀祭物，充口腹之欲，而不敬其先，为

灾及乎亲矣。” ② 不时：不考虑时节。 ③ 阮元：“不爱民而妨民事，必将烦役渎武，民心尽叛。”

［译文］ 杀六畜不按其时，将连累其父母，这个我相信；役使人民不择时节，将丧失国家，这个我也相信。

［原文］ 蓬生麻中①，不扶自直，白沙在泥，与之皆黑②。是故人之相与也③，譬如舟车然，相济达也④。己先则援之，彼先则进之。是故人非人不济，马非马不走，土非土不高，水非水不流⑤。

［注释］ ①《说文》：“蓬，蒿也。”戴礼：“麻即苎麻之麻，其皮沤之可以绩布，其梗劲直，故蓬生其中亦自直矣。” ②《荀子·劝学》：“蓬生麻中，不扶而直，白沙在涅，与之俱黑。” ③ 王聘珍：“相与，谓与共事也。” ④ 王聘珍：“济，渡也。达，谓通之，使不陷绝也。” ⑤《管子·形势解》：“海不辞水，故能成其大；山不辞土石，故能成其高。”

［译文］ 蓬蒿生在麻丛中，不用夹自然会长得很直；洁白的沙子倒在污泥中，也会一起变成黑色。所以，人与人之间的交往，就好像乘船搭车一样，需要相互照顾才能到达目的地。自己在前就拉别人一把，别人在前就推进他一下。所以说人与人不相互切磋就不会有所成就，马与马不相互竞争就不能快跑，土与土不相互堆积就不能形成高山，水与水不汇合在一起就不能形成江河。

［原文］ 君子之为弟也，行则为人负①，无席则寝其趾②，使之为夫人则否③，近市无贾，在田无野，行无据旅④。苟若此，则夫杖可因笃焉⑤。

［注释］ ① 王聘珍：“为弟，谓尽弟道也。行，谓道路。负，荷也。” ② 寝其趾：歇在他的脚下。寝：歇息。卢辩：“寝于尊者之席末，犹所云坐于足。” ③ 为夫人：欺骗那些老人。为：王聘珍读为“伪”，《广雅·释诂》：“伪，欺也。”夫人：那些人，指上面所说的老人。 ④ 无：通毋，不要，下“无”字义同。贾：做买卖。《说文》：“贾，坐卖售也。”王聘珍：“此皆言安老

之义。老者虽近市不贾卖，虽在田不野宿。据旅，犹《周礼·羁旅》言老者虽行路不羁据旅舍。” ⑤夫杖：指拄拐杖的老人。夫，通“扶”。卢辩：“言行如此，则其所杖者皆可因厚焉。”因：借此，因此。笃：厚。

［译文］君子实行悌道，与长者同行就替他背负重物，没有坐席就在长者的席末，让他欺骗老人则不去做。老人居住如靠近市场，不要让他去经商卖货物，如住在农村，也不要让他下田劳作，出行不要寄居在外，如果能这样做，那么扶杖的老人就可以因此而得到他的照顾了。

［原文］富以苟不如贫以誉[①]，生以辱不如死以荣。辱可避，避之而已矣；及其不可避也，君子视死若归[②]。

［注释］①阮元：“富而苟且无礼，不若安贫有令誉。” ②阮元：“可避而不避，是殉名也。不可避而死，君子之荣也。曾子慎言远害，务全其身。然当大节大义，则毅然视死如归。百世后忠臣孝子之防，皆立于此。”

［译文］用不正当的方法求得富足，不如贫穷而享有美名；蒙受耻辱而保全性命，不如光荣地死去；耻辱如能避开，那就避开，到了不可避免的时候，君子就视死如归。

［原文］父母之仇，不与同生[①]；兄弟之仇，不与聚国[②]；朋友之仇，不与聚乡；族人之仇，不与聚邻[③]。

［注释］①《礼记·曲礼》：“父之仇，弗与共戴天。”《礼记·檀弓》：“父母之仇，寝苫枕干。”郑玄注：“必求杀之乃止。” ②聚：共存。《礼记·檀弓》：“昆弟之仇，仕不与共国。” ③邻：古时五家为邻。

［译文］父母的仇人，不和他同活在一个世上；兄弟的仇人，不和他共处一国；朋友的仇人，不和他共居一乡；族人的仇人，不和他同住一邻。

［原文］良贾深藏若虚，君子有盛教如无[①]。”

［注释］①卢辩：“言珍宝深藏若虚，君子怀德若愚也。”《史记·老子列传》：“吾闻之，良贾深藏若虚，君子盛教容貌若愚。”

［译文］精明的商人，把财货深藏起来，好像是一无所有，君子虽然有高

深的德行教化，却谦虚得像没有一样。”

［原文］ 弟子问于曾子曰：“夫士，何如则可以为达矣[①]？”曾子曰：“不能则学，疑则问，欲行则比贤，虽有险道，循行达矣[②]。今之弟子，病下人[③]，不知事贤，耻不知而又不问[④]，欲作则其知不足，是以惑暗[⑤]，惑暗终其世而已矣，是谓穷民也[⑥]。”

［注释］ ①达：通达。王聘珍：“达，谓行无不通。” ②比贤：比于贤，向贤人看齐。阮元：“比贤，如见贤思齐焉。险道，难通之道。君子之学，难者弗辟也。率行既久，乃渐通达，无一旦通彻之数。” ③病下人：以居人下为病。病：拒心，害怕。孔广森：“病，病之也。下人，下于人也。” ④耻不知：以不知为耻。 ⑤知：同“智”。惑闇：迷惑不明。王聘珍：“惑，迷也。闇，冥也。惑闇，谓迷于不明之处。” ⑥穷民：没有指望的人。《论语·季氏》：“困而不学，民斯为下矣。”

［译文］ 弟子问曾子说：“士人怎样作才能通达呢？”曾子说：“不会的就学，有疑难就问，想做事情就以贤人为榜样，即使遇到危险的道路，跟着他走，也就可以到达了。现在的弟子，怕谦虚居人之下，不懂得事奉贤人，虽知道没有知识是耻辱但又不肯去请教，想有所作为而智慧又不够，所以就迷惑不明，因此也就迷惑不明地混一辈子算了，这叫作没有希望的人啊。”

［原文］ 曾子门弟子或将之晋[①]，曰：“吾无知焉[②]。”曾子曰：“何必然[③]，往矣。有知焉谓之友，无知焉谓之主[④]。且夫君子执仁立志，先行后言，千里之外，皆为兄弟。苟是之不为[⑤]，则虽汝亲，庸孰能亲汝乎[⑥]？”

［注释］ ①或：有人。之晋：去晋国。 ②孔广森：“吾无知焉，无相知者。”知：故旧相知的人。焉：那里，指晋国。 ③然：如此、这样。 ④主：主人。卢辩：“谓之友，曰友之也。谓之主，且客之而已。” ⑤苟：假如。是：这些。 ⑥卢辩：“庸，用；孰，谁也。”王聘珍：“不为，不修也。

汝亲，谓亲近之人。亲汝，谓爱汝也。此言反是不修则亲故犹离，盖谓亲疏无异，而立德为要。”

[译文] 曾子的学生有一个要去晋国，说：“我在那里没有相知的人。”曾子说：“何必一定要有相知的人，去吧。有相知的人在那里就把他们当作朋友，没有相知的人在那里就把他们当作主人。况且君子按照仁的标准立志，先做后说，千里之外的人，都会与你亲如兄弟。如果不是这样去做，即使是你的亲属，又有谁会去亲近你呢？”

曾子制言中

[原文]

曾子曰："君子进则能达，退则能静[①]。岂贵其能达哉？贵其有功也；岂贵其能静哉？贵其能守也[②]。夫唯进之何功？退之何守？是故君子进退有二观焉[③]。故君子进则能益上之誉，而损下之忧；不得志，不安贵位，不怀厚禄[④]，负耜而行道[⑤]，冻饿而守仁，则君子之义也[⑥]。有知之，则愿也[⑦]；莫之知[⑧]，苟吾自知也[⑨]。

[注释]

①达：通达，闻达。静：淡泊宁静。　②守：坚持操守。王聘珍："持不惑曰守。"　③二观：卢辩："言有二等可观。"戴礼："有为有守，人皆可观以为法也。"　④怀：原作"博"，据戴震说校改。　⑤耜：古代翻土用的农具。戴礼："负耜而行道，若老、莱之流。冻饿守仁，若夷、齐之属。"原此句下有"谓其守也"四字，为注文混入正文。据戴震校本删。⑥原文此句下有"其功守之义"五字，是涉卢辩注文"其功守之义"而衍，据汪中说删。　⑦愿：愿望，想法。《方言》："愿，欲思也。"　⑧莫之知：没有人知道。　⑨苟：只。王引之《经传释词》卷五："苟：犹但也。"

[译文]

曾子说："君子到朝廷做官，就能实现自己的抱负；退居在野，也能淡泊宁静。哪里是看重他的飞黄腾达，是看重他的政绩啊；哪里是看重他的淡泊宁静，是看重他有操守啊。那么仕进有什么功？退隐又有什么操守？因此对君子进退有两种看法。所以，君子做官就能增加君主的美誉，减少百姓的忧患；如果不能施展自己的抱负，就不安居显贵的高位，不博取丰厚的俸禄，宁可回家种地，也要力行正道，即使挨饿受冻，也要坚守仁德，这就是君子的义啊。这种美好的品行，如果有人了解，那是我的愿望：如果没有人了解，只是自己知道也就够了。

[原文]

吾不仁其人，虽独也，吾弗亲也[①]。故周公曰[②]：'不如我者，吾不与处，损我者也；与吾等，吾不与处，无益我者也；吾所与处者，必贤于我③。’故君子不假贵而取宠，不比誉而取食④。直行而取礼⑤，比说而取友⑥。有说我则愿也，莫我说⑦，苟吾自说也。

［注释］

①仁：以……为仁。卢辩：“人而不仁，不足友也。” ②“故周公曰……必贤于我”：此节原本为卢辩文，系正文误入，今据阮元所校补足。 ③《吕氏春秋·观世》：“周公旦曰：‘不如吾者吾不与处，累我者也。与吾齐者吾不与处，无益我者也。惟贤者必与贤于己者处。’” ④卢辩：“不因人之贵苟求宠爱也，不校名誉以求禄也。”阮元：“比，亲合也。互相称誉以干禄。”阮元：“比，亲合也。互相称誉以干禄。” ⑤卢辩：“行正则见礼也。” ⑥比说：相互亲近喜悦。比：亲。说：同“悦”，下同。 ⑦莫我说：莫说我，没有人喜欢我。

［译文］

我认为那个人不仁，即使我孤独，也不去亲近他。所以，周公说：‘德行不如我的人，我不与他相处，因为这样会削弱我的德行；德行与我相同的人，我也不与他相处，因为这样对我的德行没有什么帮助；我所交住的人，德行一定要比我好。’所以君子不假借权贵而取宠，不以互相标榜去求得俸禄。只凭正直的行为去取得礼遇，只凭彼此的爱慕去结交朋友。有人喜欢我，那是我的心愿，如果没有人喜欢我，只要我自己喜欢就行了。

［原文］

故君子无悒悒于贫①，无勿勿于贱②，无惮惮于不闻③。布衣不完，疏食不饱，蓬户穴牖④，日孜孜上仁⑤；知我吾无訢訢⑥，不知我吾无悒悒。

［注释］

①悒悒：忧愁不安的样子。《说文》：“悒，不安也。” ②勿勿：急切不安的样子。《礼记·礼器》：“洞洞乎其敬也，属属乎其忠也，勿勿乎其欲其飨之也。”郑玄注：“勿勿犹勉勉也。” ③卢辩：“惮惮：忧惶也。” ④王聘珍：“蓬户，以蓬为户也；穴牖，凿土室为窗也。” ⑤上：尊崇。孔广森：“上，尚也。”王聘珍：“孜孜，不殆之意。” ⑥訢：高兴。阮元：“訢訢，喜也。”

［译文］ 君子不因为贫穷而郁郁不乐，不因为卑贱而不安分，不因为不出名而着急担忧。虽然布衣破得遮不住全身，吃粗饭还填不饱肚子，编蓬草做门户，墙上挖个洞当窗子，却仍然天天孜孜不倦地崇尚仁。别人了解我，自己也不沾沾自喜；别人不了解我，自己也不闷闷不乐。

［原文］ 是以君子直言直行，不宛言而取富①，不屈行而取位。畏之见逐②，智之见杀，固不难③。诎身而为不仁，婉言而为不智，则君子弗为④。君子虽言不受必忠，曰道；虽行不受必忠，曰仁⑤；虽谏不受必忠，曰智。天下无道，循道而行⑥，衡涂而偾⑦，手足不揜⑧，四支不被⑨。《诗》云：‘行有死人，尚或墐之⑩。’则此非士之罪也，有士者之羞也⑪。

［注释］ ①宛言：委婉曲折的言辞。阮元：“宛犹曲也。” ②畏：厌恶。《广雅·释诂》：“畏，恶也。”见：被。卢辩：“小人在朝，多逐害于仁智者。” ③固不难：本来就不把它当作灾难，指把它看得很轻。王聘珍解诂：“难，患也。不难者，谓非其罪，君子不以为患也。”王念孙：“难，读患难之难。不难者，不患也。” ④诎：通“屈”。王念孙：“言仁之见逐，智之见杀，故非君子之所患，若反是而为不仁之事，出不智之言，则君子弗为也。” ⑤卢辩：“谓发施言行于君之前，实善而君不纳，然犹忠诚勉行，可谓仁道也。” ⑥循，通“殉”。《孟子·尽心上》：“天下有道，以道殉身，天下无道，以身殉道。” ⑦衡：通“横”。涂：通“途”。偾：倒卧。戴礼：“若夷、齐饿死首阳。天下无道，忠臣蹈仁，故尸骨无归也。” ⑧揜：遮蔽。《说文》：“揜，覆也。” ⑨支：同“肢”。被：覆盖。原本此句下有“手足即四支说者申殷勤耳”十一字正文，为注文窜入，据戴震、阮元说删。 ⑩见《诗经·小雅·小弁》，毛传：“墐，路冢也。”郑玄笺：“道中有死人，尚有覆掩之成其墐者。” ⑪阮元：“士见逐于君，穷死道路，此非士罪，乃有士者之罪。”

［译文］ 所以君子言行正直，不靠巧言奉承取得财富，也不靠委曲行事求得官位。被君主厌恶而被驱逐，有智反而被杀害，君子本来就不把它

当作一回事。卑躬屈膝地去做不仁的事，宛言奉承而说出不明智的话，君子是不这样做的。君子说的话虽然未被接受但仍忠心不变，这叫作道；虽然做的事不被认可但仍然忠心不变，这叫作仁；虽然进谏不被采纳但仍然忠心不变，这叫作智。在天下无道的时候，能以身殉道，以至于被逐被害，横尸于道路之上，手脚不能遮蔽，四肢不能覆盖。《诗经》：‘行有死人，尚或墐之。’这不是士的罪过，而是拥有士的国君的耻辱啊。

［原文］

是故君子以仁为尊①。天下之为富，何为富？则仁为富也。天下之为贵，何为贵？则仁为贵也。昔者，舜匹夫也，土地之厚，则得而有之；人徒之众，则得而使之，舜唯以仁得之也②。是故君子将说富贵③，必勉于仁也④。昔者，伯夷、叔齐死于沟浍之间⑤，其仁成名于天下。夫二子者，居河济之间⑥，非有土地之厚货粟之富也；言为文章，行为表缀于天下⑦。是故君子思仁义，昼则忘食，夜则忘寐，日旦就业，夕而自省，以歿其身⑧，亦可谓守业矣。”

［注释］

①《孟子·公孙丑上》：“夫仁，天之尊爵也。” ②唯：只是。仁：原文无此字，据汪中、王念孙说补。 ③说：通“悦”。 ④勉：努力从事。孔广森：“君子未尝说富贵也。为此语者，犹禄在其中之意。”《论语·里仁》：“富与贵是人之所欲也，不以其道得之，不处也。” ⑤据《史记》记载，伯夷、叔齐是孤竹君的两个儿子，周灭殷商，二人义不食周粟，饿死在首阳山中。沟浍：田间水沟。《尔雅·释水》：“水注川曰溪，注溪曰谷，注谷曰沟，注沟曰浍。” ⑥河济：黄河、济水。郦道元《水经注》：“河水南对首阳山，夷、齐之歌所以曰‘登彼西山’矣。……（河水）又东，济水注焉。” ⑦表缀：标准，榜样。孔广森：“表缀，言为人准望也。” ⑧歿：没，终。各本作“役”，据戴震校本改。

［译文］

所以君子把仁义看得很尊贵。天下都认为是富的，什么才是富？只有仁才是富。天下都认为是宝贵的，什么才是贵？只有仁才是贵的。古时，舜只是一个平民，那么广大的土地，他拥有了；那么众多的百姓，他拥有了，舜只是靠仁义得到的啊。所以，君子要是喜欢富贵，一定要努力实行仁道。从前伯夷、叔齐兄弟俩虽然死在田间水沟旁，而他们的仁德却在天下传扬。这两个人啊，隐居在黄河与济水之间，并没有拥有广大的土地，也没有富足的财货粮食，但他们的言辞行为，却成为天下的模范。所以君子思念仁义，白天忘了吃饭，晚上忘了睡觉，一大早就去学习，到了晚上就自己反省，直到死时为止，这样，也可以说是固守正道了。”

曾子制言下

[原文] 曾子曰："天下有道，则君子䜣然以交同[①]；天下无道，则衡言不革[②]。诸侯不听，则不干其土[③]，听而不贤[④]，则不践其朝[⑤]。是以君子不犯禁而入人境[⑥]，不通患而出危邑[⑦]，则秉德之士不谄矣[⑧]。

[注释] ①䜣然：欢喜的样子。交同：结交志向相同的人。王聘珍："欣，乐也；交同，谓上下交而其志向同。" ②衡：通"恒"。革：改变。《礼记·中庸》："国无道，至死不变。" ③干：犯。 ④贤：尊重。《礼记·礼运》："以贤勇知。"孔颖达疏："贤，犹崇重也。" ⑤王聘珍："践其朝，谓履其位也。" ⑥人，各本作"入"，据戴震校本改。原文"入人境"下有"及郊问禁请命"，系注文误入，今据阮元、戴震所校删。 ⑦通，共。邑：原本作"色"，今据阮元所校改。《论语·泰伯》："危邦不入，乱邦不居。" ⑧秉：操持。谄：阿谀奉承。《说文》："谄，谀也。"阮元："不谄乱国之君以求爵邑。"

[译文] 曾子说："天下有道的时候，君子就很高兴地结交上上下下那些志向相同的人；天下无道的时候，君子坚持自己的观点不改变，诸侯如不听从，就不进入他的国土；听从了却不重视，就不再在他的朝廷上做官。所以君子不冒犯禁令而进入别人的国境，也不为了共患难而经过危险的都邑，这样，有仁德的人就不算谄媚君主了。

[原文] 故君子不谄富贵以为己说[①]，不乘贫贱以居己尊[②]。凡行不义，则吾不事；不仁，则吾不长[③]；奉相仁义[④]，则吾与之聚群；乡尔寇盗，则吾与虑[⑤]。邦有道，则突若入焉[⑥]；邦无道，则突若出焉；如此之谓义。

[注释] ①谄：谄媚。为己说：让别人喜欢自己。说：同"悦"。 ②乘：欺辱。王聘珍："乘，陵也。居，处也。"《论语·学而》："贫而无谄，富而无骄。"

③王聘珍："长，谓官长；不长者，不为其属也。" ④相：助长。卢辩："相，助也。" ⑤乡：同"向"。尔：同"迩"，近。孔广森："人有与寇盗亲迩者，则为忧之。"阮元："无仁义而近有寇盗，则吾与其祸是虑。" ⑥突：急促。《广雅·释诂》："突，猝也。"

［译文］ 因此君子不为了使自己受到喜爱而去谄媚富贵的人，不欺凌贫贱的人而显示自己的高贵。凡是行为不义的，就不事奉他；不讲仁德的，就不作他的下属；奉行并助长仁义的，就和他们团结在一起；亲近盗贼的，就替他们担忧。国家有道，就赶紧进入这个国家；国家无道，就赶快离开它。这样就叫作义。

［原文］ 夫有世义者哉[①]？曰：仁者殆，恭者不入[②]，慎者不见使，正直者则迩于刑，弗违则殆于罪[③]。是故君子错在高山之上，深泽之汙[④]，聚橡栗藜藿而食之[⑤]，生耕稼以老十室之邑[⑥]。是故昔者禹见耕者五耦而式[⑦]，过十室之邑则下，为秉德之士存焉。"

［注释］ ①世义：终身行义。世：一生。《吕氏春秋·观世》："故曰慎一，以终其世。"高诱注："没身为世。" ②殆：危险。《尔雅·释诂》："殆，危也。"卢辩："殆，危也。仁者危之，恭者又不爱也。"入：纳。 ③卢辩："迩，近。违，去。"王引之《经义述闻》卷六："殆者，近也，急也。将然之词。"王聘珍："慎，谨也。使，用也。不去则罪及于身。"殆：几乎，王引之《经传释词》卷六："殆者，近也，急也。将然之词。" ④错：通"措"，安置。汙，水泽低洼处。 ⑤橡栗：栎树的果实，俗称橡子。藜藿：藜与藿。《史记·太史公自序·论六家要指》："粝粮之食，藜藿之羹。"张守节《正义》："藜，似藿而表赤；藿，豆叶也。" ⑥王聘珍："生耕稼，谓以耕稼为生也。言君子去无道之国，而隐居自给，无求于人，所谓与世相宜之道也。" ⑦耦：两人一犁而耕。王聘珍解诂："两人共耕曰耦。"式：古人乘车时表敬意的一种礼节。《仪礼·士丧礼》："主人不哭，辟君式之。"郑玄注："古者立乘，式谓小俛以礼主人也。"

［译文］ 那么有终身仁义的人吗？回答是：行仁的人遭受危难，恭敬的人

不被接纳，谨慎的人不被任用，正直的人近于刑罚，不赶快离就会被判罪。所以君子使自己处在高山之上或深泽之中，采集橡栗和藜藿当饭吃，以种田为生，终老于十户人家的小邑。所以从前禹看见五对耕田的农夫就扶轼行礼，经过有十户人家的小邑就下车致敬，就是因为可能会有终身坚守仁德的人在里面啊。”

曾子疾病

［原文］

曾子疾病，曾元抑首，曾华抱足①。曾子曰："微乎②！吾无夫颜氏之言③，吾何以语汝哉④！然而君子之务⑤，尽有之矣。夫华繁而实寡者，天也⑥；言多而行寡者，人也⑦。鹰隼以山为卑，而曾巢其上⑧，鱼鳖鼋鼍以渊为浅⑨，而蹷穴其中⑩，卒其所以得之者，饵也⑪。是故君子苟无以利害义，则辱何由致哉！

［注释］

①疾病：病得很严重。古人小病叫疾，重病才叫病。卢辩："疾困曰病。元、华，其子。"王聘珍："抑，按也。抱，持也。" ②孔广森："微乎，叹词。" ③夫：语助词。颜氏：指颜回。 ④语：告诉。戴礼："有德者必有言，言己无其德，故无言可以诲汝。" ⑤君子之务：君子所从事的。 ⑥华：开花。天：指自然界。《论语·子罕》："苗而不秀者有矣夫，秀而不实者有矣夫。" ⑦戴礼："天生树木，发开花多必成实少，以丰乎此则啬乎彼，犹人之巧言者必鲜人也。" ⑧鹰、隼：凶猛的鸟。卑：低。曾：读为"增"。 ⑨鼋鼍：鼋，大鳖；鼍，扬子鳄，俗称鼍龙、猪婆龙。 ⑩蹷：王引之："蹶论为蹷，掘也。" ⑪卒：终，最后。戴礼："此言鹰隼之高莫及，鱼鳖之深莫测，唯饵可以得之，所以深着贪之为祸而险之难恃。"

［译文］

曾子的病很严重了，他的儿子曾元抬着头，曾华抱着脚。曾子说："不行了！我没有像颜回那样的话，我告诉你们什么呢？然而君子的所作所为，都可以包括在下面这些话里面了。花开得多而果实却结得少，是自然的现象；说得多而做得少，这却是人为的啊。鹰和隼以为山还是太低，就把巢加高在山顶的树上，鱼、鳖、鼋、鼍以为深潭还是太浅，就把洞穴挖在水底，最后它们终于被捉到，是因为贪吃饵食啊。所以君子如果能不因贪图小利而损害大义，那么耻辱又怎么会到来呢！

[原文] 亲戚不说①，不敢外交②；近者不亲，不敢求远；小者不审③，不敢言大。故人之生也，百岁之中，有疾病焉，有老幼焉，故君子思其不复者而先施焉④。亲戚既殁⑤，虽欲孝，谁为孝⑥？年既耆艾⑦，虽欲弟⑧，谁为弟？故孝有不及，弟有不时⑨，其此之谓与⑩！

[注释] ①亲戚：指父母。说，同“悦”。孔广森：“古者谓父母为亲戚。” ②外交：结交外人。 ③审：知道得很仔细。 ④思其不复者而先施：思，考虑。不复者，过去了不会再有的。先施：先去做。 ⑤殁：没，去世。 ⑥谁为孝：孝敬谁。 ⑦年既耆艾：年纪大了。孔广森：“六十曰耆，五十曰艾。” ⑧弟：同“悌”，下“弟”字义与此同。 ⑨不时：没有时间。 ⑩与：同“欤”，感叹词。《孔子家语·致思》：“夫树欲静而风不停，子欲养而亲不待。往而不来者年也，不可再见者亲也。”

[译文] 父母都不喜欢，就不敢到外面交朋友；周围的人都不亲近你，就不敢想得到远方人的亲近；小事都了解得不透彻，就更不敢大事了。所以人生在世，百年之中，有小病大病，有老年幼年，因此君子要考虑先去做那些不可能再重复的事。父母死了，即使想孝敬，还去孝敬谁？自己年老了，即使想要尊敬长者，还去尊敬谁？所以，孝敬父母有来不及的，尊敬长者有赶不上的，大概就是说的这种情况吧！

[原文] 言不远身①，言之主也②；行不远身，行之本也③。言有主，行有本，谓之有闻矣④。君子尊其所闻，则高明矣；行其所闻，则广大矣。高明广大⑤，不在于他，在加之志而已矣⑥。

[注释] ①远：远离。 ②主：主旨，宗旨。 ③阮元：“曾子之学皆本于身，不求言行于虚远之地，以身为言行所从出，故曰省其身。”戴礼：“言必度乎身所能行，行必期乎身之所实践，反身而诚，近取诸乎也。” ④有闻：听到善言。卢辩：“知身是言行之基，可谓闻矣。”《论语·公冶长》：“子路有闻，未之能行，唯恐有闻。” ⑤王聘珍：“高明以德言，广大以业言。” ⑥加之志：树立志向。

[译文] 说话不脱离自己所知道的事，这是说话的宗旨；行为不远离自己该做的事，这是行为的根本。言论有中心，行为有根本，可以说是听到贤人的教诲了。君子崇尚贤人的教诲，德行就会高尚光明；按照贤人的教诲去做，功业就会宽广博大。德行高尚光明，功业宽广博大，不在于别的，只在于立志高远罢了。

[原文] 与君子游，苾乎如入兰芷之室①，久而不闻，则与之化矣；与小人游，贷乎如入鲍鱼之次②，久而不闻，则与之化矣。是故君子慎其所去就。与君子游，如长日加益③，而不自知也；与小人游，如履薄冰，每履而下，几何而不陷乎哉！

[注释] ①《说文》："苾，馨香也。"兰、芷：香草。 ②贷：本又作"腻"，王引之以为是"膱"字之误。膱：油肉腐败，引申为臭。《广雅·释器》："膱，臭也。"鲍鱼之次：鲍鱼：咸鱼。《释名·释饮食》："鲍，腐也，埋藏淹使腐臭也。"次：肆，店铺。 ③卢辩："如日之长，虽日加益，而不自知也。"《汉书·董仲舒传》："积善在身，犹长日加益，而人不知也；积恶在身，犹火之销膏，而人不见也。"

[译文] 与君子交往，就像进入放有香草的屋子，芳香浓郁，但时间一长，就闻不到香味了，那是让香草同化了；与小人交往，就像进入了咸鱼店，腥臭扑鼻，但时间一长，也就闻不到臭味了，那是让臭鱼同化了。所以，君子应该慎重地选择朋友。与君子交往，就好像冬至过后白天越来越长，而自己却觉察不到；与小人交往，就好像在薄冰上行走，每走一步都下沉一点，哪有不掉入水中的呢！

[原文] 吾不见好学盛而不衰者矣，吾不见好教如食疾子者矣①，吾不见日省而月考之其友者矣②，吾不见孜孜而与来而改者矣③。"

[注释] ①好教如食疾子：食，喂养；疾子，生病的孩子。者，各本脱，据戴震、孔广森校本补。孔广森："子疾新愈，异其能食，而又餔之有节，如善诱人者，

诲之不倦，而又必以渐也。” ② 王聘珍：“言就其友省察考校己之德行道艺也。”《论语·子张》：“日知其所亡，月无忘其所能，可谓好学也已。” ③ 孜孜，不倦的样子。与，赞许。来而改者，来就教并改正错误的人。卢辩：“谓择善而改非也。”孙诒让：“与来而改，似谓与岁月之来而变化，言其日进不已也。”《礼记·学记》：“教也者，长善而救其失者也。”

［译文］

我看不到坚持好学而长久不懈怠的人了，我看不到善于教人就像喂养生病的孩子一样的人了，我看不到每天自省并且每月与朋友切磋比较的人了，我也看不到孜孜不倦地奖掖那些来求学并能改正自己错误的学生的人了。”

曾子天圆

[原文]

单居离问于曾子曰："天圆而地方，诚有之乎[①]？"曾子曰："离，而闻之云乎[②]？"单居离曰："弟子不察，此以敢问也。"曾子曰："天之所生上首，地之所生下首[③]。上首谓之圆，下首谓之方[④]，如诚天圆而地方，则是四角之不揜也[⑤]。

[注释]

①诚：信，真。王聘珍："中规者谓之圆，中矩者谓之方。"《吕氏春秋·圆道》："天道圆，地道方，圣王法之，所以立上下。"　②卢辩："而犹汝也。"　③孔广森："上首谓动物，下首谓植物。"王聘珍："天地交而万物生，天气下降，生自上始；地气上腾，生自下始。"　④阮元："谓之者，谓其道，非谓其形也。天动地静，故人物动者属天，其首恒在上；草木静者属地，其首恒在下。地上空虚无土之处皆天，故凡动者皆天所生。草木甲坼而生，以根为首，枝为末也。人以头为首。故《说文》：'发，根也。'《易》曰：'本乎天者亲上，本乎地者亲下。'"　⑤《说文》："揜，覆也。"阮元："方圆同积，则圆者必不能揜方之四角。今地为天所揜，明地在天中，天体浑圆，地体亦圆也。"孔广森："浑天之泉，天地皆浑圆如丸，天旋于外，地止于内，水绕地而流，人附地而行。虽自北极至于南极，首恒戴天，足恒履地也，如蚁行案底，初不知有侧立之时，侧悬之患。世人据齐州为地平，指所未见者为地下，此拘墟之误耳。"上首谓之圆，下首谓之方：阮元："谓之者，谓其道，非谓其形也。"

[译文]

单居离问曾子说："天是圆形的，地是方形的，确实是这么回事吗？"曾子说："离，你听到这个说法了吗？"单居离说："弟子不明白，所以才大胆地提问。"曾子说："天所生的动物以上为首，地所生的植物以下为首。以上为首的就是圆而动，以下为首的就是方而静。如果真是天是圆的，地是方的，那么地的四角天是掩盖不住的。

［原文］

且来，吾语汝。参尝闻之夫子曰[①]：‘天道曰圆，地道曰方[②]，方曰幽而圆曰明[③]。明者，吐气者也，是故外景[④]；幽者，含气者也，是故内景[⑤]。故火日外景，而金水内景[⑥]。吐气者施，而含气者化，是以阳施而阴化也[⑦]。阳之精气曰神，阴之精气曰灵。神灵者，品物之本也[⑧]，而礼乐仁义之祖也[⑨]，而善否治乱所兴作也[⑩]。

［注释］

①夫子：指孔子。 ②卢辩：“道曰方圆，非形也。”《吕氏春秋·圆道》：“何以说天道之圆也？精气一上一下，环周复杂，无所稽留，故曰天道圆；何以说地道之方也？万物殊类殊形，皆有分职，不能相为，故曰地道方。” ③卢辩：“方者阴义，而圆者阳理，故以名天地也。”方曰幽而圆曰明：即地道幽而天道明。《周易·系辞》：“仰以观于天文，俯以察于地理，是故知幽明之故。” ④外景：光在外。《说文》：“景，光也。” ⑤内景：光在内。卢辩：“景，古通以为影字。外景者，阳道吐施也。内景者，阴道含藏也。” ⑥戴礼：“火日积阳之气，故光外照；金水凝阴之气，故光内耀。” ⑦王聘珍：“施，予也。化，生也。谓化其所施也。” ⑧品物：众庶万物。卢辩：“神为魂，灵为魄。魂魄阴阳之精，有生之本也。及其死也，魂气上升于天为神，体魄下降于地为鬼，各反其自出也。” ⑨《尔雅·释诂》：“祖，始也。” ⑩卢辩：“乐由阳来，礼由阴作。仁近乐，又近礼，故阴阳为祖也。”《礼记·乐记》：“天高地下，万物散殊，而礼制行矣；流而不息，合同而化，而乐兴焉；春作夏长，仁也；秋敛冬藏，义也。”

［译文］

你且过来，我告诉你。我曾经听孔夫子这样说过：‘天的道理是圆的，地的道理是方的，方的就幽深而圆的就光明。光明的，是吐出元气的，所以它的光是在外的；幽深的，是接受元气的，所以它的光是在内的。所以火和日是光在外，而金和水是光在内的。吐出元气的是施与，接受元气的是化育，所以阳主施与而阴主化育。阳的精气叫作神，阴的精气叫作灵。神与灵，是天下众庶万物的根本，是礼乐仁义的开始，也是善恶、治乱所兴起的根源。

［原文］

阴阳之气各静其所，则静矣[①]，偏则风，俱则雷，交则电，乱则雾，和则雨②。阳气胜则散为雨露，阴气胜则凝为霜雪。阳之专气为雹③，阴之专气为霰④，霰雹者，一气之化也。

[注释]

①王聘珍："各静其所，谓各安其处也。"《广韵》："静：安也。" ②王聘珍："俱，皆也。阳为阴伏，相薄而有声，为雪。" ③《尔雅·释天》："地气发，天不应，曰雾。" ④专：独占。 ⑤霰：颗粒状的雪。《释名·释天》："霰，星也。水雪相抟如星而散也。"

[译文]

阴阳之气各得其所，就呈静的状态；一方偏胜就有风，两方并起就形成雷，二者相交就形成闪电，错乱就形成雾，相合就形成雨。阳气胜就散发为雨露，阴气胜就凝结成霜雪。纯是阳就形成雹，纯是阴气就形成霰，霰和雹，都是一气的变化。

[原文]

毛虫毛而后生①，羽虫羽而后生②，毛羽之虫，阳气之所生也③。介虫介而后生④，鳞虫鳞而后生⑤，介鳞之虫，阴气之所生也⑥。唯人为倮匈而后生也⑦，阴阳之精也。

[注释]

①郑玄注《周礼·大司徒》："毛虫，貂狐貒貉之属，缛毛者也。"毛：动词，长毛。 ②郑玄注《周礼·大司徒》："羽虫，翟雉之属。"羽：动词，长羽毛。 ③《淮南子·天文训》："毛羽者，飞行之类也，故属于阳。" ④郑玄注《周礼·大司徒》："介虫，龟鳖之属，水居陆生者。"介：动词，长介壳。 ⑤郑玄注《周礼·大司徒》："鳞虫，鱼龙之属。"鳞：动词，长鳞。 ⑥《淮南子·天文训》："介鳞者，蛰伏之类也，故属于阴。"戴礼："此曾子约举其凡，非定论也。毛虫有生而后毛，亦有毛而后生；羽虫有出卵无毛，亦有已具微毛如兽毛者。至羽，则必渐长渐生也。即介鳞之属，亦卵生者多，或出卵无鳞甲，或已具软薄之鳞甲，故未可一例言也。" ⑦倮匈：光着身子。卢辩："倮胸，谓无毛羽与鳞介也。受阴阳之精，有生之类也。"孔广森："人倮胸而生，谓之倮虫。五方之民，殊形异性，故云倮虫之属三百六十，而圣人为之长。"

[译文]

有毛的动物长毛后出生，有羽的动物长羽后出生，有毛有羽的动物是禀阳气所生的。有甲壳的动物长甲壳后出生，有鳞片的动物长鳞片后出生，有甲壳有鳞片的动物，是禀阴气所生的。只有人是光着身子生下来的，是秉承阴阳之气的精华而生的。

[原文] 毛虫之精者曰麟，羽虫之精者曰凤，介虫之精者曰龟，鳞虫之精者曰龙，倮虫之精者曰圣人①。龙非风不举，龟非火不兆②，此皆阴阳之际也③。兹四者，所以役于圣人也④。是故圣人为天地主，为山川主，为鬼神主，为宗庙主。

[注释] ① 倮虫：指人。 ② 兆：龟烧灼后出现的裂纹，古人以此占断吉凶。《说文》："兆，灼龟坼也。"孔广森："兆，谓以火灼龟，兆吉凶也。"戴礼："举，谓龙乘风御天。兆，谓火灼龟以卜。" ③ 际：交会。 ④ 兹：此。四者：指麟、凤、龟、龙。役于圣人：被圣人所役使。《礼记·礼运》："圣人作则，四灵为畜，麟凤龟龙，谓之四灵。"

[译文] 毛虫之中最杰出的是麟，羽虫之中最杰出的是凤，介虫之中最杰出的是龟，鳞虫之中最杰出的是龙，倮虫之中最杰出的是圣人。龙没有风就不能腾飞，龟不用火烧灼也不会显示征兆，这都是阴阳的交会啊，这四种杰出的灵物，是供圣人来役使的。所以圣人是祭祀天地、山川、鬼神、宗庙时的主持人。

[原文] 圣人慎守日月之数，以察星辰之行，以序四时之顺逆①，谓之历；截十二管，以宗八音之上下清浊，谓之律也②。律居阴而治阳，历居阳而治阴③，律历迭杅治也，其间不容发④。

[注释] ① 序：按顺序排列。《广雅·释诂》："序，次也。"卢辩："审十二月分数于昏旦，定辰宿之中见与伏以验时节之僭否。" ② 宗：主。八音：指用土、竹、友、匏、丝、石、金、木八种材料所制成的乐器发出的声音。《周礼·春官·大师》："皆播之以八音：金、石、丝、竹、匏、土、革、木。"郑玄注："金，钟镈也；石，磬也；土，埙也；革，鼓鼗也；丝，琴瑟也；木，柷敔也；匏，

笙也；竹，管箫也。”刘宗周：“律者，主地者也。天时有阴阳消长而地气应之，气之微不可得而见，故圣人制律以象之。十二管象十二辰，以配地支，调为五声，被之八音，清浊上下，各得其分，万事万化，皆从此出，亦天地自然之成法也，故谓之律。” ③王聘珍：“律述地气，故曰居阴。治阳者，节气既得，可以考日月之行道，星辰之次舍，时候之寒暑，所治者皆天事也。历悉天象，故曰居阳。治阴者，象数不忒，可因日星之出入，昼夜之永短，以知东西南朔之高下向背，以正作讹成易之时，所治者皆地事也。” ④迭：相互更替。卢辩：“历以治时，律以候气，其致一也。”戴礼：“间不容发，谓履历之准毫发不紊。”

［译文］

圣人谨慎地守着日月运行的度数，以观察星辰的运行，以推算四季的顺逆，这就叫作历；截取十二根竹管来主八音的高低和清浊，这叫作律。律居阴位而治理在阳位的天，历居阳位而治理在阴位的地，律与历互相替代而治理天地，二者之间应和紧密，没有能容一根毛发的空隙。

［原文］

圣人立五礼以为民望①，制五衰以别亲疏②，和五声之乐以导民气③，合五味之调以察民情④，正五色之位⑤，成五谷之名⑥，序五牲之先后贵贱⑦。诸侯之祭，牲牛，成太牢⑧；大夫之祭，牲羊，曰少牢⑨；士之祭牲，特豖，曰馈食⑩。无禄者稷馈，稷馈者无尸，无尸者厌也⑪。宗庙曰刍豢，山川曰牺全，割列禳瘗⑫，是有五牲⑬。

［注释］

①五礼：古代的五种礼仪，即吉、凶、宾、军、嘉。《隋书·礼仪志一》：“以吉礼敬鬼神，以凶礼哀邦国，以宾礼亲宾客，以军礼诛不虔，以嘉礼合烟好，谓之五礼。”望：标准。 ②五衰：即五服，古代按亲疏区别的五种丧服。《礼记·学记》：“师无当于五服，五服弗得不亲。”孔颖达疏：“五服，斩衰也，齐衰也，大功也，小功也，缌麻也。” ③五声：指宫、商、角、征、羽五音。戴礼：“乐以养阳，故曰导气。”《尚书·益稷》：“予欲闻六律、五声、八音。” ④五味：酸、苦、甜、辣、咸五种味道。《礼记·礼运》：“五味，六和，十二食，还相为质也。”郑玄注：“五味，酸、苦、辛、咸、甘也。” ⑤五色，青、赤、白、黑、黄五种颜色。《尚书·益稷》：“以五采彰施于五

色，作服，汝明。”孙星衍：“五色，东方谓之青，南方谓之赤，西方谓之白，北方谓之黑，天谓之玄，地谓之黄，玄出于黑，故六者有黄无玄为五也。”
⑥ 五谷：五种谷物，所指不一。《周礼·天官·疾医》：“以五味、五谷、五药养其病。”郑玄注：“五谷：麻、黍、稷、麦、豆也。”赵岐《孟子注》以稻、黍、稷、麦、菽为五谷，王逸《楚辞注》以稻、稷、麦、豆、麻为五谷。
⑦ 五牲：古代用作祭品的五种牲畜，即牛、羊、豕、犬、鸡。《左传·昭公十一年》：“五牲不相为用。”杜预注：“五牲：牛、羊、豕、犬、鸡。”
⑧ 牲：以……为牲。太牢：古代祭祀，牛、羊、豕三牲具备叫太牢。此以牛言太牢，孔广森：“太牢举牛，以赅羊豕。”《礼记·王制》：“天子社稷皆太牢，诸侯社稷皆少牢。” ⑨ 少牢：古代祭祀，三牲中只用羊、豕，不用牛叫少牢。此以羊言少牢，孔广森：“少牢举羊，以赅豕也。” ⑩ 特：古代祭祀时三牲中单用羊或豕，叫特。特，单、一。赵翼《陔馀丛考·太牢少牢》：“其不兼用二牲而专用一羊或一豕者，则曰特羊、特豕。”馈食：献熬食。古时天子、诸侯的一种祭礼。《周礼·天官·笾人》：“馈食之笾，其实枣、栗、桃、干穛、榛实。”郑玄注：“馈食，荐熟也。” ⑪ 馈稷：以谷蔬献祭。卢辩：“庶人无常牲，故以稷为主。”《礼记·王制》：“庶人春荐韭，夏荐麦，秋荐黍，冬荐稻。”无尸：不设尸。孔广森：“祭殇者无尸，有阴厌阳厌，庶人荐不立尸，其礼亦准焉。”《礼记·士虞礼》郑玄注：“尸，主也。孝子之祭，不见亲之形象，心无所系，立尸而主意焉。”厌，祭名，厌祭不设尸。 ⑫ 刍豢：牛羊叫刍，犬豕叫豢。卢辩：“宗庙言豢，山川言牲，互文也。”牺：牲色纯叫“牺”，牲体完整叫“牷”。列：排列。禳，古时祭祀之名、割裂牲体以祭，意在避邪消灾。《说文》：“禳，磔禳祀，除疠殃也。”瘗：指祭山林而埋其牲。卢辩：“牛羊曰刍，犬豕曰豢。宗庙言豢，山川言牲，互文也。……割，割牲也。列，疈辜。禳，面禳也。瘗，埋也。” ⑬ 刘宗周：“五牲者，圣人所以为天地山川鬼神宗庙主而大崇报之礼也。”

［译文］

圣人规定五种礼仪来作为人民的标准，制定五种丧服来区别亲疏远近，调和五声的音乐来引导人民的习气，综合五味来体察民情，规定五色所在的方位，设立五谷的名字，排列五种祭祀所用牲畜的先后和贵贱等级。诸侯祭祀，以牛为牲，叫“太牢”；大夫祭祀，以羊为牲，叫“少牢”；士人祭祀，用一只豕，叫“馈食”；没有俸禄的人用谷蔬祭祀，不用代表祖先鬼神的“尸”，没有尸的祭祀叫“厌”。祭祀宗庙和山川时，牛羊叫“刍”，犬豕叫“豢”，纯色的叫“牺”，完整的叫“牷”，或割牲体陈列以祭，以避邪消灾，或埋牲体以祭山林，都要用五牲。

[原文] 此之谓品物之本[1]，礼乐之祖，善否治乱之所由兴作也[2]。’”

[注释] ①此之谓：这，指以上所说的道理。之谓：叫作。 ②戴礼：“祖者，祖其所自出。祭者，大报本之道。谓此礼存则治，废则乱也。”

[译文] 这就叫作万物的根本，礼乐的起源，善恶治乱所以产生的根源。’”

外　篇

《论语》

［原文］ 曾子曰："吾日三省吾身①：为人谋而不忠乎？与朋友交而不信乎②？传不习乎③？"（学而）

［注释］ ①郑玄："思察己之所行也。" ②郑玄："同门曰朋，同志曰友。" ③刘宝楠："传，谓师有所传于己也。"

［译文］ 曾子说："我每天都进行多次自我省察：给别人做事尽心尽力了吗？与朋友交往诚心实意吗？老师传授的学问温习了吗？"

［原文］ 曾子曰："慎终追远①，民德归厚矣。"（学而）

［注释］ ①慎终：丧事慎重。孔安国："慎终者，丧尽其哀。"追远：指祭祀远祖。《荀子·礼论》："故有天下者事十世，有一国者事五世，有五乘之地者事三世，有三乘之地者事二世。"

［译文］ 曾子说："办理父母的丧事要认真慎重，祭祀祖先要虔诚，那么百姓的德行就会被感化而归于仁义宽厚了。"

［原文］ 子曰①："参乎，吾道一以贯之②。"曾子曰："唯。"子出，门人问曰："何谓也？"曾子曰："夫子之道，忠恕而已矣③。"（里仁）

［注释］ ①子：先生，指孔子。 ②一以贯之：用一个中心贯穿。 ③《礼记·中庸》："忠恕违道不远，施诸己而不愿，亦勿施于人。"

［译文］ 孔子说："曾参啊，我的学说可以用一个中心来贯穿。"曾子说："是。"孔子出去后，其他的门人弟子问道："这说的是什么？"曾子回答说："先生的学说，只是'忠恕'两个字罢了。"

［原文］ 曾子有疾①，召门人弟子曰："启予足②，启予手！《诗》云：'战战兢兢，如临深渊，如履薄冰③。'而今而后，

吾知免夫④！小子！”（泰伯）

［注释］ ①疾：重病。 ②郑玄：“启，开也。曾子以为受身体于父母，不敢毁伤，故使弟子开衾而视之也。” ③见《诗经·小雅·小旻》。毛传：“战战，恐也；兢兢，戒也。” ④免：免除，不必再小心谨慎地保全身体。

［译文］ 曾子得了重病，把门人弟子召集来说：“打开被子，看看我的脚，看看我的手！《诗经》上说：‘战战兢兢，好像面临深渊，好像踩在薄冰上。’从今以后，我可以免除这种担忧了，弟子们！”

［原文］ 曾子有疾，孟敬子问之①。曾子言曰：“鸟之将死，其鸣也哀；人之将死，其言也善。君子所贵乎道者三②：动容貌，斯远暴慢矣③；正颜色，斯近信矣④；出辞气，斯远鄙倍矣⑤。笾豆之事⑥，则有司存。”（泰伯）

［注释］ ①孟敬子：鲁国大夫仲孙捷，孟武伯之子。 ②贵乎道：贵，重视。乎，于。道，郑玄：“此道谓礼也。” ③斯：这。 ④《礼记·表记》：“是故君子貌足畏也，色足惮也，言足信也。” ⑤鄙：鄙陋。倍：通“背”，违背，引申为错误。《礼记·冠义》：“礼义之始，在于正容体，齐颜色，顺辞令，容体正，颜色齐，辞令顺，而后礼义备。” ⑥笾豆之事：摆设祭祀用的器具，这里指具体的礼仪事务。笾、豆：古时盛食物的器具，圆口而有足，用木、竹或陶制成。《尔雅·释器》：“木豆谓之豆，竹豆谓之笾，瓦豆谓之登。”

［译文］ 曾子得了重病，孟敬子来看望他。曾子说：“鸟将死的时候，叫声是悲哀的；人要死的时候，所说的话是善良的。君子在礼仪上要重视三方面：容貌端庄严肃，这就远离了粗暴和怠慢了；脸色和善端正，这就接近诚信了；讲话语调和谐得体，这就远离鄙陋和错误了。至于像那些摆设祭祀用的器具的具体礼仪细节，有专门主管的人员在那里负责。”

［原文］ 曾子曰：“以能问于不能，以多问于寡，有若无，实若虚，犯而不校①，昔者吾友尝从事于斯矣②。”（泰伯）

［注释］ ①包咸：“校，报也。言见侵犯不报。”刘宝楠：“犯而不校，是言其学能养气也。” ②马融：“友，谓颜渊。”斯：此，这。

[译文] 曾子说："自己会却能向不会的请教，自己学问多，却能向学问少的人请教，有才学却含而不露，很充实也像什么也没有一样，别人冒犯了他，他也不去计较，从前我有个朋友曾经在这些方面努力地追求过。"

[原文] 曾子曰："可以托六尺之孤①，可以寄百里之命②，临大节而不可夺也③，君子人与④？君子人也。"（泰伯）

[注释] ①孔安国："六尺之孤，幼少之君。"刘宝楠："以古六寸为尺计之，当今三尺六寸。" ②《说文》："寄，托也。"百里之命：方圆百里之国的政治。《白虎通·封公侯》："诸侯封，不过百里。"《礼记·缁衣》："《吕刑》曰：'苗民匪用命，制以刑。'"郑玄："命，谓政令也。" ③郑玄："大节，安国家，定社稷。" ④与：同"欤"，语气词。

[译文] 曾子说："可以把幼小的君主托付给他，可以把方圆百里之国的政事委托给他，面临国家生死存亡的考验而不可动摇，这是君子一样的人吧？这是君子一样的人啊！"

[原文] 曾子曰："士不可以不弘毅①，任重而道远②。仁以为己任，不亦重乎？死而后已，不亦远乎？"（泰伯）

[注释] ①弘毅：坚强而有毅力。包咸："弘，大也；毅，强而能断也。" ②《礼记·表记》："仁之为器重，其为道远。举者莫能胜也，行者莫能致也。"

[译文] 曾子说："读书人不可不弘大刚毅，因为他肩负重任，路途遥远。把行仁义作为自己的责任，不是很重大吗？直到死后才能停止，不是很遥远吗？"

[原文] 曾子曰："君子以文会友，以友辅仁①。"（颜渊）

[注释] ①辅仁：成就自己的仁德。《说苑·说丛》："贤师良友在其侧，诗书礼乐陈于前，弃而为不善者鲜矣。"

[译文] 曾子说："君子用文才去结交朋友，用朋友来帮助成就自己的仁德。"

[原文] 曾子曰："君子思不出其位①。"（宪问）

[注释] ①孔安国："不越其职。"邢昺："言若己不在此位，则不得谋议此位之

政事也。……言思虑所及，不越其职。”

［译文］ 曾子说：“君子所考虑的事情，不要超出他的职责范围。”

［原文］ 曾子曰：“堂堂乎张也，难与并为仁矣[①]。”（子张）

［注释］ ① 郑玄：“言子张容仪盛而于仁道薄也。”

［译文］ 曾子说：“仪表堂堂的子张啊，很难与他一起同行仁义啊。”

［原文］ 曾子曰：“吾闻诸夫子[①]：人未有自致者也[②]，必也亲丧乎[③]！”（子张）

［注释］ ① 诸：“之于”的合音。 ② 自致：《孟子》：“丧亲，固所自尽也。” ③ 马融：“言虽人未能自致尽于他事，至于亲丧，必自致尽。”

［译文］ 曾子说：“我曾听老师说过：人没有能够完全竭尽其诚于一件事的，必定是亲丧这件事才可以吧。”

［原文］ 曾子曰：“吾闻诸夫子：孟庄子之孝也[①]，其他可能也，其不改父之臣与父之政[②]，是难能也。”（子张）

［注释］ ① 马融：“孟庄子，鲁大夫仲孙速也。” ② 朱熹：“其父，献子。”

［译文］ 曾子说：“我曾听老师说过：孟庄子的孝，其他的都可以做到，至于他留用父亲的属下，不改变父亲的政策，这是不容易做到的。”

［原文］ 孟氏使阳肤为士师[①]，问于曾子。曾子曰：“上失其道，民散久矣。如得其情[②]，则哀矜而勿喜[③]。”（子张）

［注释］ ① 包咸：“阳肤，曾子弟子。士师，典狱之官。” ② 情：实情。 ③ 马融：“民之离散为轻漂犯法，乃上之所为，非民之过，当哀矜之，勿自喜能得其情。”《盐铁论·后刑》：“夫不伤民之不治，而伐己之能得奸，犹弋者睹鸟兽挂罻罗而喜也。”

［译文］ 鲁国权臣孟氏让曾子的弟子阳肤担任士师这个官职，阳肤来向曾子请教。曾子说：“执政者违背正道，民心涣散已经很久了。如果审案时得到实情，应该哀怜同情他们，切不可因此而沾沾自喜。”

《孟子》

［原文］ 曾子曰："戒之①！戒之！出乎尔者②，反乎尔者也③。"（梁惠王下）

［注释］ ①戒：警惕。 ②乎：于。尔：你。 ③反：同"返"。赵岐："曾子有言，上所出善恶之命，下终反之，不可不戒也。"

［译文］ 曾子说："要警惕啊！要警惕啊！你怎样对待别人，别人也会怎样对待你啊。"

［原文］ 北宫黝之养勇也①：不肤桡②，不目逃③，思以一豪挫于人④，若挞之于市朝⑤；不受于褐宽博⑥，亦不受于万乘之君；视刺万乘之君若刺褐夫，无严诸侯⑦，恶声至，必反之⑧。孟施舍之养勇也⑨，曰："视不胜犹胜也；量敌而后进，虑胜而后会⑩，是畏三军者也。舍岂能为必胜哉？能无惧而已矣。"孟施舍似曾子，北宫黝似子夏⑪。夫二子之勇，未知其孰贤⑫，然而孟施舍守约也⑬。昔者曾子谓子襄曰⑭："子好勇乎？吾尝闻大勇于夫子矣⑮：自反而不缩⑯，虽褐宽博，吾不惴焉⑰；自反而缩，虽千万人，吾往矣。"孟施舍之守约，又不如曾子之守约也⑱。（公孙丑上）

［注释］ ①北宫黝：人名。姓北宫，名黝。 ②肤桡：皮肤收缩。桡：本或作"挠"，退却。 ③目逃：眼睛回避，即眨眼。赵岐："人刺其肌肤不为桡郄，刺其目，目不转睛逃避之矣。"焦循："是不因肤被刺而屈，不因目被刺而避也。" ④思：以为，认为。 ⑤挞之于市朝：挞，鞭打。市朝：这里专指集市等公众场所。 ⑥褐宽博：穿粗大衣服的下等人。《说文》："褐，粗衣。"古代贵者穿衣，贱者穿褐。《诗经·豳风·十月》："无衣无褐，何以卒岁。"郑玄笺："人之贵者无衣，贱者无褐。" ⑦朱熹："严，畏惮也。"

⑧ 反：回报。 ⑨ 孟施舍：人名。 ⑩ 会：会合，交战。《诗经·大雅·大明》："肆伐大商，会朝清明。"郑玄："会，合兵也。" ⑪ 子夏：即卜商，孔子弟子。赵岐："孟子以为曾子长于孝，孝百行之本。子夏知道虽众，不如曾子孝之大也。故以舍譬曾子、黝譬子夏。" ⑫ 孰：谁。 ⑬ 守：操守，行为。约：简要。 ⑭ 赵岐："子襄，曾子弟子。" ⑮ 夫子：指孔子。⑯ 自反而不缩：反问自身而理不亏。自反：反躬自问。缩：正直，正义。《礼记·檀弓》："古者冠缩缝，今也衡缝。"孔颖达："缩，直也。"《广雅·释诂》："直，义也。" ⑰ 惴：使……害怕。朱熹："惴，恐惧之也。" ⑱ 朱熹："孟施舍虽似曾子，然其所守乃一身之气，又不如曾子之反身循理，所守尤得其要也。孟子之不动心，其原盖出于此。"

[译文]

北宫黝的培养勇气是这样的：肌肤被刺，也不收缩，眼睛被刺，也不眨眼回避；他认为受了丝毫的挫折，就像在大庭广众之下受了鞭打；既不忍受低贱者的侮辱，也不忍受大国诸侯的侮辱；把刺杀大国的君主，看成像刺杀低贱的人一样；不畏惧各国的诸侯，受到责骂，必定要回敬。孟施舍的培养勇气与此不同，他说："把不能战胜的对手，与能够战胜的对手一样对待；估计到对手的力量然后才进攻，考虑到能胜利才交手，这是害怕对方的军队啊。我哪有必胜的把握？只不过是不被敌人吓倒罢了。"孟施舍培养勇气像曾子，北宫黝培养勇气像子夏。这两个人的勇气，我不知道哪个更强，但孟施舍的办法比较简易可行。从前曾子对子襄说："你喜欢勇敢吗？我曾经从孔夫子那里听到过大勇的说法：反躬自问，自己没有理，对手即使是穿粗布衣的低贱者，我也不去恐吓他；反躬自问，自己不理亏，对方即使有千军万马，我也勇往直前。"如此看来，孟施舍培养勇气的方法，又不如曾子的方法简易可行了。

[原文]

曾子曰："晋楚之富，不可及也[①]；彼以其富[②]，我以吾仁；彼以其爵，我以吾义，吾何慊乎哉[③]？"（公孙丑上）

[注释]

① 及：赶得上。 ② 彼：指晋国、楚国。 ③ 赵岐："慊，少也。"

［译文］ 曾子说：“晋国、楚国的财富，我们是比不上的。但是，他有他的财富，我有我的仁德；他有他的爵位，我有我的道义，我比他们又少了什么呢？”

［原文］ 昔者孔子没[①]，三年之外，门人治任将归[②]，入揖于子贡[③]，相向而哭，皆失声，然后归。子贡反[④]，筑室于场[⑤]，独居三年，然后归。他日，子夏、子张、子游以有若似圣人[⑥]，欲以所事孔子事之，强曾子[⑦]。曾子曰：“不可。江汉以濯之[⑧]，秋阳以暴之[⑨]，皓皓乎不可尚已[⑩]。”（滕文公上）

［注释］ ①没：去世。 ②任：行李。赵岐：“任，担也。” ③子贡：孔子弟子。 ④反：同“返”。 ⑤场：坟场。 ⑥子张：孔子弟子，姓颛孙，名师，字子张。子游：孔子弟子，姓言，名偃，字子游。有若：孔子弟子，姓有，名若，字子有。 ⑦强：勉强，强迫。 ⑧江汉以濯之：江汉，长江和汉水。濯：洗。 ⑨暴：“曝”的本字。 ⑩朱熹：“皓皓，洁白貌。尚，加也。言夫子道德明着，光辉洁白，非有若所能仿佛也。”

［译文］ 从前，孔子死了，弟子们都为他守丧三年。三年之后，大家就收拾各人的行李准备回去，到子贡的房间里向他作揖告别，相对而哭，泣不成声，然后才离去。子贡又回来，在墓地重新筑屋，独自守了三年，这才回去。过了些日子，子夏、子张、子游认为有若像孔子，想用事奉孔子的礼节来事奉有若，勉强曾子，让他同意。曾子说：“不行。孔夫子的德行，像用江、汉之水洗涤过，又像在秋天的太阳里曝晒过，洁白得没有人可以超过了。”

［原文］ 曾子曰：“胁肩谄笑[①]，病于夏畦[②]。”（滕文公下）

［注释］ ①胁肩谄笑：胁肩，竦肩；谄笑，谄媚的笑容。 ②病：难过。畦：菜园，这里指在菜园里劳作。

［译文］ 曾子说：“竦起肩膀，做出谄媚的笑容，比夏天在菜园里劳作还难过。”

[原文] 曾子养曾晳[①]，必有酒肉；将撤，必请所与[②]。问有余，必曰“有”。曾晳死，曾元养曾子[③]，必有酒肉；将撤，不请所与；问有余，曰“亡”。将以复进也[④]。此所以养口体者也。若曾子，则可谓养志也。事亲若曾子者，可也。（离娄上）

[注释] ①曾晳：名点，曾子之父，也是孔子的弟子。 ②所与：给谁。③曾元：曾子之子。 ④赵岐：“曾元曰无，欲以复进曾子也。”

[译文] 曾子奉养他的父亲曾晳，每顿饭都有酒肉，要撤下去时，一定要问，剩下的给谁；曾晳若问是否有剩余，一定回答说有。曾晳死了，曾元奉养曾子，每顿饭也一定有酒肉，要撤下去时，不问剩下的给谁；曾子若问是否有剩余，就回答说没有了，是想留下以后再给曾子。这就是所说的口体之养啊。像曾子奉养其父，才称得上是养志。奉养父母能像曾子那样，就算可以了。

[原文] 曾子居武城[①]，有越寇[②]。或曰[③]：“寇至，盍去诸[④]？”曰：“无寓人于我室，毁伤其薪木。”寇退，则曰：“修我墙屋，我将反[⑤]。”寇退，曾子反。左右曰：“待先生如此其忠且敬也，寇至，则先去以为民望[⑥]；寇退，则反，殆于不可[⑦]。”沈犹行曰[⑧]：“是非汝所知也。昔沈犹有负刍之祸[⑨]，从先生者七十人，未有与焉[⑩]。”子思居于卫[⑪]，有齐寇。或曰：“寇至，盍去诸？”子思曰：“如去，君谁与守[⑫]？”孟子曰：“曾子、子思同道。曾子，师也，父兄也；子思，臣也，微也[⑬]。曾子、子思易地则皆然[⑭]。”（离娄下）

[注释] ①武城：地名，在今山东费县西南九十里。 ②越寇：越国的敌人。越王勾践曾经以琅琊为都，琅琊在今山东诸城市东南一百五十里。 ③或：有人。 ④盍去诸：何不离开这个地方。杨树达《词诠》卷三：“盍，疑问副词，为‘何不’之义。”诸：“之于”的合音。王引之《经传释词》卷九：“诸，‘之乎’也，急言之曰‘诸’，徐言之曰‘之乎’。” ⑤反：同“返”。

⑥ 望：榜样。　⑦ 殆：近于，几乎等于。赵岐："左右相与非议曾子者，言武城邑大夫敬曾子，武城人为曾子忠谋，劝使避寇。君臣忠敬如此，而先生寇至则先去，使百姓瞻望而效之。寇退安宁则复来还，殆不可如是，怪曾子何以行之也。"　⑧ 沈犹行：人名，姓沈犹，名行。赵岐："沈犹行，曾子弟子也。行谓左右之人曰：'先生之行，非汝所能知也。先生曾子也。往者先生常从门徒七十人舍吾沈犹氏。时有作乱者曰负刍，来攻沈犹氏。先生率弟子去之，不与其难。言师宾不与臣同。'"　⑨ 负刍之祸：赵岐："时有作乱者曰负刍，来攻沈犹氏。"朱熹："时有负刍者作乱。"二说并通。　⑩ 与：参与。　⑪ 子思：名伋，孔子的孙子。　⑫ 君谁与守：谁与君守。⑬ 微：地位低。　⑭ 易地：所处的地位互换。赵岐："孟子以为二人同道，曾子为武城人作师，则其父兄，故去留无毁。子思微小也，又为臣，委质为臣，当死难，故不去也。子思与曾子易处同然。"

[译文]　曾子在武城居住，越国军队来犯。有人说："敌人要来了，何不出去避一下呢？"曾子说："好吧，不要让人住在我这里，损坏那些树木。"敌人退了，曾子说："修理一下我的住宅，我要回来了。"敌人退了，曾子返回来。他身边的弟子说："武城方面待先生您是这样的忠诚恭敬，敌人来了，您却早早地避开，给百姓作了坏榜样；敌人退了，又返回来，这样恐怕不可以吧。"沈犹行说："这就不是你们所能理解的了。从前我们沈犹氏家族遭受负刍之祸，先生在那里，跟随先生的有七十多人也都避开了，没有人参与。"子思住在卫国，齐国军队来犯。有人说："敌人来了，何不出去避一下呢？"子思说："如果我走了，国君和谁一同守城呢？"孟子说："曾子、子思的道理是相同的。曾子是老师，是长辈；子思是臣下，地位低。曾子和子思如果换一下位置，他们的行为也会是一样的。"

[原文]　万章问曰①："舜往于田②，号泣于旻天③，何为其号泣也？"孟子曰："怨慕也④。"万章曰："'父母爱之，喜而不忘；父母恶之，劳而不怨⑤。'然则舜怨乎？"（万章上）

[注释]　① 万章：孟子弟子。　② 舜往于田：舜去到田里劳作。　③ 号泣：《颜

氏家训·风操篇》："礼以哭，有言者为号。"旻天：本为秋天，这里泛指上天。《说文》："旻，秋天也。" ④怨：怨愤。慕：依恋。赵岐："言舜自怨遭父母见恶之厄，而思慕也。" ⑤见《曾子大孝》。《礼记·祭义》："曾子曰：'父母爱之，喜而弗忘；父母恶之，惧而无怨。'"《大戴礼记·曾子大孝》"不"作"弗"。《尸子·劝学篇》"怨"作"咎"。此为万章引用曾子之言。

［译文］ 万章问道："舜去到田里劳作，向上天哭诉，他为什么这样哭诉呢？"孟子回答说："是因为他怨恨父母，而又怀恋父母。"万章说："从前曾子说过：'父母喜欢，就高兴而不能忘记；父母厌恶，就忧愁却不怨恨。'那么，舜是怨恨父母吗？"

［原文］ 曾皙嗜羊枣①，而曾子不忍食羊枣。公孙丑问曰②："脍炙与羊枣孰美③？"孟子曰："脍炙哉！"公孙丑曰："然则曾子何为食脍炙而不食羊枣？"曰："脍炙所同也，羊枣所独也。讳名不讳姓④，姓所同也，名所独也⑤。"（尽心下）

［注释］ ①羊枣：《尔雅·释木》："遵，羊枣。"郭璞注："实小而圆，紫黑色今俗呼之为羊矢枣。"何焯《义门读书记》："羊枣非枣也，乃柿之小者。初生色黄，孰则黑似羊矢。" ②公孙丑：孟子弟子。 ③脍炙：切细的烤肉。孰：谁，哪一个。赵岐："曾子以父嗜羊枣，父没之后，惟念其亲，不复食羊枣，故身不忍食也。公孙丑怪之，故问羊枣孰与脍炙美也。" ④讳名：古时不称君主和父母的名字，叫避讳。 ⑤赵岐："孟子言脍炙虽美，人所同嗜。曾子父嗜羊枣耳，故曾子不忍食也。譬如讳君父之名，不讳其姓。姓与族同，名所独也，故讳之也。"

［译文］ 曾皙喜欢吃羊枣，因此曾子不忍心吃羊枣。公孙丑问："切细的烤肉与羊枣哪个好吃？"孟子回答说："当然是切细的烤肉了。"公孙丑又问："那么，曾子为什么吃切细的烤肉而不吃羊枣？"孟子答道："切细的烤肉是大家都喜欢吃的，而羊枣是个别人所嗜好的。就像避讳一样，避讳名却不避讳姓，因为姓是大家所共同的，而名却是每个人所独有的。"

《庄子》

［原文］ 人亲莫不欲其子之孝，而孝未必爱，故孝己忧而曾参悲[1]。（外物）

［注释］ ① 成玄英：“孝己，殷高宗之子也，遭后母之难，忧苦而死。曾参至孝，而父母憎之，常遭父母打，邻乎死地，故悲泣也。”《文选·马融〈长笛赋〉》注引《帝王世纪》曰：“高宗有贤子孝己，其母早死，高宗惑后妻之言，方之而死。”

［译文］ 为人父母者，没有不想让子女孝顺的，可是孝顺的子女又未必令父母喜爱，所以，听话的孝己因不受父母喜欢忧苦而死，性情至孝的曾参也曾经因遭受父母的痛打而悲泣。

［原文］ 曾子再仕而心再化[1]，曰：“吾及亲仕[2]，三釜而心乐[3]；后仕三千钟而不洎[4]，吾心悲。”弟子问于仲尼曰：“若参者，可谓无所县其罪乎[5]？”曰：“既已县矣[6]。夫无所县者，可以有哀乎？彼视三釜三千钟[7]，如观雀蚊虻相过乎前也[8]。”（寓言）

［注释］ ① 再化：两次变化。成玄英：“曾参至孝，求禄养亲，前仕亲在，禄虽少而欢乐，后仕亲没，禄虽多而悲悼。所谓再化，以悲乐易心，为不及养亲故也。” ② 及亲仕：在父母还在的时候出来做官。 ③ 釜：六斗四升。 ④ 钟：六斛四斗。洎：及。 ⑤ 无所县其罪：县，同“悬”。郭象：“县，系也。谓参仕以为亲，无系禄之罪也。” ⑥ 既已县矣：已经有系于俸禄之罪。成玄英：“参既心存哀乐，得无系禄之罪乎？夫唯无系者，故当无哀乐也。” ⑦ 成玄英：“彼，谓无系之人也。” ⑧ 观，看。乎，于。郭象：“夫无系者，视荣禄若蚊虻鸟雀之在前而过去耳，岂有哀乐于其间哉！”

［译文］ 曾子两次做官心情不一样，他说：“双亲在时出来做官，俸禄才

三釜但心里很高兴；后来做大官俸禄三千钟而双亲已不在了，心里很悲伤。”弟子们问孔子说：“像曾参这样可以算得上是无系禄之罪了吧？”孔子说：“已经有了。如果没有，为什么会感到悲伤呢。无所悬系的人，把三釜三千钟看得像从眼前飞过的蚊虻一样。”

[原文]

曾子居卫，缊袍无表，颜色肿哙，手足胼胝[①]。三日不举火，十年不制衣，正冠而缨绝，捉衿而肘见，纳履而踵决[②]。曳纵而歌《商颂》[③]，声满天地，若出金石。天子不得臣，诸侯不得友。故养志者忘形，养形者忘利，致道者忘心矣。（让王）

[注释]

①缊：新旧混合的棉絮。成玄英：“以麻缊袍絮，复无表里也。肿哙，犹剥错也。每自力作，故生胼胝。” ②踵：脚后跟。决：开裂。 ③曳纵：从容的样子。商颂：《诗经》颂诗的一部分，共五篇。

[译文]

曾子居于卫，穿着没有外表的棉絮袍子，脸上肿裂，手脚长满老茧，三天不生火做饭，十年没做过新衣，帽子正一下带子就断了，衣袖破得提一下衣衫就露出胳膊肘，鞋穿上后跟就裂了，但他全然不顾，仍吟诗，发出的声音像金石，充满天地之间，不向天子称臣，不与诸侯交友。所以，修养意志的人忘记了形体，修养形体的人忘记了利害，致力于修道的人忘记了心中的一切。

[原文]

老子见孔子，从弟子五人。问曰：“为谁？”对曰：“子路为勇，其次子贡为智，曾子为孝，颜回为仁，子张为武[①]。”

[注释]

①此乃《太平御览》引《庄子》，不见于今本《庄子》，盖《庄子》佚文。

[译文]

老子接待来访的孔子，还有跟从的五个弟子。老子问：“都是哪些人？”孔子回答说：“他们是以勇敢著称的子路，以智慧著称的子贡，以孝闻名的曾参，以仁德著称的颜回，以武勇闻名的子张。”

《荀子》

[原文] 曾子曰："是其庭可以搏鼠[①]，恶能与我歌矣[②]！"（解蔽）

[注释] ①是：通"视"。 ②恶：何。杨倞："曾子言有人视庭中可以搏击鼠，则安能与我成歌咏乎！言外物诱之，思不精，故不能成歌咏也。"

[译文] 曾子说："唱歌时不专心致志，看到院子里的老鼠就想去捕捉它，这样的人怎能与我一起唱歌呢！"

[原文] 曾子曰："孝子言为可闻，行为可见[①]。言为可闻，所以说远也[②]；行为可见，所以说近也。近者说则亲，远者说则附。亲近而附远，孝子之道也。"（大略）

[注释] ①杨倞："发言使人可闻，不诈妄也；立行使人可见，不苟为，斯为弟子也。" ②说：同"悦"。杨倞："说皆读为悦。近亲远附，则毁辱无由及亲也。"

[译文] 曾子说："孝子所说的话可以让大家来听，所做的事可以让大家来看。说的话可以公开，所以能使远方的人悦服；做的事可以公开，所以能使周围的人悦服。周围的人悦服就会亲近，远方的人悦服就会归附。使周围的人亲近，使远方的人归附，这就是孝子的德行啊。"

[原文] 曾子行，晏子从于郊[①]，曰："婴闻之：君子赠人以言，庶人赠人以财。婴贫无财，请假于君子[②]，赠吾子以言。乘舆之轮[③]，太山之木也[④]，示诸檃栝[⑤]，三月五月，为帱菜敝而不反其常[⑥]。君子之檃栝不可不谨也，慎之。兰茝稿本[⑦]，渐于蜜醴[⑧]，一佩易之[⑨]。正君渐于香酒[⑩]，可谗而得也。君子之所渐，不可不慎也。"（大略）

[注释] ①晏子：晏婴，齐大夫。 ②假于君子：借君子的方式。 ③乘舆：

乘坐的车。 ④太山：即泰山。 ⑤示诸檃栝：放在檃栝之中。示：通“寘”，放置。檃栝：矫正木材的器具。 ⑥帱菜：车毂与车辐。敝：损坏。反：同“返”。 ⑦兰茝稿本：都是芳草名。兰，兰草；茝，同“芷”，香草；稿本，也是一种香草。 ⑧渐于蜜醴：渐，浸泡。蜜醴，甜酒。 ⑨一佩易之：杨倞：“一玉佩方可易买之，言所渐者美而加贵也。” ⑩正君渐于香酒：正君，正直的君子。香酒，比喻甜言蜜语。

［译文］曾子将行，晏子送到郊外，说：“我听说过，君子以语言赠人，平民百姓以财物送人。我穷没有财物，就让我借用一下君子的办法，送您几句话吧。我们乘坐的车的轮子，是把泰山之木放到檃栝之中做成的，过了三个月或五个月，它即使被车毂与车辐损坏，也不会再恢复到以前直的状态。君子的檃栝不能不谨慎啊！兰草、芷、稿本等香草，经过甜酒的浸泡，贵重得要用一块玉佩去交换。正人君子被像甜酒一样的甜言蜜语所浸泡，就可以被谗言征服。所以，君子对于其所处的环境，不能不慎重啊。”

［原文］曾子食鱼，有余，曰：“泔之①。”门人曰：“泔之伤人，不若奥之②。”曾子泣涕曰：“有异心乎哉③！”伤其闻之晚也。（大略）

［注释］①泔之：加水做成鱼汤。泔：王念孙以为当为“洎”。《吕氏春秋·应言》：“多洎之则淡而不可食，少洎之则焦而不熟。”高诱：“肉汁为洎。” ②奥之：腌起来。 ③杨倞：“曾子自伤不知以食余伤人，故泣涕深自引过，谢门人曰：‘吾岂有异心，故欲伤人哉？乃所不知也。’”

［译文］曾子吃鱼，剩下了，说：“加水做成鱼汤。”门人说：“做成鱼汤吃了伤人，不如腌起来。”曾子流着眼泪哭着说：“我不是有别的意思啊！”他是为了听到好方法晚了而伤心啊。

［原文］曾子曰：“无内人之疏而外人之亲①，无身不善而怨人，无刑已至而呼天。内人之疏而外人之亲，不亦远乎！身不善而怨人，不亦反乎②！刑已至而呼天，不亦

晚乎！《诗》曰[③]：‘涓涓源水，不雝不塞[④]。毂已破碎，乃大其辐[⑤]。事已败矣，乃重太息[⑥]。’其云益乎[⑦]！”（大略）

[注释] ①无：通“毋”，不要。之：是。杨倞：“内人之疏外人之亲谓以疏为内，以亲为外。” ②反：违背事理。杨倞：“反，谓乖悖。” ③此处所引为逸诗，不见于今本《诗经》。 ④杨倞：“源水，水之泉源也；雝，读为‘壅’。” ⑤毂，车毂；辐，车辐条。 ⑥重太息：长叹息。 ⑦王先谦：“益，有益也。”

[译文] 曾子说：“不要疏远自己的人而去亲近外人，不要自身不好而去埋怨别人，不要等刑罚加身才去呼叫老天。疏远自己的人而去亲近外人，不也失之太远了吗！自身不好却去埋怨别人，不也太违背事理了吗！刑罚加身才去呼叫老天，不也太晚了吗！《诗经》上说：‘源泉之水涓涓细流，不阻也不塞。车毂都已破了，还去加大车辐。事情已经弄坏了，还在大声叹息。’难道还有什么用吗！”

[原文] 曾子病，曾元持足[①]。曾子曰：“元，志之[②]！吾语汝[③]。夫鱼鳖鼋鼍犹以渊为浅而堀其中[④]，鹰鸢犹以山为卑而增巢其上，及其得也必以饵。故君子苟能无以利害义[⑤]，则耻辱亦无由至矣。”（法行）

[注释] ①曾元：曾子之子。 ②志：记住。 ③语：告诉。 ④犹：尚，还。堀：通“掘”。俞樾以为“堀”下当有“穴”字。（参见《群经评议》） ⑤苟：假如，如果。

[译文] 曾子病了，曾元抱着他的脚。曾子说：“元，要记住，我告诉你。鱼、鳖、鼋、鼍还以为深渊浅了而在其中挖掘洞穴，鹰、鸢还以为高山太低了，而在其顶上增筑巢穴，等到最后被捉住，都是因为贪吃饵食。所以，君子如果能做到不以利害义，那么，耻辱也就无从到来了。”

[原文] 曾子曰：“同游而不见爱者[①]，吾必不仁也[②]；交而不见敬者，吾必不长也[③]；临财而不见信者，吾必不

信也。三者在身，曷怨人[4]！怨人者穷，怨天者无识。失之己而反诸人[5]，岂不亦迂哉？”（法行）

［注释］ ①见：被。 ②不仁：不以为仁。杨倞：“仁者必能使人爱。” ③长：尊敬。杨倞：“不长厚，故为人所轻。”《礼记·大学》：“上老老而民兴孝，上长长而民兴弟。”郑玄：“老老、长长，谓尊老敬长也。” ④曷：何。 ⑤反诸人：反求于别人。诸：“之于”的合音。

［译文］ 曾子说：“在一起游学而不被别人喜欢的，我想他一定是不仁；在平常交往中不被别人尊敬的，我想他一定是不尊敬别人；面对钱财的事而不被别人信任的，我想他一定是不讲信用。自身有这三条缺点，又怎能埋怨别人呢！埋怨别人是自己没有本事，埋怨老天是自己没有见识。自身有过失而却到别人身上找毛病，不也太迂腐了吗？”

《韩非子》

[原文] 子夏见曾子[①]，曾子曰：“何肥也？”对曰：“战胜，故肥也。”曾子曰：“何谓也？”子夏曰：“吾入见先王之义则荣之[②]，出见富贵之乐又荣之，两者战于胸中，未知胜负，故臞[③]。今先王之义胜，故肥。”是以志之难也，不在胜人，在自胜也，故曰自胜之谓强。（喻老）

[注释] ①子夏：姓卜名商，字子夏，春秋时卫人，一说是晋人，孔子弟子。②荣：羡慕。 ③《说文》：“臞，少肉也。”

[译文] 子夏去见曾子，曾子说：“你怎么胖了？”子夏回答说：“胸中之战胜利了，所以就心宽体胖了。”曾子问道：“您这话是什么意思？”子夏回答说：“我回家学习先王的德义非常的仰慕，可是出去见到富贵者享乐又非常羡慕，两种思想在胸中战斗，不分胜负，所以就瘦了。现在先王之义战胜了，所以就胖了。”这就是立志的艰难，它不在于战胜别人，而是在于战胜自己。所以说：“能战胜自己就是强者。”

[原文] 卫将军文子见曾子[①]，曾子不起而延于坐席，正身于奥[②]。文子谓其御曰：“曾子愚人也哉！以我为君子也，君子安可毋敬也？以我为暴人也，暴人安可侮也？曾子不僇，命也[③]。”（说林）

[注释] ①文子：名弥牟，世为卫卿。 ②《礼记·曲礼》：“为人子者居不主奥。”孔颖达：“主，犹坐也，室中西南隅谓之奥。” ③僇：通戮。

[译文] 卫国的将军文子去拜见曾子，曾子没有起身去相迎，把文子让到座席上，自己则正身端坐在西南角的尊位上。文子出来后对给他驾车的人说：“曾参真是个愚人啊！如果他认为我是君子，君子怎么能不敬呢？如果他认为我是暴人，暴人又怎能欺侮呢？曾参不死，那是他的命大。”

［原文］

曾子之妻之市[①]，其子随之而泣。其母曰：“女还[②]，顾反为女杀彘[③]。”妻适市来[④]，曾子欲捕彘杀之。妻止之曰：“特与婴儿戏耳[⑤]。”曾子曰：“婴儿非与戏也，婴儿非有知也[⑥]，待父母而学者也，听父母之教。今子欺之[⑦]，是教子欺也。母欺子，子而不信其母，非所以成教也[⑧]。”遂烹彘也[⑨]。（外储说左上）

［注释］

①之：去，往。 ②女：通“汝”，你。 ③顾：但，只等。反：同“返”。 ④适市来：去市场返回来。适：往。陈奇猷：“适，往也。适市来，谓往市归来也。” ⑤特：只是，不过是。戏：闹着玩。 ⑥知：智慧。 ⑦子：你，指曾子的妻子。之：他，指曾子的儿子。 ⑧所以成教：教育孩子的方法。 ⑨烹：煮。

［译文］

曾子的妻子要到市场上去，儿子哭着要跟着去。母亲对儿子说：“你先回家，只等我回来给你杀猪吃。”妻子从市场上回来，曾子就要去捉猪来杀。妻子阻止他说：“只不过是和小孩说着玩罢了。”曾子说：“小孩是不能和他随便闹着玩的，小孩还不懂道理，他们还有待于从父母身上学习，听从父母的教导。你现在欺骗他，就是教孩子骗人。做母亲的欺骗孩子，孩子也就不相信他的母亲。这可不是教育孩子的好方法啊。”于是，就把猪杀了煮给孩子吃。

《晏子春秋》

[原文] 曾子问晏子曰："古者尝有上不谏上，下不顾民，退处山谷，以成行义者也[①]？"晏子对曰："察其身无能也，而托乎不欲谏上[②]，谓之诞意也[③]。上惛乱，德义不行，而邪辟朋党，贤人不用，士亦不易其行而从邪以求进，故有隐有不隐。其行法士也，乃夫议上，则不取也。夫上不谏上，下不顾民，退处山谷，婴不识其何以为成行义者也。"（内篇问下）

[注释] ①行义：德行和道义。②托：推辞，推托。③诞意：诞妄。

[译文] 曾子问晏子说："古时曾有上不劝谏君主，下不顾念人民，退隐山谷，以保持自己的操守和道义的人吗？"晏子回答说："明知自身无能，却推托称自己不想劝谏君主，这就叫妄言欺世。君主昏庸淫乱，道德仁义得不到推行，而奸邪小人结为朋党，贤人得不到任用，但正直的士人却不改变自己的节操去追随奸邪小人以求晋升，所以有的人隐居，有的人不隐居。那些隐居者，效法正直的士人的操行，对君主妄加议论，是不可取的。至于那些上不劝谏君主，下不顾及人民，退隐山谷的人，我不知他们怎么会成为保持节操和道义的人。"

[原文] 曾子将行，晏子送之，曰："君子赠人以轩[①]，不若以言。吾请以言乎[②]，以轩乎？"曾子曰："请以言。"晏子曰："今夫车轮，山之直木也，良匠揉之[③]，其圆中规，虽有槁暴，不复嬴矣[④]，故君子慎隐揉[⑤]。和氏之璧[⑥]，井里之困也[⑦]，良工修之，则为存国之宝，故君子慎所修。今夫兰本[⑧]，三年而成，湛之苦酒，则君子不近，庶人不佩；湛之麋醢[⑨]，而贾匹马矣[⑩]。非兰本美也，所湛然也，愿子之必求所湛。婴闻之，君子居必择邻，游必就士。

择居所以求士，求士所以避患也。婴闻汩常移质⑪，习俗移性，不可不慎也。”（内篇杂上 又见《荀子·大略》《孔子家语·六本》）

[注释] ①轩：车。《说苑·杂言》《家语·六本》均作“财”，吴则虞：“作轩者恐沿《庄子》而讹。” ②“乎”原作“之”，据卢文弨《群书拾补》校改。 ③揉：使直木弯曲。《考工记》：“揉辐必齐。”郑玄注：“揉谓以火槁之。” ④槁暴：晒干。羸：借为“挺”。“羸”“挺”，声相近。吴则虞：“槁暴者，木不足而革有羸也。羸者，革有羸而木不足也。槁暴为其因，羸不足为其果。” ⑤隐揉：谓檃括，“隐”通“檃”。檃，使直木弯曲；括，正方也。喻指人的修养。 ⑥和氏璧：春秋时楚人卞和自民间得一玉璞，先后献于厉王、武王，被认为是欺君而被刖去两足，直至新君楚文王继位，使人剖璞，果得宝玉，称为和氏璧，后制为传国玉玺。 ⑦井里：百姓聚居处。困：门捆，门槛。孙星衍：“宋人刻石称门限为石阃根，盖言石块耳。” ⑧孙星衍：“兰与藁本，二草名也。”吴则虞：“兰者，每岁着花。本者，藁本，亦草本。……皆不待三年而成。……此言湛之三年，言其湛之久，非三年而始成兰本。” ⑨麋醢：当作“麋醢”，鹿肉酱。 ⑩贾：同“价”。 ⑪汩：浑浊。

[译文] 曾子将要离开齐国，晏子为他送行，说：“君子认为，在人临行时送给他车子，不如送给他几句赠言。我是送您几句赠言呢，还是送您一辆车子呢？”曾子说：“请送给我几句赠言吧。”晏子说：“车轮，原是山中直的树木，巧匠把它弯曲成像圆规划出的圆形，即使再经过日晒干枯，也不会重新挺直了，所以君子对修养要慎重。和氏璧，原是乡里的门槛石，经过巧匠的琢磨，就成了传国的宝玉，所以君子要谨慎自身的修养。像这兰根，把它浸泡在苦酒中，经过三年，那么君子不愿接近它，百姓也不愿意佩戴它；如果把它浸泡在鹿肉酱里，就会值一匹马的价钱了。这并不是兰根好，而是因为浸泡在鹿肉酱里才使它这样。希望您能够找到一个好的环境。我听说，君子安家一定要选择好邻居，交游一定结交良士，选择邻居是为了得到良士，求得良士是为了避害。我还听说常在污浊中会改变人的本质，习俗会改变

人的本性，我们不能不慎重啊。”

［原文］

晏子居晏桓子之丧[①]，粗衰斩[②]，苴绖带，杖，菅屦[③]，食粥，居倚庐[④]，寝苫，枕草。其家老曰：“非大夫丧父之礼也[⑤]。”晏子曰：“唯卿为大夫[⑥]。”曾子以问孔子，孔子曰：“晏子可谓能远害矣。不以己之是驳人之非，逊辞以避咎[⑦]，义也夫！”（内篇杂上　又见《孔子家语·曲礼子夏问》）

［注释］

①晏桓子：晏弱，春秋时齐国大夫，晏婴（平仲）之父。　②粗衰斩：粗麻布做的斩衰之服。“衰”同“缞”。《说文》：“缞服长六寸，博四寸，直心。”　③菅屦：草鞋。菅，菅草。　④倚庐：为父母守丧时在坟墓旁搭建的草棚。倚，原作“傍”，据《左传》改。　⑤于鬯：“春秋时有士大夫丧父之礼，则当时为大夫者必皆习用之，而晏子独否，故其家老有是言也。”　⑥唯卿为大夫：只有诸侯之卿才相当于天子之大夫，而晏婴在齐非卿。郑玄《礼记·杂记》注：“此平仲之谦辞也。言己非大夫，故为父母服士服耳。”　⑦《左传·襄公十七年》杜预注：“晏子恶直己斥论时失礼，故逊辞略答家老。”

［译文］

齐国晏桓子去世，其子晏平仲身穿粗麻布做的丧服，头上扎着麻绳，腰间扎着麻带，手执丧杖，脚穿草鞋，吃饭时只喝稀粥，住草棚，睡草垫，用草当枕头。他的家臣说：“这可不是大夫为父亲服丧的礼仪。”晏子说：“只有卿才是大夫。”曾子就此请教孔子。孔子说：“晏平仲可以说是能远祸避害了。不用自己的是来反驳别人的非，而是以谦逊的言辞避免别人的责难，他做得非常合适。”

《吕氏春秋》

［原文］ 吴起学于曾子①。（当染）

［注释］ ①曾子：当指曾参之子曾申。吴起学于曾子，又见于《史记·吴起传》。

［译文］ 吴起曾经就学于曾参之子曾申。

［原文］ 曾子曰："君子行于道路，其有父者可知也，其有师者可知也。夫无父而无师者，余若夫何哉①！"此言事师之犹事父也。曾点使曾参②，过期而不至，人皆见曾点曰："无乃畏也③？"曾点曰："彼虽畏，我存，夫安敢畏？"孔子畏于匡④，颜渊后，孔子曰："吾以汝为死矣。"颜渊曰："子在，回何敢死？"颜回之于孔子也，犹曾参之事父也。古之贤者，与其尊师若此，故师尽智竭道以教。（劝学）

［注释］ ①余若夫何哉：谭戒甫："犹云我其奈彼何。"夫：彼也。 ②曾点：曾参之父，孔子弟子。 ③无乃：猜测之词。畏：死。 ④畏：围。匡：地名。

［译文］ 曾子说："君子行走在路上，他们中有父亲的可以看得出来，有老师的也可以看得出来。那些没有父亲和老师的，我们对他们又能怎么样呢！"这是说事奉老师和事奉父亲是一样的。曾点差遣曾参，过了约定的时间还没回来，人们都去见曾点说："恐怕死了吧？"曾点说："他即使要死，我还在，他怎么敢死？"孔子在匡地被围，颜渊落在后面，孔子说："我以为你死了呢。"颜渊说："老师在，我怎么敢死？"颜渊对于孔子，就如同曾参事奉曾点。古时的圣贤，是这样的尊重老师，所以老师竭尽他们的智慧和学问教授。

［原文］ 曾子曰："身者，父母之遗体也。行父母之遗体，

敢不敬乎[①]？居处不庄，非孝也；事君不忠，非孝也；莅官不敬[②]，非孝也；朋友不笃，非孝也；战陈无勇[③]，非孝也。五行不遂[④]，灾及乎亲，敢不敬乎？”（孝行　又见《礼记·祭义》）

［注释］　①行：使用。高诱：“敬，畏惧。”　②莅：临，居。　③陈：同“阵”。　④遂：成。

［译文］　曾子说：“身体是父母所留给的，使用父母所留的身体，敢不敬畏谨慎吗？居处不庄重，是不孝；事奉君主不忠，是不孝；居官不恭敬，是不孝；交友不诚信，是不孝；战场上不勇敢，是不孝。上述五种德行不成，灾难就会连累到亲人，敢不恭敬吗？”

［原文］　曾子曰：“先王之所以治天下者五：贵德，贵贵，贵老，敬长，慈幼[①]。此五者，先王之所以定天下也。所谓贵德，为其近于圣也[②]；所谓贵贵，为其近于君也；所谓贵老，为其近于亲也；所谓敬长，为其近于兄也；所谓慈幼，为其近于弟也。”（孝行　又见《礼记·祭义》）

［注释］　①慈：爱护。　②为：因为。

［译文］　曾子说：“先王用来治理天下的方法有五条：尊崇有德行的人，尊崇有地位的人，尊崇年老的人，敬重年长的人，爱护年幼的人。这五条，是先王之所以治理天下的根本。所谓尊崇有道德的人，是因为他接近于圣人；所谓尊崇地位高的人，是因为他接近于国君；所谓尊崇年老的人，是因为他接近于双亲；所谓敬重年长的人，是因为他接近于兄长；所谓爱护年幼的人，是因为他接近于弟弟。”

［原文］　曾子曰：“父母生之，子弗敢杀[①]。父母置之[②]，子弗敢废，父母全之，子弗敢阙[③]。故舟而不游[④]，道而不径[⑤]，能全支体以守宗庙[⑥]，可谓孝矣。养有五道[⑦]：修宫室，安床笫，节饮食，养体之道也；树五色[⑧]，施五采[⑨]，列文章[⑩]，养目之道也；正六律[⑪]，和五声[⑫]，

杂八音⑬，养耳之道也；熟五谷⑭，烹六畜⑮，和煎调，养口之道也；和颜色，说言语，敬进退，养志之道也。此五者代进而厚用之⑯，可谓善养矣。”（孝行）

[注释] ①弗：不。 ②高诱：“置，立。” ③高诱：“阙犹毁。” ④游：游泳过水。 ⑤径：抄小路。 ⑥支：通“肢”。 ⑦养：指养亲。 ⑧五色：青、赤、黄、白、黑。 ⑨施：陈设。 ⑩文章：花纹图案。 ⑪高诱：“六律：黄钟、太蔟、姑洗、蕤宾、夷则、无射。” ⑫高诱：“五声：宫、商、角、征、羽。” ⑬《乐记》：“土曰埙，竹曰管，皮曰鼓，匏曰笙，丝曰弦，石曰磬，金曰钟，木曰柷梧。” ⑭五谷：麻、黍、稷、麦、豆。一说稻、黍、稷、麦、菽。 ⑮六畜：牛、羊、马、猪、鸡、狗。 ⑯高诱：“代，更。更次用之，以便亲性，可谓为善养亲也。”厚：重。

[译文] 曾子说：“父母养活的，子女不敢杀死；父母设置的，子女不敢废除；父母保全的，子女不敢损坏。所以人们涉水用船而不游泳，行路走大路而不抄小路，这样就能保全肢体，守住宗庙，这样就叫作孝。奉养双亲有五种方法：修筑房屋，使床第安稳，使饮食洁净，这是奉养双亲的身体。使用各种色彩，排列各种花纹，这是奉养双亲的双眼。六律准确，五音和谐，八音调和，这是奉养双亲的耳朵。煮熟五谷六畜，调好味道，这是奉养双亲的口体。颜色和悦，言语好听，进退恭敬，这是奉养双亲之意志。这五种方法交替重复使用，可以说是善于奉养双亲了。

[原文] 乐正子春下堂而伤足①，瘳而数月不出②，犹有忧色。门人问之曰：“夫子下堂而伤足，瘳而数月不出，犹有忧色，敢问其故。”乐正子春曰：“善乎而问之③。吾闻之曾子，曾子闻之仲尼：‘父母全而生之，子全而归之，不亏其身，不损其形，可谓孝矣。’君子无行咫步而忘之④。余忘孝道，是以忧。故曰：身者非其私有也，严亲之遗躬也⑤。民之本教曰孝，其行孝曰养。养可能也，敬为难。敬可能也，安为难。安可能也，卒为难⑥。父母既没，敬行其身，无遗父母恶名⑦，可谓能终矣。

仁者仁此者也[8]，礼者履此者也[9]，义者宜此者也，信者信此者也，强者强此者也。乐自顺此生也，刑自逆此作也[10]。”（孝行）

［注释］　①乐正子春：曾子弟子。　②瘳：病愈。　③而：你。　④咫：八寸。　⑤高诱：“躬，体。”　⑥卒：终。　⑦遗：留。　⑧仁此：以此为仁。此：指孝。　⑨履：践行。　⑩作：起。高诱：“能顺行，无遗父母恶名，故乐生也，逆之则刑辟作也。”

［译文］　乐正子春下台阶的时候摔伤了脚，病愈几个月了还是不出门，并且面带忧色。弟子们问他说：“老师下台阶伤了脚，病好了几个月了还是不出门，并且面带忧色，请问这是怎么回事呢？”乐正子春说：“你问得很好呀。我听我老师曾子说过，曾子听老师仲尼说过：‘父母把我们完整生下来，我们就应该完整地归还。不伤害身体，不损害形体，这才是大孝。’君子连迈一小步都不能忘记。但我忘记了孝道，这才忧虑的呀。所以说：身体不是我们自己私有的，是受之于父母的。人民本来的教化叫作孝，奉行孝道叫养。养能做到，敬难做到；敬能做到，使父母安宁难做到；安宁能做到，坚持始终如一很难。父母亡故以后，对父母给予的身体恭敬行事，不给父母留下坏名声，可以说是做到始终如一了。所谓仁，就是以奉行孝道为仁；所谓礼，就是以奉行孝道为礼；所谓义，就是以奉行孝道为义；所谓信，就是以奉行孝道为信；所谓强，就是以奉行孝道为强。安乐从顺行孝道中产生，刑罚也由于违背孝道而兴起。”

［原文］　亲莫不欲其子之孝，而孝未必爱，故孝已疑，曾子悲[1]。（孝行）

［注释］　①高诱：“孝己，殷王高宗之子也。曾参，其至孝，见疑于其父，故为之伤悲也。”

［译文］　参见《庄子·外物》。

《尸子》

[原文] 是故曾子曰："父母爱之，喜而不忘，父母恶之，惧而无咎[①]。"（劝学）

[注释] ①《文选·吊魏武文》注引作："父母愠之，礼而无咎。"

[译文] 参见《曾子大孝》。

[原文] 曾子曰："取人者必畏，与人者必骄。"（明堂）

[译文] 曾子说："接受别人施予的人一定惧怕别人，送给别人东西的人常常傲视别人。"

[原文] 曾子每读《丧礼》，泣下沾襟[①]，常以一夕五起，视衣之厚薄，枕之高卑。（卷下）

[注释] ①《文选·恨赋》注、《艺文类聚·人部》《太平御览·人事部》引。

[译文] 曾子每次读《丧礼》，都会泪流沾襟，常常是一夜起来五次，看父母衣被的厚薄，枕头的高低。

《新语》

[原文] 智者之所短，不如愚者之所长，文公种米，曾子驾羊[①]，相士不熟[②]，信邪失方。察察者有所不见，恢恢者何所不容。朴直者近忠，便巧者近亡。（辅政）

[注释] ①《淮南子·泰族训》：“文公树米，曾子架羊，犹之为知也。”高诱：“文公，晋文公也，树米而欲生之也。架，连架，所以备知也。”王利器：“米不可殖生，羊不能备驾，而晋文种之，曾子枷之，是亦知其不可为而为之者也。”② 相士：是商朝祖先契的孙子，相传他发明了四匹马驾车。

[译文] 聪明者所不擅长的，不如愚笨者所精通的，晋文公种米欲其长苗，曾子给羊带枷，相士不熟悉驾车，这些人对错都分辨不清。明察秋毫者也有看不见的地方，宽大广博的却没有什么容不下的。生性质朴的人接近于忠诚，巧言令色者接近于灭亡。

[原文] 昔有与曾子同姓，亦名参。有人告其母参杀人，母织如故。有人复来告，如是者三，曾子母乃投杼逾垣而去。曾子之母非不知子不杀人也，言之者众，夫流言之并至，虽真圣不敢自安，况凡人乎？（辩惑）

[注释] 参见《新序·杂事》。

[译文] 参见《新序·杂事》。

[原文] 曾子孝于父母，昏定晨省，调寒温，适轻重，勉之于糜粥之间，行之于衽席之上[①]，而德美重于后世。（慎微）

[注释] ① 衽席：睡觉用的席子。

[译文] 曾子孝敬父母，早晚侍奉问候，注意调节衣被的厚薄冷暖，勤勉于饮食起居的照顾，其孝敬的美德为后世所赞美推重。

《淮南子》

［原文］ 昔子夏见曾子一癯一肥，曾子问其故，曰："出见富贵之乐而欲之，入见先王之道又悦之，两者心战，故癯。先王之道胜，故肥[1]。"（精神训 又见《韩非子·喻老》）

［注释］ ①高诱："道胜，不惑悬于富贵，精神内守无思虑，故胜也。"

［译文］ 参见《韩非子·喻老》。

［原文］ 故公西华之养亲也[1]，若与朋友处[2]；曾参之养亲也，若事严主烈君[3]。其于养，一也。（齐俗训）

［注释］ ①公西华：姓公西，名赤，字子华，亦称公西华。春秋时鲁人，孔子弟子。 ②许慎："与朋友处，睦而少敬。" ③许慎："烈，酷也。曾子侍亲，其敬多。"

［译文］ 所以公西华奉养父母，就像与朋友相处；曾参奉养父母，如同事奉威严暴烈的君主。他们奉养父母的方式不同，但孝心是一样的。

［原文］ 曾子曰："击舟水中，鸟闻之而高翔，鱼闻之而渊藏[1]。"故所趋各异而皆得所便。（齐俗训）

［注释］ ①渊藏：藏于深渊。

［译文］ 曾子曾经说过："在水中敲击船板，鸟听到这声音就会高飞而去，鱼听到这声音就会藏入深渊。"它们的行动不同，但其目的是相同的，即各随其习俗之便。

［原文］ 曾子攀柩车[1]，引輴者为之止也[2]。（说山训）

［注释］ ①柩车：灵车。 ②高诱："曾子至孝，送亲丧悲哀，攀援柩车，而挽者感之，为之止。輴：棺下轮也。"

［译文］ 曾子丧亲，悲痛之至，攀伏在灵车上，牵引灵车的人被他感动，

一度停下了灵车。

[原文] 曾子立孝，不过胜母之间；墨子非乐，不入朝歌之邑；曾子立廉[1]，不饮盗泉[2]。所谓养志者也。（说山训 又见《说苑·谈丛》）

[注释] ①刘文典："'曾'当为'孔'，涉上'曾子立孝'而误也。" ②《尸子》："孔子至于胜母，暮矣而不宿，过于盗泉，渴矣而不饮，恶其名也。"

[译文] 曾子坚守孝道，不肯经过名叫"胜母"的里门；墨子主张非乐，不肯进入名叫朝歌的城邑。曾子保持清廉之名，渴了也不喝盗泉之中的水。这些都是注意修养自身意志的人。

[原文] 故舜放弟，周公杀兄，犹为之仁也；文公树米[1]，曾子架羊[2]，犹为之知也[3]。（泰族训）

[注释] ①文公：指晋文公。 ②高诱：树米而欲生之也。架，连架所以备知也。 ③知：同"智"。

[译文] 舜尽管放逐了弟弟，周公尽管杀了兄长，但他们仍不失为仁者；晋文公虽曾种米而欲其长苗，曾子虽曾给羊戴枷，不让它觝人，但他们仍然不失为智者。

《韩诗外传》

［原文］

曾子仕于莒，得粟三秉[①]。方是之时，曾子重其禄而轻其身。亲没之后，齐迎以相，楚迎以令尹[②]，晋迎以上卿。方是之时，曾子重其身而轻其禄。怀其宝而迷其国者[③]，不可与语仁。窘其身而约其亲者[④]，不可与语孝。任重道远者，不择地而息。家贫亲老者，不择官而仕。故君子桥褐趋时[⑤]，当务为急。传云：不逢时而仕，任事而敦其虑[⑥]，为之使而不入其谋，贫焉故也。《诗》曰："夙夜在公，实命不同[⑦]。"（卷一之一）

［注释］

①秉：古代计量单位。《仪礼·聘礼》："十斗曰斛，十六斗曰薮，十薮曰秉。"一秉为一百六十斗。 ②令尹：楚国的相国。 ③怀其宝：比喻身怀治国之才。迷其国：听任其国混乱。 ④《文选·鹏鸟赋》："愚士系俗兮，窘若囚拘。"李善注："窘，囚拘之貌。"约：穷困。 ⑤桥褐：急迫的样子。俞樾："'桥''矫'并假字。"许维遹："'矫褐'乃从声连语，即《文选·射雉赋》之'揭骄'，语有倒顺耳。" ⑥敦：迫。 ⑦见《诗经·召南·小星》。

［译文］

曾子曾经在莒做官，俸禄是每年四百八十斗粟。当时，曾子看重俸禄而轻视自身。父母过世后，齐国请他做相国，楚国请他做令尹，晋国请他任上卿。这时，曾子看重自身而轻视俸禄。具有治国之才但却听任国家混乱不肯出来治理，这样的人不可以和他谈论仁。自身困窘而使父母也贫困，这样的人，不可以和他谈论孝。一个肩负重担又路途遥远的人，不会去选择地方的好坏才休息。家境清贫而父母年老的人，不会去选择职位高低才做官。所以，君子要抓住时机，把紧迫的事放在前面。古书上说：没有赶上好时候做官，做事竭尽心力，听国君驱使而不参与谋划国事，这是因为家里穷啊。《诗经》上说："早晚都在办公，实在是命运与别人不同。"

［原文］ 曾子曰："君子有三言，可贯而佩之[①]：一曰无内疏而外亲，二曰身不善而怨他人，三曰患至而后呼天[②]。"子贡曰："何也？"曾子曰："内疏而外亲，不亦反乎？身不善而怨他人，不亦远乎？患至而后呼天，不亦晚乎？"《诗》曰："啜其泣矣，何嗟及矣[③]！"（卷二之九）

［注释］ ①贯：穿。 ②《荀子·法行》："无内人之疏而外人之亲，无身不善而怨人，无刑已至而呼天。" ③见《诗经·王风·中谷有蓷》。

［译文］ 曾子说："君子有三句话可以写成简册穿起来佩戴在身上。第一句是说不要疏远自己人而去亲近外人，第二句是说不要自身不好而去怨别人，第三句是说祸患已来然后去呼叫上天。"子贡说："为什么？"曾子说："疏远自己人而去亲近外人，不是正与常理相反吗？自身不好而去怨别人，不是与常理远了吗？祸患来了再去呼叫上天，不也太晚了吗？"《诗经》上说："伤心地哭泣啊，叹息怎么来得及？"

［原文］ 曾子褐衣缊绪[①]，未尝完也[②]；粝米之食[③]，未尝饱也；义不合，则辞上卿。不恬贫穷，焉能行此[④]？（卷二之二十五）

［注释］ ①绪：通"絮"。 ②完：完整。 ③粝：粗末。 ④事又见《庄子·让王》。

［译文］ 曾子穿着粗布破麻絮的袍子，从没有完整过；吃粗粝的米饭，从来没有饱过；于道义不合，便辞上卿之位。不安于贫穷，怎么能做得到？

［原文］ 曾子曰："往而不可还者，亲也；至而不可加者，年也；是故孝子欲养而亲不待也，木欲直而时不待也。是故椎牛而祭墓，不如鸡豚逮亲存也。故吾尝仕齐为吏，禄不过钟釜，尚犹欣欣而喜者，非以为多也，乐其逮亲也。既没之后，吾尝南游于楚，得尊官焉，堂高九仞[①]，榱题三围，转毂百乘，犹北向而泣涕者，非为贱也，悲不逮吾亲也。故家贫亲老不择官而仕。若夫信其志[②]，

约其亲者，非孝也。”《诗》曰：“有母之尸雍③。”（卷七之七）

［注释］ ①仞：古代长度单位，其说不一，有八尺、七尺、五尺六寸或四尺为一仞诸说。 ②信：通伸。许维遹：“‘信’与‘约’相对，信当读若伸。” ③见《诗经·小雅·祈父》。尸：陈设。雍：通饔，熟食。

［译文］ 曾子说：“去世了不能再回来的是双亲，时限到了而不能再增加的是年龄。所以孝子想奉养双亲而双亲的年龄不能等待，就像树木想要长得直而时间不能等待一样。因此，杀头牛去父母的坟墓前祭奠，还不如趁他们活着时杀只鸡杀头猪孝敬他们。我曾在齐国做过小官，俸禄不过钟釜，还是感到很高兴，并不是以为多，高兴的是赶上双亲活着可以供养。双亲过世后，我曾南游到楚国，在那里做了尊贵的大官，厅堂高七丈二尺，房屋的梁有三围粗，车有上百辆，可还是向北哭泣，不是因为地位卑贱，伤心的是没有赶上双亲在世的时候。所以，家里穷，双亲年老，不管官职高低就出任。那些为了施展自己的抱负，使父母穷困的，就不是孝顺的人了。”《诗经》上说：“让老母操持家务。”

［原文］ 昔者孔子鼓瑟，曾子、子贡侧门而听。曲终，曾子曰：“嗟乎！夫子瑟声殆有贪狼之志，邪僻之行，何其不仁趋利之甚？”子贡以为然，不对而入。孔子望见子贡有谏过之色，应难之状，释瑟而待之。子贡以曾子之言告。子曰：“嗟乎！夫参，天下贤人也，其习知音矣。乡者丘鼓瑟，有鼠出游，狸见于屋，循梁微行，造焉而避①，厌目曲脊②，求而不得。丘以瑟淫其音③。参以丘为贪狼邪僻，不亦宜乎！”《诗》曰：“鼓钟于宫，声闻于外④。”（卷七之二十六）

［注释］ ①造：到，至。 ②厌目：目露凶光。 ③淫：浸淫，感染。④见《诗经·小雅·白华》。

［译文］ 过去孔子弹瑟，曾子和子贡在门外仔细听。曲子完了，曾子说：“哎呀，老师的瑟声中好像有贪狼的感觉，邪僻的行为，为什么那样

的不仁，那样的追求利益啊？”子贡也这样认为，没有回答曾子的话就走进去。孔子看见子贡有劝谏的颜色，有责难的表情，便放下瑟等待他。子贡把曾子的话说了。孔子说：“哎呀，曾参真是天下的贤人啊，他很懂音律啊。刚才我弹瑟的时候，有一只老鼠出游，一只猫沿着房梁轻轻走来，走近了老鼠就躲起来了，猫的眼里露出凶恶的光，弓起背，想抓又抓不到。我把这些渗透进音乐里。曾参认为我的瑟声里有像狼一样贪婪的感情，不正当的行为，不是很对吗！”《诗经》上说：“在屋里敲钟，声音传到了外面。”

［原文］

曾子有过，曾皙引杖击之[①]。仆地，有间乃苏[②]，起曰：“先生得无病乎[③]？”鲁人贤曾子，以告夫子。夫子告门人：“参来，勿内也[④]。”曾子以为无罪，使人谢夫子。夫子曰：“汝不闻昔者舜为人子乎？小棰则待，大杖则逃；索而使之，未尝不在侧，索而杀之，未尝可得。今汝委身以待暴怒，拱立不去，汝非王者之民邪？杀王者之民，其罪何如？”《诗》曰：“优哉柔哉，亦是戾矣[⑤]。”又曰：“载色载笑，匪怒伊教[⑥]。”（卷八之二十五）

［注释］

①曾皙：曾参之父。　②有间：过了一会儿。苏：醒。　③病：疲惫。　④内：同纳。　⑤见《诗经·小雅·采菽》。优：悠然自在的样子。戾：至，达到。　⑥见《诗经·鲁颂·泮水》。

［译文］

曾参有过错，曾皙拿木棒打他。曾子被打晕在地，过了一会才苏醒过来，起来对曾皙说：“您没累着吧？”鲁国人以为曾子贤良，并把这事告诉了孔子。孔子对门人说：“曾参来了，别让他进来。”曾子认为自己没有罪过，叫人向孔子通报。孔子说：“你没有听说过去舜是怎样做人子的吗？父亲用小鞭子打他，他就等着挨打，用大棒打他，他就跑了；找他办事，他没有不在身边的时候，找他要杀他，从来也找不到。现在你挺身等你父亲发怒，站着不跑，你不是天子的百姓吗？杀了天子的百姓，这是什么罪？”诗经上说：“多么自在啊，到了这种程度。”又说：“满面笑容，不是发怒而是教育人。”

［原文］ 子夏过曾子[①]。曾子曰："入食。"子夏曰："不为公费乎[②]？"曾子曰："君子有三费，饮食不在其中。君子有三乐，钟磬琴瑟不在其中。"子夏曰："敢问三乐。"曾子曰："有亲可畏[③]，有君可事，有子可遗[④]，此一乐也；有亲可谏，有君可去，有子可怒，此二乐也；有君可谕，有友可助，此三乐也。"子夏曰："敢问三费。"曾子曰："少而学，长而忘，此一费也；事君有功而轻负之，此二费也；久交友而中绝之，此三费也。"子夏曰："善哉！谨身事一言[⑤]，愈于终身之诵[⑥]，而事一士，愈于治万民之功。夫知人者不可以不知，何也？吾尝蓾焉吾田[⑦]，期岁不收[⑧]。土莫不然，何况于人乎？与人以实[⑨]，虽疏必密。与人以虚，虽戚必疏[⑩]。夫实之于实，如胶如漆。虚之与虚，如薄冰之见昼日。君子可不留意哉！"《诗》曰："神之听之，终和且平[⑪]。"（卷九之二十五）

［注释］ ①过：经过，造访。 ②费：破费，浪费。 ③亲：指父母。 ④遗：继承。 ⑤事：学习，奉行。 ⑥愈：超过。 ⑦蓾：草率从事。《庄子·则阳》："昔予为禾，耕而卤莽之，则其实亦卤莽而报予。" ⑧期岁：一年。 ⑨与：待。 ⑩戚：亲近。 ⑪见《诗经·小雅·伐木》。

［译文］ 子夏造访曾子，曾子说："进来吃饭吧。"子夏说："不是太浪费了吗？"曾子说："君子有三种浪费，饮食不算在内。君子有三种快乐，钟磬琴瑟不算在内。"子夏说："请问什么是三乐？"曾子说："有父母可以敬畏，有君主可以事奉，有儿子可以让他继承财产，这是一乐；有父母亲可以劝谏，有君主不听我的主张可以离开他，有儿子可以对他发怒，这是二乐；有君主可以对他讲明道理，有朋友可以帮助他，这是三乐。"子夏说："请问什么是三种浪费？"曾子说："小时候学了知识，长大了又忘记了，这是一种浪费；事奉君主有功劳而却轻易地背弃他，这是第二种浪费；相交的朋友中间断交了，这是第三种浪费。"子夏说："好啊，谨慎地奉行这句话，胜过终身读书，

事奉一个贤人，功劳胜过治理万民。考察了解人不可以不知这个道理，为什么？我曾粗略地耕种我的田地，年终没有收成。土地莫不如此，何况是人呢？以真诚与人交往，虽是疏远终必亲密无间；以虚伪与人交往，虽是亲密终必疏远。真诚的人与真诚的人相交，就像胶与漆一样；虚伪的人与虚伪的人相交，就像薄冰遇见白天的太阳，君子与人相交，可以不留心这个问题吗？”《诗经》上说：“神明听到这些话，赐我和乐与安宁。”

[原文] 曾参丧妻，不更娶，人问其故，曾子曰：“以华、元善人也①。”（又见《颜氏家训·后娶》）

[注释] ①此为《汉书·王吉传》如淳注所引《韩诗外传》。

[译文] 曾参的妻子去世了，他便不再娶了，人们问他为什么，曾参说：“因为曾华和曾元都是善良的好孩子呀。”

《春秋繁露》

[原文] 曾子曰："辱若可避，避之而已；及其不可避，君子视死如归。[①]"（竹林）

[注释] ① 参见《曾子制言上》。

[译文] 参见《曾子制言上》。

《史记》

[原文] 曾参，南武城人[①]，字子舆。少孔子四十六岁，孔子以为能通孝道，故授之业。作《孝经》，死于鲁。（仲尼弟子列传）

[注释] ①《史记索隐》："按武城属鲁，当时更有北武城，故言南也。"其地今在山东嘉祥县，一说在平邑县。

[译文] 曾参，是南武城人，字子舆，比孔子小四十六岁。孔子认为他能通达孝道，所以传授他学业。他撰写了一部《孝经》，最后死在鲁国。

[原文] 师也辞[①]，参也鲁[②]。（仲尼弟子列传）

[注释] ① 师：颛孙师，字子张。《史记集解》引马融曰："子张才过人，失于邪辟文过。" ②《史记集解》引孔安国曰："鲁，钝也。曾子迟钝。"

[译文] 子张善于言辞，曾参鲁钝。

[原文] 昔者曾参之处费[①]，鲁人有与曾参同姓名者杀人。人告其母曰："曾参杀人。"其母织自若也[②]，顷之[③]，一人又告之曰："曾参杀人。"其母尚织自若也[④]。顷又一人告之曰："曾参杀人。"其母投杼下机[⑤]，逾墙而走。（甘茂传 又见《新序·杂事》《战国策·秦策二》）

[注释] ① 处：居住。 ② 自若：若无其事。 ③ 顷之：一会儿。 ④ 尚：还是。 ⑤ 杼：织布的梭。机：织布机。

[译文] 以前曾子住在费国，费国有个与曾子同名同姓的人杀了人。有人告诉曾子的母亲说："曾参杀人了。"曾子的母亲说："我儿子不会杀人。"仍然若无其事地织布。过了一会儿，又有人告诉她说："曾参杀人了。"曾子的母亲还是若无其事地织布。又过了一会儿，又有人告诉她说："曾参杀人了。"曾子的母亲这才害怕了，赶紧扔下织布的梭子爬墙逃走了。

[原文] 吴起者，卫人也，好用兵。尝学于曾子[①]。……其少时家累千金，游仕不遂[②]，遂破其家，乡党笑之。吴起杀其谤己者三十余人，而东出卫郭门[③]，与其母诀，啮臂而盟曰[④]："起不为卿相，不复入卫。"遂事曾子。居顷之[⑤]，其母死，起终不归，曾子薄之[⑥]，而与起绝。（吴起传）

[注释] ①按刘向《别录》，吴起受春秋左传于曾申，此曾子应为曾参之子曾申。 ②遂：成功。 ③郭门：城门。 ④啮：咬。 ⑤居顷之：过了不长时间。 ⑥薄：轻视，看不起。

[译文] 吴起是卫国人，擅长用兵。曾经是曾申的弟子。……吴起年轻时家富千金，因到处游说，谋求官职没有成功，用尽家财，为乡里人所嘲笑。吴起杀了嘲笑自己的三十多个乡邻，从卫国的东门逃跑。他和母亲诀别时，咬着自己的胳膊狠狠地说："我吴起不做卿相，绝不再回卫国。"于是就拜曾申为师。不久，他母亲死了，吴起最终还是没有回去奔丧。曾申瞧不起他并和他断绝了师徒关系。

[原文] 故县名胜母而曾子不入[①]，邑号朝歌而墨子回车。（邹阳传）

[注释] ①《史记索隐》："按《淮南子》及《盐铁论》并云：'里名胜母，曾子不入。'以名不顺故也。"

[译文] 所以，县名叫胜母，曾子虽经过，但不进入；邑名叫朝歌，墨子遇到就回车。

《盐铁论》

［原文］ 孔子不饮盗泉之流①，曾子不入胜母之闾②。名且恶之，而况为不臣不子乎？（晁错）

［注释］ ① 盗泉：泉名，在今山东泗水县东北。《水经注·洙水》："洙水西南流，盗泉水注之。泉出卞城东北卞山之阴。" ② 胜母之闾：名叫胜母的里巷。闾：里巷之门。

［译文］ 孔子经过盗泉，恶其名，虽渴而不饮；曾参也不进入名叫胜母的里巷。厌恶其名称，尚且如此，更何况去做那些不臣不子的事情呢？

［原文］ 故曾子倚山而吟①，山鸟下翔；师旷鼓琴②，百兽率舞。未有善而不合，诚而不应者也。（相刺）

［注释］ ① 曾参因被父母猜疑、虐待而悲吟涕泣，事见《庄子·外物》《论衡·感虚》。 ② 师旷：战国时晋国的乐师。

［译文］ 曾参遭受父母的猜疑、虐待，倚山而悲叹号泣，山鸟为之低翔徘徊；师旷鼓琴，技艺高超，百兽被感化而随之起舞。没有美好而不为别人接受，真诚而得不到回应的。

［原文］ 曾子养曾皙，必有酒肉①。无端絻②，虽公西赤不能以为容③。无肴膳，虽闵、曾不能以卒养④。（孝养）

［注释］ ① 参见《孟子·离娄上》。 ② 端絻：祭祀或典礼穿的礼服礼帽。③ 公西赤：字子华，鲁国人，孔子弟子，长于祭祀、出使等礼仪。 ④ 闵：闵子骞：鲁国人，孔子弟子，与曾参一样，以孝闻于后世。

［译文］ 曾参奉养其父曾皙，一定要有酒有肉。没有礼服礼帽，就像公西赤那样通礼仪的人也无法穿戴打扮而行礼仪。没有酒肴膳食，就是像闵子骞、曾参那样的孝子，也不能供养双亲。

［原文］ 曾参、闵子无卿相之养，而有孝子之名；周襄王富有天下，而有不能事父母之累[①]。（孝养）

［注释］ ①《盐铁论·孝养》：“周襄王之母非无酒肉也，衣食非不如曾皙也，然而被不孝之名，以其不能事其父母也。”据《春秋》记载，周襄王不能孝敬其后母，故有逃亡郑国之难。

［译文］ 曾参、闵子骞没有卿相所有的东西养亲，但却有孝子之名；周襄王富有天下，却因不能孝敬后母，而有逃亡之难，背负不孝之名。

《礼记》

［原文］ 曾子曰："朋友之墓，有宿草而不哭焉①。"（檀弓上）

［注释］ ①宿草：来年的草。孔颖达："朋友相为哭一期，草根陈乃不哭也。所以然者，朋友虽无亲，而有同道之恩。"

［译文］ 曾子说："朋友的坟墓上有了来年的宿草，就不应再哭了。"

［原文］ 穆公之母卒①，使人问于曾子曰②："如之何？"对曰："申也闻诸申之父曰：'哭泣之哀，齐斩之情③，饘粥之食，自天子达④。布幕，卫也。縿幕，鲁也⑤。'"（檀弓上）

［注释］ ①郑玄："穆公，鲁哀公之曾孙。" ②郑玄："曾子，曾参之子，名申。" ③齐斩：丧服名。指五服中的"齐衰"与"斩衰"。孔颖达："齐斩之情者，齐是为母，斩是为父。父母同情，故荅云'之情'也。" ④郑玄："子丧父母，尊卑同。" ⑤孔颖达："以布为幕者卫，是诸侯之礼；以縿为幕者鲁，是天子之制。幕者，谓覆殡棺者也。"

［译文］ 鲁穆公的母亲去世了，派使者去问曾申："丧礼该怎么办呢？"曾申说："我听我父亲说过：'父母去世，悲痛哀伤，饮食难安，自天子至庶人都是相同的。卫国用布为幕，是诸侯之礼；鲁国以縿为幕，是天子之礼。'"

［原文］ 曾子寝疾，病①。乐正子春坐于床下②，曾元、曾申坐于足③，童子隅坐而执烛④。童子曰："华而睆⑤，大夫之箦与⑥？"子春曰："止！"曾子闻之，瞿然曰⑦："呼⑧！"曰："华而睆，大夫之箦与？"曾子曰："然，斯季孙之赐也⑨，我未之能易也，元，起易箦。"曾元曰："夫子之病革矣⑩，不可以变，幸而至于旦，请敬易之。"曾子曰："尔之爱我也不如彼⑪。君子之爱人也以德，

细人之爱人也以姑息。吾何求哉？吾得正而毙焉，斯已矣。”举扶而易之，反席未安而没[12]。（檀弓上）

[注释] ①寝疾：卧病。郑玄：“病谓疾困。”古人以轻者为疾，重者为病。②乐正子春：曾参的学生。乐正氏，字子春，春秋鲁人。③曾元、曾申：曾参的儿子。④郑玄：“隅坐，不与成人并。”⑤睆：光泽貌。⑥箦：竹席。与：语气词，同“欤”。⑦瞿然：惊起貌。⑧呼：叹词。⑨季孙：鲁公子季友之后。季孙氏为春秋鲁三桓之一，文公以后世代为鲁大夫，执掌国政。⑩郑玄：“革，急也。”⑪彼：指童子。⑫朱熹：“季孙之赐，曾子受之，皆为非礼。或者因仍习俗，尝有是事，而未能正耳。但及其疾病不可以变之时，一闻人言，而必举扶以易之，则非大贤不能矣。此事切要处，正在顷刻间耳。”

[译文] 曾子卧病不起，病情十分沉重。乐正子春坐在他的床下，曾元、曾申坐在他的脚旁，一个小孩坐在角落里，手上端着蜡烛。小孩子说：“多么华贵美丽呀！这是大夫才能用的席子吧？”乐正子春说：“别作声！”曾子听见了，忽然惊醒过来，叹息了一声。小孩子又说：“多么华贵美丽呀！这是大夫才能用的席子吧？”曾子说：“是的，这是季孙氏送的，我身体虚弱，没能及时地换掉它。元！起来把席子换掉。”曾元说：“您老人家的病已经很危急了，不能移动。希望能等到天亮，再给您换。”曾子说：“你对我的爱还比不上那个小孩子。君子爱别人，是成全其美德，小人爱别人，才会苟且讨人喜欢。我现在还求什么呢？我只盼望合乎正礼地死了，就这样罢了。”于是，他们扶起曾子，给他更换席子。等到再把他放回席子，还没安定下来，他就死了。

[原文] 曾子之丧，浴于爨室①。（檀弓上）

[注释] ①爨室：厨房。按《士丧礼》，浴尸应在寝室。孔颖达：“曾子故为非礼，以正其子也。”

[译文] 曾子家办丧事，在厨房里浴尸。

[原文] 曾子曰：“始死之奠①，其余阁也与②？”（檀弓上）

［注释］ ① 奠：设酒食以祭。 ② 余阁：阁是庋阁，置放物品的架子。余阁，是病中放在庋阁上面没有吃完的食品，如脯醢醴酒之类。

［译文］ 曾子说："刚死时所设的供物，用的是庋阁上所剩的现成食品吧。"

［原文］ 曾子曰："小功不为位也者[①]，是委巷之礼也[②]。子思之哭嫂也为位[③]，妇人倡踊[④]。申祥之哭言思也亦然[⑤]。"（檀弓上）

［注释］ ① 小功：丧服名。是为再从昆弟、外祖父母的丧服，服期五个月。为位：这里是指丧礼中按照亲疏之位而号哭。 ② 郑玄："委巷犹言街里委曲所为也。" ③ 子思：姓原，名宪，字子思，又叫原思，孔子的弟子。 ④ 倡踊：领头顿足号哭。在丧礼中的踊，以顿足来表示悲哀感情。 ⑤ 申祥：子张的儿子。言思：子游的儿子，申祥妻子的兄弟。

［译文］ 曾子说："小功的丧服，不按序列亲疏之位而号哭，这是小巷里不懂礼的老百姓所行的。子思哭他的嫂子就在规定的位上，而且由妇女领头顿足号哭的。申祥哭言思也是这样。"

［原文］ 曾子谓子思曰："伋！吾执亲之丧也，水浆不入于口者七日[①]。"子思曰："先王之制礼也，过之者俯而就之[②]，不至焉者，跂而及之[③]。故君子之执亲之丧也，水浆不入于口者三日，杖而后能起[④]。"（檀弓上）

［注释］ ① 孔颖达："曾子谓子思伋，夸己居亲之丧，能行于礼……意疾时人行礼不如己也。" ② 俯：俯身，弯腰。 ③ 跂：踮脚，跳脚。 ④ 郑玄："为曾子言难继，以礼抑之。"孔颖达："若曾子之言，即后人难为继也。"

［译文］ 曾子告诉子思说："伋，我为父亲守丧，七天没喝一口水、米汤。"子思说："先王制定礼仪，就是要让做得过分的人委屈自己来迁就它，让那些做不到的人勉力来达到它。所以君子在为亲人守丧的时候，只是三天不喝水、汤，扶着丧杖才能站起来。"

［原文］ 曾子曰："小功不税[①]，则是远兄弟终无服也，而

可乎[2]？”（檀弓上）

[注释] ①税：补行服丧之礼。 ②孔颖达：“曾子怪于礼小功不着税服之事，曾子以为依礼小功之表，日月已过，不更税而追服，则是远处兄弟闻丧恒晚，终无服而可乎？言其不可也。曾子仁厚，礼虽如此，犹以为薄，故怪之。”

[译文] 曾子说：“小功的丧服，在丧期已过才听到，就不用补服丧服，那么，凡远道的从族兄弟最后就没有丧服了，这样行吗？”

[原文] 曾子曰：“丧有疾，食肉饮酒，必有草木之滋焉[1]。”以为姜桂之谓也。（檀弓上）

[注释] ①滋：滋味。郑玄：“增以香味，为其疾不嗜食。”

[译文] 曾子说：“居丧的时候如果生病了，可以吃肉喝酒，但一定要加草木的味道。”这里说的草木是指用姜桂等香料来调味。

[原文] 子夏丧其子而丧其明[1]。曾子吊之，曰：“吾闻之也，朋友丧明则哭之。”曾子哭，子夏亦哭，曰：“天乎！予之无罪也！”曾子怒曰：“商！女何无罪也？吾与女事夫子于洙、泗之间[2]，退而老于西河之上[3]，使西河之民，疑女于夫子[4]，尔罪一也；丧尔亲，使民未有闻焉[5]，尔罪二也；丧尔子，丧尔明，尔罪三也。而曰女何无罪与？”子夏投其杖而拜[6]，曰：“吾过矣！吾过矣！吾离群而索居[7]，亦已久矣。”（檀弓上）

[注释] ①子夏，孔子的弟子。姓卜，名商，字子夏，春秋卫人。 ②洙、泗：洙水、泗水。在山东泗水县。孔子住在洙、泗之间，教授弟子。 ③西河：古地区名，今山西东部黄河西岸地区。相传子夏教授于西河。 ④疑：通“拟”。孔颖达：“既不称其师，自为谈说，辨慧聪睿，绝异于人，使西河之民疑女道德与夫子相似。” ⑤闻：好名声。郑玄：“言居亲丧无异称。” ⑥郑玄：“谢之，且服罪也。” ⑦郑玄：“群谓同门朋友也。索犹散也。”

[译文] 子夏因为死了儿子而哭瞎了眼睛。曾子去慰问他，并说：“我听说过：朋友丧失了视力，就应该去为他伤心哭泣。”说着，曾子就哭

了。子夏也跟着哭了起来。子夏说："天啊！我是没有什么罪过的啊！"曾子生气地说："商！你怎么没有罪过呢？我和你曾一起在洙水和泗水之间事奉老师。老师去世后，你回到西河之上度晚年，却让西河人民以为你比得上老师，这是你的第一件罪过；过去你为父母亲守丧期间，在百姓中并没有孝的好名声，这是你的第二件罪过；现在你又因为死了儿子而哭瞎了眼睛，这是你的第三件罪过。你还要说你没有什么罪过吗？"子夏扔下手杖拜谢说："我错了！我错了！我离开同道好友，独自居住的时间也已经太久了。"

[原文] 曾子吊于负夏①，主人既祖②，填池③，推柩而反之④，降妇人而后行礼⑤。从者曰："礼与？"曾子曰："夫祖也者且也⑥。且，胡为其不可以反宿也⑦？"从者又问诸子游曰⑧："礼与？"子游曰："饭于牖下⑨，小敛于户内，大敛于阼⑩，殡于客位⑪，祖于庭，葬于墓，所以即远也⑫。故丧事有进而无退。"曾子闻之曰："多矣乎，予出祖者⑬。"（檀弓上）

[注释] ①负夏：卫地，故城在今山东兖州县西。 ②祖：古人出行以前祭祀路神，称为祖。葬礼中，在迁柩朝祖庙以后，也用祖奠为死者饯行，然后再下葬。 ③填池：撤去了祭奠的物品。郑玄："当为奠彻，声之误也。" ④推柩而反之：祖奠时柩已向外，因曾子来吊，所以将柩车推回。这是不合于礼的。 ⑤降妇人：让妇人退到阶下。孔颖达："主人荣曾子之来，乃彻去遣奠，更设祖奠。又推柩少退而返之向北，又遣妇人升堂。至明旦，妇人从堂更降，而后乃行遣车礼。" ⑥且：暂且，暂时。 ⑦胡：何。宿：旧。孔颖达："从曾子者意以为疑，问曾子云：'此是礼与？'曾子既见主人荣己，不欲指其错失，为之隐讳云：'夫祖者且也。''且'是未定之辞，祖是行始，未是实行。且去住二者皆得，既得且住，何为不可以反宿，明日乃去？" ⑧子游：姓言，名偃，字子游，孔子弟子。 ⑨饭：饭含。把珠、玉、贝、米之类放在死者口中。 ⑩敛：即殓。给尸体穿上衣服，叫小敛。入棺，叫大敛。 ⑪客位：指西阶。 ⑫即远：丧礼的过程是死者逐步远去，不能回来。

⑬孔颖达：“多犹胜也。曾子自知己说之非，闻子游之答是，故善服子游也。故言子游所说出祖之事，胜于我所说出祖也。”

［译文］

曾子到负夏吊丧，主人已经行过祖奠，撤去了祭品，见曾子来吊丧，就把柩车推回原位，让妇人退到阶下，然后行礼。随从的人问曾子说：“这合乎礼吗？”曾子回答说：“祖奠是一种暂时的程序，既然是暂时的，为什么不可以把柩车推回原位呢？”随从的人又去问子游：“这合乎礼吗？”子游回答说：“在室内窗下饭含，在室内对着门的地方小敛，在堂上主位大敛，在客位停柩，在庙前庭里祖奠，最后葬于墓，这种过程是表示死者逐渐远去不能回来了。所以丧事是有进而无退的。”曾子听了以后，说：“他说的出祖的礼，比我说的好多了。”

［原文］

曾子袭裘而吊，子游裼裘而吊①。曾子指子游而示人曰：“夫夫也②，为习于礼者，如之何其裼裘而吊也？”主人既小敛，袒，括发③。子游趋而出，袭裘带绖而入④。曾子曰：“我过矣，我过矣，夫夫是也。”（檀弓上）

［注释］

①古人穿皮衣外边加上的外衣裳，叫裼衣，然后再穿上外面的罩衣。裼裘，是敞开罩衣，露出裼衣；袭裘，是掩紧罩衣不露裼衣。 ②夫夫：此人。 ③袒：露出左臂。括发：去掉头巾用麻束发。 ④带：束上麻带。绖：扎上麻绳。《丧大记》：“吊者袭裘，加武，带绖。”郑玄：“始死，吊者朝服裼裘，如吉时也。小敛则改袭裘而加武与带绖矣。”

［译文］

曾子以袭裘的装束去吊丧，子游以裼裘的装束去吊丧。曾子指着子游给别人说：“这个人还是个熟习礼仪的人，怎么能以裼裘的装束来吊丧呢？”小敛以后，主人袒露左臂，去掉头巾，用麻束发。子游快步出去，束上麻带，扎上麻绳，然后进来。这时，曾子连忙说：“我错了，我错了，这个人做的才是对的。”

［原文］

曾子与客立于门侧，其徒趋而出。曾子曰：“尔将何之？”曰：“吾父死，将出哭于巷。”曰：“反哭于尔次①。”曾子北面而吊焉②。（檀弓上）

[注释] ①次：住的房间。 ②孔颖达："依礼，丧主西面，曾子所以北面吊者，案《士丧礼》主人西面，其宾亦在东门北面，谓同国之宾。曾子既许其哭于次，故以同国宾礼北面吊焉。"

[译文] 曾子与客人站在门旁，他的一个弟子快步而出。曾子问："你要去哪里？"弟子说："我父亲过世了，我要出去到巷里去哭我父亲。"曾子说："回到你的房间里哭去吧。"于是曾子站在宾位，面向北，向这个弟子表示吊慰。

[原文] 有子问于曾子曰[①]："问丧于夫子乎[②]？"曰："闻之矣，丧欲速贫，死欲速朽。"有子曰："是非君子之言也。"曾子曰："参也闻诸夫子也。"有子又曰："是非君子之言也。"曾子曰："参也与子游闻之。"有子曰："然。然则夫子有为言之也[③]。"曾子以斯言告于子游。子游曰："甚哉有子之言似夫子也。昔者夫子居于宋，见桓司马自为石椁[④]，三年而不成。夫子曰：'若是其靡也[⑤]，死不如速朽之愈也[⑥]。'死之欲速朽，为桓司马言之也。南宫敬叔反[⑦]，必载宝而朝。夫子曰：'若是其货也[⑧]，丧不如速贫之愈也。'丧之欲速贫，为敬叔言之也。"曾子以子游之言告于有子。有子曰："然。吾固曰非夫子之言也[⑨]。"曾子曰："子何以知之？"有子曰："夫子制于中都[⑩]，四寸之棺，五寸之椁，以斯知不欲速朽也。昔者夫子失鲁司寇，将之荆，盖先之以子夏，又申之以冉有[⑪]，以斯知不欲速贫也。"（檀弓上）

[注释] ①有子：有若，孔子弟子，春秋时晋人。 ②丧：这里指丧失官位。③有为言之：有所指而言。 ④桓司马：桓魋，宋大夫。椁：外棺。⑤靡：奢侈。 ⑥愈：好。 ⑦南宫敬叔：仲孙说，孟僖子之子，鲁大夫。反：同"返"，回。 ⑧货：爱财。 ⑨固：原本。 ⑩制：制定礼制。中都：鲁邑，在今山东汶上县西。孔子曾为中都宰。 ⑪冉有：姓冉，名求，字子有，亦称冉求。孔子弟子，春秋时鲁人。

[译文]

有子问曾子："你问过夫子失去官职后该怎么办吗？"曾子说："我听夫子说过，失去官职最好是赶快贫穷，死了最好是快点腐烂。"有子说："这可不像是君子说的话。"曾子说："这可是我听夫子说的。"有子还是说："这可不像是君子说的话。"曾子又说："这是我和子游都听到的。"有子说："是。但这话肯定是有所指的。"曾子把有子的话告诉了子游。子游说："真不简单啊，有子的话意思很像夫子。从前夫子在宋国，见桓司马为自己造石椁，三年还没完成。夫子说：'像这样奢侈的人，死了还不如赶快烂掉好。'死了最好快点烂掉，是针对桓司马说的。南宫敬叔失去官职，每次回朝，总是装载着许多财宝来谋求官职。夫子见了就说：'像这样用财宝谋求官职，还不如在丧失官职以后快点贫穷好。'失去官职不如早点贫穷的话是针对南宫敬叔说的。"曾子把子游的话告诉了有子。有子说："这就对了。我本来就说那不是夫子一般情况下说的话。"曾子说："你是怎么知道的？"有子说："夫子做中都宰时定的制度，棺要四寸厚，椁要五寸厚。由此来看，夫子不想人死了就赶快腐烂。先前夫子失去鲁国司寇的官职，要到楚国去，先派子夏联系，再派冉有去打点，由此看来，夫子也不想失去官职后就快点贫穷。"

[原文]

仲宪言于曾子曰[①]："夏后氏用明器，示民无知也[②]；殷人用祭器，示民有知也[③]；周人兼用之，示民疑也[④]。"曾子曰："其不然乎！其不然乎！夫明器，鬼器也[⑤]；祭器，人器也[⑥]。夫古之人胡为而死其亲乎[⑦]？"（檀弓上）

[注释]

① 仲宪：原宪，姓原，名宪，字子思，亦称原思。鲁人，孔子弟子。 ② 孔颖达："其言夏后氏所以别作明器送亡人者，言亡人无知，故以不堪用之器送之，表示其无知也。" ③ 孔颖达："宪又言殷家不别作明器，而即用祭祀之器送亡人者，祭器堪为人用，以言亡者有知，与人同，故以有用之器送之，表示其有知也。" ④ 疑：指对死者有知还是无知疑惑不定。 ⑤ 鬼器：专为死者所用。 ⑥ 人器：人平时所用。 ⑦ 胡：何。孔颖达："'古'谓夏时也，言古人虽质，何容死其亲乎？若是无知，则是死之义也。"

［译文］ 仲宪对曾子说："夏代陪葬器物是专为死者准备的不能使用的明器，表示人民认为死者是无知的；殷代用人们平时使用的祭器，表示人民认为死者是有知的；周代是两者兼用，表示人民对这个问题疑惑不定。"曾子说："不可能吧！不可能吧！明器是专为死者所用，祭器是人们平时使用的。古人怎么会忍心认定死去的亲人是无知觉的呢？"

［原文］ 曾子曰："尸未设饰①，故帷堂②，小敛而撤帷。"仲梁子曰③："夫妇方乱，故帷堂，小敛而撤帷。"小敛之奠④，子游曰："于东方。"曾子曰："于西方。敛斯席矣⑤。"小敛之奠在西方，鲁礼之末失也⑥。（檀弓上）

［注释］ ①设饰：指沐浴、穿衣、修饰。 ②帷堂：堂上设帷堂以遮挡。 ③仲梁子：春秋时鲁人。 ④小敛时供奉的酒食。 ⑤敛斯席：小敛完了后供奉的酒食才放在席上。 ⑥《士丧礼》："小敛之奠，设于尸东。"孔颖达："小敛奠所以在西方，是鲁人行礼，末世失其法也。"

［译文］ 曾子说："人刚死，尸体没穿衣服，所以在灵堂上设置帷，小敛之后就撤去帷。"仲梁子说："人刚死，丧主夫妇正忙乱，所以在灵堂上设置帷，小敛之后就撤去帷。"对于小敛的祭奠，子游和曾子意见不同。子游说："应在东方设奠。"曾子说："应该在西方设奠，而且应设席。"曾子说的小敛的祭奠在西方，这是鲁国末世礼节上的失误。

［原文］ 宋襄公葬其夫人①，醯醢百瓮②。曾子曰："既曰明器矣，而又实之③。"（檀弓上）

［注释］ ①宋襄公：姓子，名兹父，春秋时宋国国君，为春秋五霸之一。 ②醯：醋。醢：酱。 ③郑玄："言名之为明器，而与祭器皆实之，是乱鬼器与人器。"孔颖达："曾子不讥器之多，但讥其实为非也。言既曰神明之器，当虚也。故讥云'而又实之'也。言名之为明器，而与祭器皆实之，是乱鬼器与人器也。"

［译文］ 宋襄公给夫人下葬时，陪葬的醋、酱有一百瓮。曾子说："陪葬

的器物既叫明器，却又装上了实物。”

[原文] 读赗①，曾子曰：“非古也②，是再告也③。”（檀弓上）

[注释] ①赗：送葬时把亲友送的物品登记在册，灵车将行时，司仪给死者再读一遍，叫读赗。 ②非古：不是古时的礼制。 ③再告：因宾客在吊丧时已登记并读过一遍，所以这次是再告。吴澄：“凡所赗之物，书之于方，及次日遣奠毕，包牲行器之后，主人之史读赗，若欲使人一一知之。前既致命，今又读之，是再告于神也。盖古者但有赗时致命之理，无后来再读之理。故曾子以为非古。”

[译文] 在灵车将行时，司仪读登记亲朋好友吊丧时送来的物品的册子，曾子说：“这不是古礼，这是第二次告诉死者了。”

[原文] 子张死，曾子有母之丧，齐衰而往哭之①。或曰：“齐衰不以吊②。”曾子曰：“我吊也与哉③？”（檀弓下）

[注释] ①齐衰：丧服的一种。 ②孔颖达：“言曾子与子张无服，不应往哭，故或人非之也。”《礼记·杂记》：“三年之丧，虽功衰不吊，如有服而将往哭之，则服其服而往。” ③郑玄：“于朋友哀痛甚而往哭之，非若凡吊。”

[译文] 子张死的时候，曾子正好有母丧在身，于是就穿着丧服去哭子张。有人说：“有丧服在身，就不必去吊丧。”曾子说：“难道我是去吊丧吗？”

[原文] 曾子曰：“晏子可谓知礼也已①，恭敬之有焉。”有若曰：“晏子一狐裘三十年，遣车一乘②，及墓而反。国君七个③，遣车七乘；大夫五个，遣车五乘。晏子焉知礼？”曾子曰：“国无道，君子耻盈礼焉④。国侈则示之以俭，国俭则示之以礼⑤。”（檀弓下）

[注释] ①晏子：名婴，字平仲，春秋时齐人，齐景公时为相。 ②遣车：送葬时载牲体的车。郑玄：“人臣赐车马者，乃得有遣车。遣车之差，大夫五，

诸侯七，则天子九。”孔颖达：“其父晏桓子是大夫，大夫遣车五乘，其葬父唯用一乘，又是俭失礼也。” ③郑玄：“‘个’谓所包遣奠牲体之数也。” ④盈：满足。 ⑤郑玄：“时齐方奢，矫之是也。”吴澄：“曾子言礼之本，故以其恭敬而谓之知礼。有子言礼之文，故以其俭不中礼而谓之焉知礼。二子之言皆是也。然曾子前云恭敬则许其知礼，后云示俭则不许其为礼。曾子之言未尝偏也。”

［译文］ 曾子说：“晏子可以说是很懂礼了，处事非常恭敬。”有若说：“晏子一件狐裘穿三十年，送葬只用遣车一辆，下完葬就返回。依礼，国君用牲体七件，用遣车七辆；大夫用牲体五件，用遣车五辆。晏子怎能算是知礼呢？”曾子说：“国家无道，君子以满礼为耻。国家风俗侈，就要向国人显示节俭；国家风俗俭，就要向国人显示必要的礼节。”

［原文］ 哀公使人吊蕢尚①，遇诸道，辟于路，画宫而受吊焉②。曾子曰：“蕢尚不如杞梁之妻之知礼也③。齐庄公袭莒于夺，杞梁死焉。鲁襄二十二年‘齐侯袭莒’是也。其妻迎其柩于路而哭之哀，庄公使人吊之。对曰：‘君之臣不免于罪，则将肆诸市朝④，而妻妾执。君之臣免于罪，则有先人之敝庐在，君无所辱命⑤。’”（檀弓下）

［注释］ ①蕢尚：鲁国的一个士人。 ②郑玄：“画宫，画地为宫象。” ③杞梁：春秋时齐国大夫。 ④郑玄：“肆，陈尸也。大夫以上于朝，士以下于市。” ⑤郑玄：“无所辱命，辞不受也。”

［译文］ 蕢尚出葬亲人，鲁哀公派人去吊丧，在半道上碰着了，蕢尚就让开道，在地上画了一个殡宫图，然后就位接受慰问。曾子说：“蕢尚的这种作法，还不如杞梁之妻懂礼呢。齐庄公派人从狭路袭击莒国，杞梁死于战场。就是鲁襄公二十二年‘齐侯袭莒’这件事。他的妻子在路上迎接他的灵柩，哭得十分悲伤。齐庄公派人去吊唁，她说：‘如果君的臣子杞梁有罪，就应该在市朝陈尸示众，把他的妻妾也抓起来。如果君的臣子杞梁无罪，那么我们还有一所先人留下的破宅院，在那里举行吊礼。像现在这样在半道上吊丧，我可不敢接受。’”

[原文] 齐大饥，黔敖为食于路，以待饿者而食之。有饿者蒙袂辑屦[①]，贸贸然来[②]。黔敖左奉食，右执饮，曰："嗟来食[③]！"扬其目而视之，曰："予唯不食嗟来之食，以至于斯也[④]。"从而谢焉[⑤]，终不食而死。曾子闻之，曰："微与！其嗟也可去，其谢也可食[⑥]。"（檀弓下　又见《新序·节士》）

[注释] ①蒙袂：以衣袖蒙面。辑屦：拖着鞋。　②贸贸然：昏昏沉沉的样子。郑玄："贸贸，目不明之貌。"　③郑玄："嗟来食，虽闵而呼之，非敬辞。"　④斯：此。　⑤谢：道歉。　⑥孔颖达："微，无也；与，语助。言饿者无得如是与。初时无礼之嗟也，可怒之而去。其终有礼之谢也，可反回而食。"

[译文] 齐国遭遇严重的饥荒，黔敖在路边准备了救济的饮食，等饥民路过时，给他们吃。有个饥民以衣袖遮面，拖着鞋，昏昏沉沉地走过来。黔敖左手拿着吃的，右手拿着喝的，喊道："嗨，吃吧！"这位饥民抬眼看着他说："我就是因为不吃你这种口气的饭，才到这种地步。"黔敖连忙道歉，他还是不肯吃，最后饿死了。曾子听说后，就说："这恐怕不该吧，人家口气不好，可以走开，人家道歉了，那就应该吃了。"

[原文] 季孙之母死，哀公吊焉。曾子与子贡吊焉，阍人为君在[①]，弗内也[②]。曾子与子贡入于其厩而修容焉。子贡先入，阍人曰："乡者已告矣[③]。"曾子后入，阍人辟之[④]。涉内溜[⑤]，卿大夫皆辟位，公降一等而揖之[⑥]。君子言之曰："尽饰之道，斯其行者远矣[⑦]。"（檀弓下）

[注释] ①阍人：守门人。　②内：通"纳"。　③乡：刚才。　④辟：通避。　⑤溜：檐。　⑥孔颖达："二子既入涉至内溜，卿与大夫皆逡巡辟位，公于堂上降阶一等，揖而礼之。"　⑦孔颖达："于时君子以二子盛饰备礼，遂美之云，凡人尽其容饰，则被崇礼。……所以可久远者，以二子初时不具衣服，则阍人拒之。二子退而修容，阍人虽是愚鄙，犹知敬畏，明其不愚之人，则敬畏可知。是其尽饰之道，行之可长远矣。"

[译文] 鲁国的权臣季孙的母亲死了，鲁哀公前去吊丧。曾子和子贡也去吊丧，守门人因国君在内，没让他俩进去。曾子和子贡就到马厩中修饰了衣冠仪容。子贡走在前面，守门人说："刚才已经通报过了。"曾子随后，守门人让开了。走到寝门檐下，卿大夫都离开原位，鲁哀公从堂上走下一级台阶向二人行礼。明礼的君子说："修饰仪容有这样的作用，其做法一定会行之久远了。"

[原文] 曾子问曰："君薨而世子生①，如之何？"孔子曰："卿、大夫、士从摄主②，北面于西阶南。大祝裨冕③，执束帛④，升自西阶，尽等⑤，不升堂，命毋哭。祝声三，告曰：'某之子生⑥，敢告。'升，奠币于殡东几上，哭，降。众主人、卿、大夫、士、房中⑦，皆哭，不踊。尽一哀，反位，遂朝奠⑧。小宰升，举币⑨。三日，众主人、卿、大夫、士，如初位，北面。大宰、大宗、大祝皆裨冕。少师奉子以衰⑩，祝先，子从，宰、宗人从。入门，哭者止。子升自西阶，殡前北面，祝立于殡东南隅。祝声三，曰：'某之子某，从执事敢见。'子拜稽颡⑪，哭。祝、宰、宗人、众主人、卿、大夫、士，哭踊三者三⑫。降，东反位，皆袒。子踊，房中亦踊，三者三。袭衰，杖，奠。出，大宰命祝史，以名遍告五祀山川⑬。"（曾子问）

[注释] ①世子：继承君位的嫡长子。 ②摄主：代理主持丧事的人。古时丧事一般由死者的嫡长子主持，如无嫡长子，就请他人代理，叫作摄主。 ③大：通太。下同。裨冕：祭祀所用服、冠。 ④束帛：祭祀时供神的五匹丝绸。 ⑤等：台阶。 ⑥某：指国君夫人某氏。 ⑦众主人：死者的亲属。房中：指房中的妇女。 ⑧朝奠：早晨供奉。 ⑨郑玄："所主也，举而下，埋之阶间。"孔颖达："所以小宰举币，币是小宰所主……必知埋之阶间者，下文云'师行主命，反必告，设奠卒，敛币玉，藏诸两阶之间'，故知此币亦埋之阶间也。" ⑩少师：世子的老师。衰：孝服。 ⑪稽颡：叩头至地。 ⑫哭踊三者三：三哭三踊的动作重复三遍。踊：顿足。 ⑬五祀：即指宗

庙社稷诸神。

[译文] 曾子问道："国君去世后，灵柩停殡待葬，期间世子出生了，怎么办？"孔子说："世子出生的那天，卿、大夫、士都跟着摄主到殡宫，南朝北，站在西阶的南面。太祝身穿裨冕，双手端着束帛，从西阶走上最高一级，但不迈进堂内，让大家停止哭泣，然后向灵柩长喊三声，报告说：'夫人某氏已生世子，谨向您禀告。'说完走上堂去，把束帛放在灵柩东面的供几上，哭一阵，然后下堂。众主人、卿、大夫、士以及房中的妇女都一齐哭，但不跺脚。大家哭泣一阵，然后都回到平常朝夕哭丧的位置。于是举行朝奠。礼毕，小宰走上堂，把供几上的束帛等供物拿起来埋在东西两阶之间。第三天，众主人和卿、大夫、士又再次到殡宫，站在前天站的位置，面向北。太宰、太宗和太祝仍穿裨冕，少师抱着用孝服包着的世子。太祝走在最前面，少师抱着世子跟从太祝，太宰和太宗跟在后面。进门后，众人停止哭泣，少师抱着世子从西阶登堂，走到灵柩前，向北而立。太祝站在灵柩的东南角，向灵柩长喊三声报告说：'夫人某氏所生世子叫某，由执事陪同前来拜见。'少师抱着世子向灵柩稽颡再拜，并哭泣。太祝、太宰、宗人、众主人和卿、大夫、士也跟着哭泣跺脚，三哭三跺脚，如此重复三次。少师抱着世子下堂，回到东面的原来位置上。众人都袒露左臂。少师抱着世子跺脚时，房中的妇女也跟着跺脚，都是三哭三跺脚，重复三次。接着给世子披上孝服，少师替世子拄着哭丧棒，举行朝奠。礼毕退出，太宰命令祝和史，把世子的名字遍告五祀及山川诸神。"

[原文] 曾子问曰："如已葬而世子生，则如之何？"孔子曰："大宰、大宗从大祝而告于祢①。三月，乃名于祢，以名遍告及社稷宗庙山川②。"（曾子问）

[注释] ①祢：指已故国君的神主。孔颖达："祢，父殡宫之主也。既葬讫，殡无尸柩，唯有主在，故告于主，渐神事之故也。" ②孔颖达："既葬而世子生，三月而名，葬后三月，于礼已祔庙，故告可及庙。庙与社稷相连，不得不告社稷。"

[译文] 曾子问道："如果国君的灵柩已入葬而世子出生。怎么办？"孔

子答道："太宰、太宗跟着太祝到殡宫向死者的神主禀告。过三个月，再去拜见神主，并给世子取名，然后把世子的名字遍告社稷、宗庙及山川诸神。"

[原文] 曾子问曰："并有丧[①]，如之何？何先何后？"孔子曰："葬，先轻而后重[②]；其奠也[③]，先重而后轻，礼也。自启及葬，不奠，行葬，不哀次[④]；反葬奠，而后辞于殡[⑤]，遂修葬事。其虞也，先重而后轻，礼也。"（曾子问）

[注释] ①郑玄："并，谓父母若亲同者同月死。" ②轻重：亲者恩重，疏者恩轻。 ③奠：祭奠。 ④不哀次：指不在大门外举行踊袭受吊的仪式。 ⑤郑玄："殡当为'宾'，声之误也。辞于宾，谓告将葬启期也。"

[译文] 曾子问道："如果同时遇到两个亲人的丧事，怎么办呢？谁先谁后呢？"孔子说："葬事，以恩轻者在先，恩重者在后；祭奠，祭恩重者在先，祭恩轻者在后。这样才符合礼制。先葬恩轻者，从启殡到入葬之间不设奠，灵柩出门，不在门外举行踊袭受吊仪式。葬毕回来后，设奠，择定恩重者的殡期，并告知宾客，然后为恩重者举行葬礼。葬后的虞祭，必须先祭恩重者，后祭恩轻者，这样才符合礼制。"

[原文] 曾子问曰："将冠子，冠者至[①]，揖让而入，闻齐衰、大功之丧[②]，如之何？"孔子曰："内丧则废[③]，外丧则冠而不醴[④]，彻馔而扫[⑤]，即位而哭。如冠者未至，则废。如将冠子而未及期日，而有齐衰、大功、小功之丧[⑥]，则因丧服而冠[⑦]。""除丧不改冠乎？"孔子曰："天子赐诸侯、大夫冕弁服于大庙[⑧]，归设奠，服赐服，于斯乎有冠醮[⑨]，无冠醴。父没而冠，则已冠，扫地而祭于祢，已祭而见伯父、叔父，而后飨冠者。"（曾子问）

[注释] ①冠者：指参加冠礼的宾客。 ②齐衰：丧服五服之一，服期有三年者，父卒为母；有一年者，父在为母，为祖父母、妻、兄弟；有五月者，为曾祖父母；

有三月者，为高祖父母。大功：五服之一。服期九月，为堂兄弟等。 ③内丧：同族亲属之丧。同族则同庙，吉礼与凶礼不可混杂。 ④外丧：族外的亲属之丧。醴：冠礼三加之后用醴酒庆贺新加冠的人。孔颖达："但平常吉时，三加之后，设醴以礼冠者之身。今既有丧，故直三加而已，不醴之。" ⑤彻：通"撤"。馔：陈设的物品器具。 ⑥小功：五服之一。服期五月，为父之叔伯父母等。 ⑦因丧服而冠：就服丧而加丧冠。郑玄："废吉礼而因丧冠，俱成人之服。"孔颖达："吉冠是吉时成人之服，丧冠是丧时成人之服。今既有凶，废吉礼而因丧冠，故云俱成人之服也。" ⑧此指诸侯大夫未冠而嗣位，天子赐以冠服。 ⑨冠醮：冠礼三加，每加之后酌清酒敬新加冠的人。

[译文]

曾子问道："将要为儿子举行加冠礼。参加冠礼的宾客都已经到来，并且已把他们请到行礼的家庙中，这时突然遇到有齐衰或大功丧服关系的亲属的丧事，怎么办呢？"孔子说："如果死者是与自己同一宗庙的族亲，那就废止加冠礼；如果不是同一宗庙的族亲，那就继续行加冠礼。但是要省去用醴酒祝贺新加冠人的仪节，礼毕把陈设的物品器具都收走，再把庙中打扫一下。然后站到相应的位置上为死者哭泣。假如参加冠礼的宾客还没有来，那就废止加冠礼。假如将要为儿子举行加冠礼，但还没有到选定的日子，却遇到齐衰或大功或小功丧服关系的丧事，那就要给加冠的儿子穿戴丧服，到时给他加丧冠就行了。"曾子又问道："加丧冠的人在除丧之后是否要补行加冠礼呢？"孔子说："天子在太庙赐给未冠的诸侯、大夫冕服、弁服，诸侯、大夫回到家庙设奠祭告祖宗，然后就穿戴起受赐的冠服。在那样的情况下也只用清酒宴宾，而不用醴酒，这样说，因丧而冠的青年，丧期结束，似乎不必补行冠礼。父亲已不在世而自行加冠礼的，要在冠礼三加之后撤除行礼器物，打扫庙堂，改行祭告父庙之礼。祭后去拜见伯父、叔父，然后再设宴酬谢参加冠礼的宾客。"

[原文]

曾子问曰："祭，如之何则不行旅酬之事矣[①]？"孔子曰："闻之。小祥者，主人练祭而不旅[②]，奠酬于宾，宾弗举[③]，礼也。昔者，鲁昭公练而举酬行旅，非礼也。

孝公大祥④，奠酬弗举，亦非礼也。”（曾子问）

［注释］ ①旅酬：古代宴饮时，依尊卑和长幼次序递相劝酒。尊酬卑，长酬幼。②小祥：服丧满一年时的祭祀。因祭时可服练冠练服，故又称练祭。　③奠酬：主人回敬宾的酒，宾接过杯子便放下来，不把酒喝掉，过一会儿用这杯酒向地位较低的宾劝酒，叫奠酬。　④大祥：服丧满二年时的祭祀。祭后除丧，所以可以旅酬。

［译文］ 曾子问道：“祭祀在什么情况下才不行‘旅酬’礼呢？”孔子说：“听说小祥的时候，主人服练冠练服祭祀死者，不应行旅酬，主人回敬宾的酒，宾接过就放下，不举起来劝别人这是合乎礼制的。从前，鲁昭公练祭的时候行旅酬，这是不合礼制的。鲁孝公在大祥时不举杯旅酬，这也不合礼制。”

［原文］ 曾子问曰：“大功之丧，可以与于馈奠之事乎①？”孔子曰：“岂大功耳！自斩衰以下皆可，礼也。”曾子曰：“不以轻服而重相为乎②？”孔子曰：“非此之谓也。天子、诸侯之丧，斩衰者奠；大夫，齐衰者奠；士，则朋友奠。不足，则取于大功以下者；不足，则反之③。”曾子问曰：“小功可以与于祭乎？”孔子曰：“何必小功耳！自斩衰以下与祭，礼也。”曾子曰：“不以轻丧而重祭乎④？”孔子曰：“天子、诸侯之丧祭也，不斩衰者不与祭；大夫，齐衰者与祭；士祭，不足则取于兄弟大功以下者。”曾子问曰：“相识，有丧服可以与于祭乎⑤？”孔子曰：“缌不祭⑥，又何助于人？”曾子问曰：“废丧服⑦，可以与于馈奠之事乎？”孔子曰：“说衰与奠⑧，非礼也，以摈相可也⑨。”（曾子问）

［注释］ ①馈奠：灵柩在殡宫时的祭奠。　②郑玄：“怪以重服而为人执事。”　③反之：一人往返多次。　④郑玄：“怪使重者执事。”⑤郑玄：“问己有丧服，可以助所识者祭否。”　⑥缌：丧服中最轻的一等。孔颖达：“言身有缌服，尚不得祭己家宗庙，何得助于他人祭乎？”　⑦郑

玄："谓新除丧服也。" ⑧说：通"脱"。脱衰，指除丧。 ⑨摈相：协助别人祭奠，任赞礼之职。

[译文] 曾子问道："自己有大功丧服，可以参加别人丧礼的祭奠吗？"孔子说："岂止大功可以！从斩衰以下都可以，这样做是合乎礼的。"曾子又问："这不是轻视自己的丧服而重视别人的祭奠吗？"孔子说："不能这样说。比如天子、诸侯死了，服斩衰的臣下要参加祭奠；大夫死了，服齐衰的家臣要参加祭奠；士死了，服大功的朋友要参加祭奠。如果人数不够，才由服大功以下丧服的人补足；如果还不够，就让每个人多跑几趟。"曾子问道："有小功丧服的人可以参加丧礼祭祀吗？"孔子回答说："岂止小功，从斩衰以下都参加祭祀，这才合乎礼。"曾子又问："这不是轻视丧服而重视祭祀吗？"孔子说："天子、诸侯的丧祭，不是斩衰丧服的人还没资格参加呢；大夫的祭祀，只有服齐衰的人才能参加；士的祭祀，只有人数不足时，才让兄弟大功以下的人参加。"曾子问道："自己有丧服在身，相识的人家有祭祀之礼，可以参加吗？"孔子回答说："只要有丧服，哪怕是最轻的缌麻丧服，都不能去祭祀自己的宗庙，又怎么能去帮助别人祭祀呢？"曾子又问道："除去丧服后，可以参加别人丧礼的祭奠吗？"孔子说："刚除丧服就去参加别人的丧奠，这是不合礼的，但去当个傧相还是可以的。"

[原文] 曾子曰："昏礼既纳币①，有吉日②，女之父母死，则如之何？"孔子曰："婿使人吊。如婿之父母死，则女之家亦使人吊。父丧称父③，母丧称母；父母不在，则称伯父世母。婿，已葬，婿之伯父致命女氏，曰：'某之子有父母之丧，不得嗣为兄弟④，使某致命。'女氏许诺而弗敢嫁，礼也。婿免丧，女之父母使人请，婿弗取而后嫁之⑤，礼也。女之父母死，婿亦如之⑥。"（曾子问）

[注释] ①纳币：古代的婚礼六礼之一，就是送聘礼。 ②有吉日：已确定了结婚的日期。 ③称父：用父亲的名义去吊丧。 ④嗣为兄弟：两姓结

为婚姻。 ⑤取：通娶。 ⑥如之：依此而行。

［译文］ 曾子问道："婚礼已经进行到送过聘礼，又定了迎娶的日期，女方的父或母死了，该怎么办呢？"孔子回答说："男方要派人去吊丧。假如男方的父或母死了，女方也要派人吊丧。如果是对方的父亲死，另一方就以父亲的名义吊丧；如果是对方的母亲死了，另一方就以母亲的名义吊丧。如果另一方的父母已亡，就用伯父伯母的名义吊丧。男方在死者埋葬之后，由男方的伯父出面向女方致意，说：'某人的儿子因为有父（或母）的丧服在身，现在不能和您家结亲，特地派我来说明。'女家同意，但不把女儿另嫁他人，这才是符合礼的。到了男方除丧以后，女方的父母请人重提婚事。如果男方不准备娶过去了，女家便把女儿另嫁他人，这也是符合礼的。如果女方的父或母死亡，男方也要这样。"

［原文］ 曾子问曰："亲迎，女在涂[①]，而婿之父母死，如之何？"孔子曰："女改服布深衣[②]，缟总以趋丧[③]。女在涂，而女之父母死，则女反。""如婿亲迎，女未至，而有齐衰、大功之丧，则如之何？"孔子曰："男不入，改服于外次[④]；女入，改服于内次，然后即位而哭。"曾子问曰："除丧则不复昏礼乎？"孔子曰："祭，过时不祭，礼也，又何反于初[⑤]？"（曾子问）

［注释］ ①涂：同途。 ②深衣：这里指又深又长的麻布衣。 ③缟总：用白色绢或布带子束发。 ④次：临时搭起帐篷。外次在大门外，内次在大门内。 ⑤孔颖达："过时不祭，谓四时常祭也。谓祭重而昏轻，重者过时尚废，轻者不复可知。"

［译文］ 曾子问道："结婚的那天，新郎前来迎娶，新娘也在路上了，突然接到新郎的父亲或母亲的讣告，怎么办呢？"孔子说："新娘就脱去婚装改穿深衣去吊丧。如果新娘在半路上听到自己父母的讣告，就返回娘家。"曾子又问："假如新郎迎娶新娘，新娘尚未到家，而新郎有齐衰或大功的亲属之丧，该怎么办呢？"孔子说："新郎不入大门，

在外次换上丧服；新娘则进入大门，在内次换上丧服；然后到各自的位上哀哭。”曾子问道：“这样的情况到除丧后是否要重新举行婚礼呢？”孔子说：“祭礼，过了日期就不再补祭，这是礼所规定的，婚礼轻于祭礼，为什么要补办呢？”

［原文］

孔子曰：“嫁女之家，三夜不息烛，思相离也。取妇之家，三日不举乐，思嗣亲也①。三月而庙见②，称来妇也。择日而祭于祢，成妇之义也。”曾子问曰：“女未庙见而死，则如之何？”孔子曰：“不迁于祖③，不祔于皇姑④，婿不杖，不菲，不次⑤，归葬于女氏之党，示未成妇也。”曾子问曰：“取女，有吉日而女死，如之何？”孔子曰：“婿齐衰而吊，既葬而除之。夫死亦如之。”（曾子问）

［注释］

① 孔颖达：“所以不举乐者，思念己之取妻嗣续其亲，则是亲之代谢，所以悲哀感伤，重世之改变也。” ② 庙见：此指男方父母已亡，新娘婚后三月择日到庙里拜见已亡公婆的神主，这样才算正式成为媳妇。 ③ 不迁于祖：不把灵柩移到祖庙中见祖宗。 ④ 祔：排列神主。皇姑：丈夫的祖母。 ⑤ 菲：服孝所穿的草鞋。次：居丧庐。

［译文］

孔子说：“嫁女的人家，前三夜不熄烛，是因为想到女儿就要离别了。娶媳妇的人家前三天不动用乐器，是因为想到接续后代的责任。男方在父母死后成亲的，结婚三个月后，新娘要到庙中拜见公婆的亡灵，祭告时新娘称‘来妇’。选取吉日祭告父庙的意义，是表示正式成为这家的媳妇。”曾子问道：“如果新娘未行庙见礼就死了，怎么办呢？”孔子说：“她的灵柩不能移到男方祖庙中去朝见祖宗，她的神主也不能放在皇姑的后面，丈夫也不必为她执丧杖、穿丧鞋、居丧庐。把她归葬在娘家的墓地，表示她没有成为男方家的媳妇。”曾子问道：“已经选好迎娶的日期，而女的死了，怎么办呢？”孔子说：“男的要服齐衰丧服去吊丧，等到她下葬之后就可除去丧服。如果有吉日之后男的死了，女的也应如此。”

［原文］

曾子问曰："丧有二孤[①]，庙有二主[②]，礼与？"孔子曰："天无二日，土无二王，尝禘郊社，尊无二上[③]，未知其为礼也。昔者齐桓公亟举兵，作伪主以行[④]。及反，藏诸祖庙。庙有二主，自桓公始也。丧之二孤，则昔者卫灵公适鲁，遭季桓子之丧[⑤]，卫君请吊，哀公辞不得命。公为主，客入吊，康子立于门右，北面；公揖让，升自东阶，西向；客升自西阶，吊。公拜，兴，哭；康子拜稽颡于位[⑥]，有司弗辩也[⑦]。今之二孤，自季康子之过也[⑧]。"（曾子问）

［注释］

①孤：丧主。 ②二主：庙中为一个人立两个神主。 ③尝禘：祭祖宗。郊：祭众天神。社，祭众地神。 ④亟：屡次。古时征伐，必载庙主同行。郑玄："伪犹假也。举兵以迁庙主行，无则主命。为假主，非也。" ⑤季桓子：鲁国的大夫，名斯，季康子的父亲。此与《左传》记载不符。 ⑥古有"诸侯吊于异国之臣，则其君为主"的礼制。卫灵公吊季桓子，应由鲁哀公作丧主，这里季康子也行稽颡的礼回拜，就成了有两个丧主。 ⑦郑玄："辩犹正也。" ⑧过：违礼。

［译文］

曾子问道："同一丧事有两个丧主，同一人庙中有两个神主，符合礼制规定吗？"孔子说："天上没有两个太阳，地上没有两个天子，尝禘郊社所祭祀的祖先鬼神，也只有一个是最尊贵的（祭祖以太祖为最尊，祭天以上帝为最尊，祭社以后土为最尊），我没听说你说的是合礼的。从前齐桓公经常出兵征伐，做了个假神主带着同行。到了征伐回来以后，也把它供在祖庙中。一庙之中有两个神主，是从齐桓公开始的。至于丧事有二主的由来，那是先前卫灵公到鲁国来，正好遇上鲁国大夫季桓子的丧事，卫灵公要吊丧，鲁哀公推辞不了。于是鲁哀公做丧主，卫灵公做客人吊丧。季桓子的儿子季康子站在大门西面，面向北；哀公揖请客人升堂，自己从东阶上升堂，面向西站立；客人从西阶升堂吊丧，哀公拜客人后，站起来哭泣，而季康子也站在自己的位置上向客人行稽颡礼回拜，当时掌管礼仪的官员也没加纠正。现在丧事有两个丧主，是从季康子那次错误开始的。"

[原文]

曾子问曰："古者师行，必以迁庙主行乎[①]？"孔子曰："天子巡守，以迁庙主行，载于齐车[②]，言必有尊也。今也，取七庙之主以行，则失之矣。当七庙五庙无虚主。虚主者，唯天子崩，诸侯薨与去其国，与祫祭于祖，为无主耳。吾闻诸老聃曰[③]，天子崩，国君薨，则祝取群庙之主而藏诸祖庙[④]，礼也。卒哭成事，而后主各反其庙。君去其国，大宰取群庙之主以从，礼也。祫祭于祖，则祝迎四庙之主[⑤]。主出庙入庙必跸[⑥]，老聃云。"曾子问曰："古者师行，无迁主[⑦]，则何主？"孔子曰："主命[⑧]。"问曰："何谓也？"孔子曰："天子、诸侯将出，必以币帛皮圭告于祖祢，遂奉以出，载于齐车以行。每舍，奠焉而后就舍[⑨]。反必告，设奠，卒，敛币玉，藏诸两阶之间，乃出。盖贵命也。"（曾子问）

[注释]

①迁庙主：太祖庙中最近迁入的神主。天子诸侯只有高祖以下有庙。高祖以上的祖先逐渐迁入太祖庙。所谓迁庙就是无庙。 ②齐通"斋"。斋车：载迁主之车。 ③老聃：即老子。 ④郑玄："藏诸主于祖庙，象有凶事者聚也。" ⑤孔颖达："祫，合祭。祖，大祖。三年一祫，谓当祫之年，则祝迎高、曾、祖、祢四庙，而于大祖庙祭之。天子祫祭，则迎六庙之主，今言迎四庙者，举诸侯言也。" ⑥跸：戒严，禁止通行。 ⑦无迁主：没有迁庙之主。指建国不到五世的诸侯，每个祖先都有庙。 ⑧孔颖达："孔子言天子诸侯将出，既无迁主，乃以币帛及皮圭告于祖祢之庙，遂奉以出行，载于齐车，以象受命，故云主命。" ⑨孔颖达："每至停舍之处，先以脯醢奠此币帛皮圭，而后始就停舍之处。"

[译文]

曾子问道："古代天子诸侯出师，必定带着迁庙主同行吗？"孔子说："天子出外巡守，把迁庙主装在斋车上带着同行，表示有所尊崇。而现在把七个庙主全部带着外出征伐，这就错了。天子七庙，诸侯五庙，不该空着没有神主。庙中没有神主的情况，只有在天子驾崩的时候，诸侯死亡或被迫离开自己国家的时候，在太祖庙中合祭群庙神主的时候，才会出现。我听老聃说过：'天子驾崩，诸侯死亡，太祝把各庙的神主都集中到太祖庙中，这是礼的规定。等到下葬后举行了卒哭的祭祀，又把各庙神主送回各自庙中。诸侯离开本国，由太宰带着各庙神主跟随同行，这也是礼的规定。在太祖庙中合祭祖先，就让太祝到父庙、祖庙、曾祖庙、高祖庙去迎请神主。神主出庙入庙时，必须道路戒严，禁止闲人通行。'这都是老聃说的。"曾子接着问："古代诸侯出师，如果没有迁庙主，用哪一个神主呢？"孔子说："那就不用神主而用神主的命令。"曾子问："什么是神主的命令呢？"孔子说："天子、诸侯将要出征，必须用币帛皮圭等礼物祭告祖庙、父庙，祭告完毕，就捧着这些币玉出来，装载在斋车上同行。每到一个地方，都要祭奠这些币玉之后才休息。回来的时候也要告祭，祭奠完毕，把那些币玉埋在东西两台阶之间，然后才出来。这样做大概就是尊重祖先的命令吧！"

［原文］ 曾子问曰："诸侯旅见天子[①]，入门不得终礼，废者几？"孔子曰："四。"请问之。曰："大庙火，日食，后之丧，雨沾服失容，则废。如诸侯皆在而日食，则从天子救日，各以其方色与其兵[②]。大庙火，则从天子救火，不以方色与兵。"曾子问曰："诸侯相见，揖让入门，不得终礼，废者几？"孔子曰："六。"请问之。曰："天子崩，大庙火，日食，后、夫人之丧[③]，雨沾服失容，则废。"（曾子问）

［注释］ ①旅见：众诸侯一同朝见。 ②各以其方色：穿着自己国家所在方位颜色的衣服。东方为青，南方为赤，西方为白，北方为黑，中央为黄。兵：武器。东方用戟，南方用矛，西方用弩，北方用楯，中央用鼓。 ③后：指天子的夫人。夫人：诸侯的夫人。

［译文］ 曾子问道："众多诸侯一同朝见天子，已经进入太庙的门，但礼仪进行不完，中途而废的情况有几种？"孔子说："四种。"曾子请教是哪四种。孔子说："太庙失火，出现日食，王后死亡，大雨淋湿衣服不能保持仪容，这四种情况都可以停止行礼。如果诸侯都来朝见

天子而遇到日食，那就跟从天子去救日，诸侯们要穿上自己国家所在方位的颜色的衣服，拿着相应方位的兵器。如果是太庙失火，就跟着天子去救火，对衣服颜色和兵器没有要求。”曾子又问：“诸侯相见，互相礼让进入太庙门，但礼仪进行不完，中途而废的有几种情况？”孔子说：“六种。”曾子请教是哪六种。孔子说：“天子崩驾，太庙失火，出现日食，王后或诸侯的夫人突然死亡，大雨淋湿衣服不能保持仪容，遇到这六种情况就中止行礼。”

[原文] 曾子问曰：“天子尝、禘、郊、社、五祀之祭①，簠簋既陈②，天子崩，后之丧，如之何？”孔子曰：“废。”曾子问曰：“当祭而日食，大庙火，其祭也如之何？”孔子曰：“接祭而已矣③。如至未杀，则废。天子崩，未殡，五祀之祭不行，既殡而祭，其祭也，尸入，三饭不侑④，酳不酢而已矣⑤。自启至于反哭⑥，五祀之祭不行；已葬而祭，祝毕献而已⑦。”（曾子问）

[注释] ①五祀：指祭祀众小神。 ②簠簋：古代盛放祭祀谷物之器。方形叫簠，圆形叫簋。 ③接祭：即捷祭。捷祭比正祭省略好多程序。 ④孔颖达：“侑，劝也。故迎尸入奥之后，尸三饭告饱则止，祝更不劝侑其食，使满常数也。” ⑤酳：食后用酒漱口。酢：尸把主人献的酒喝完后，用酒回敬主人。 ⑥启：启殡。反哭：棺柩下葬后，亲属回到庙中哭泣。 ⑦祝毕献：古代祭祀程序繁多，这里是说祭礼只到献祝为止。

[译文] 曾子问道：“天子准备举行尝、禘、郊、社、五祀的祭祀，所有的供品都已陈设齐备，忽然听到天子或王后死亡的消息，该怎么办呢？”孔子说：“那就废止祭祀。”曾子又问：“如果正在祭祀的时候出现了日食，或者太庙失火，又该怎么办呢？”孔子说：“那就简略地祭祀，尽快结束。如果牲畜牵来还未杀，就废止祭祀。天子崩驾，灵柩未入殡宫之前，不可以举行五祀；棺柩在殡宫期间，可以祭祀，但祭祀的程序要简省，尸被请入座后，三饭后告饱就不再劝食。酳尸后，尸也不回敬主人，祭祀就算结束了。从启殡到葬后返哭期间，不能举行五祀，

返哭之后虽可祭祀，但程序要省略，只进行到向太祝敬酒就可以了。”

[原文]　曾子问曰：“诸侯之祭社稷，俎豆既陈[①]，闻天子崩，后之丧，君薨，夫人之丧，如之何？”孔子曰：“废。自薨比至于殡，自启至于反哭，奉帅天子[②]。”（曾子问）

[注释]　① 俎豆：祭祀盛放牲体及菜果的器皿，这里泛指祭祀所用供品。

② 奉帅天子：指遵行天子遇丧时祭祀的礼法。郑玄：“帅，循也。所奉循如天子者。”

[译文]　曾子问道：“诸侯祭祀社稷时，供品都已陈设好，忽然听到天子驾崩，或是王后、国君及夫人死亡，怎么办呢？”孔子说：“那就停止。从死日到入殡，从启殡到反哭期间，都遵从天子遇丧时的成规。”

[原文]　曾子问曰：“大夫之祭，鼎俎既陈、笾豆既设[①]，不得成礼，废者几？”孔子曰：“九。”请问之。曰：“天子崩，后之丧，君薨，夫人之丧，君之大庙火，日食，三年之丧[②]，齐衰[③]，大功[④]，皆废。外丧自齐衰以下，行也。其齐衰之祭也，尸入，三饭不侑，酳不酢而已矣；大功，酢而已矣；小功、缌，室中之事而已矣[⑤]，士之所以异者，缌不祭[⑥]，所祭于死者无服，则祭。”（曾子问）

[注释]　① 鼎俎、笾豆：泛指祭祀的供品。　② 三年之丧：指父母之丧。

③ 齐衰：指祖父母、伯父母、叔父母之丧。　④ 大功：指堂兄弟之丧。以上均指内丧。　⑤ 室中之事：在室中所行的献尸仪式。　⑥ 缌不祭：因士的地位比大夫低，所以即使有缌麻之丧，也要停止祭祀。大夫有九种情况停止祭事，则士再加上小功之丧、缌麻之丧，就有十一种情况停止祭事。

[译文]　曾子问道：“大夫举行祭祀，鼎俎笾豆等祭品都已陈列好，遇到几种情况要停止祭祀呢？”孔子回答说：“九种。”曾子请教是哪九种。孔子说：“天子崩驾、王后死亡、国君逝世、国君夫人死亡、国君的太庙失火、日食、父母死亡、伯叔父母死亡、堂兄弟死亡，这九种情

况下都应停止祭祀。如果遇到外丧，只要是齐衰以下，都可继续祭祀。遇齐衰关系的外丧而继续举行的祭祀，尸入室以后，三饭告饱，就不再劝饭；献酒酳尸，尸饮完不回敬主人，祭祀即告结束。遇大功关系的外丧而继续举行的祭祀，进行到‘尸回敬主人’这一节为止。遇到小功或缌麻关系的外丧而继续举行的祭祀，可以把室中进行的礼节都行完为止。士与大夫不同的地方是，即使遇到有缌麻丧服关系的丧事，都不能举行祭祀。但是如果所祭祀的祖先与死亡的人没有丧服关系，那可以照常举行祭祀。”

[原文] 曾子问曰：“三年之丧，吊乎？”孔子曰：“三年之丧，练①，不群立，不旅行②。君子礼以饰情③。三年之丧而吊哭，不亦虚乎④？”（曾子问）

[注释] ①练：即小祥。 ②旅行：众人一道行走。 ③孔颖达：“凡行吉凶之礼，必使外内相副，用外之物以饰内情，故云衰以饰在内之情，故冠冕文彩以饰至敬之情，粗衰以饰哀痛之情，所以《三年问》云：‘衰服为至痛饰也。’” ④郑玄：“为彼哀，则不专于亲也。为亲哀，则是妄吊。”孔颖达：“若己有丧，吊彼而哭哀彼，则忘己本哀，是己服为虚也。若心存于己哀，忘彼而哭彼，则是于吊为虚也。”

[译文] 曾子问道：“自己身上有服期三年的父母之丧，可以给别人吊丧吗？”孔子说：“有三年丧服的人，即使服满一年到举行小祥祭祀的时候，也不与众人立在一起，或一起行路。君子遵从礼仪为了表达自己的感情，自己有三年的丧服不守丧，反而去为别人吊丧哭泣，这不是虚假的吗？”

[原文] 曾子问曰：“大夫、士有私丧①，可以除之矣，而有君服焉②，其除之也如之何？”孔子曰：“有君丧服于身，不敢私服，又何除焉。于是乎有过时而弗除也。君之丧服除而后殷祭③，礼也。”曾子曰：“父母之丧，弗除可乎？”孔子曰：“先王制礼，过时弗举，礼也④；非弗能勿除也，患其过于制也。故君子过时不祭，礼也⑤。”（曾子问）

[注释] ①私丧：自己宗族内的丧服。 ②君服：为国君服丧。 ③殷祭：盛祭、大祭。 ④孔颖达："孔子言先王制礼，各有时节，若过则不追举，是礼之意也。" ⑤郑玄："言制礼以为民中，过其时则不成礼。"

[译文] 曾子问道："大夫和士为自己亲属服丧，到了可以除丧的时候，又遇到国君死亡，必须为国君服丧，这时怎样除去私丧呢？"孔子说："做臣子的有国君的丧服在身，就不敢再为自己的亲属服丧，还除什么丧呢？所以，在这种情况下有过了丧期而不脱去丧服的。为国君所服丧服除去以后，才能为自己的亲属举行盛大的祭祀，这才是符合礼的。"曾子又问："私丧被国君之丧所掩盖，那么为父母服丧，为了补回被国君之丧掩盖的日期，丧期满而不除丧服可以吗？"孔子说："先王制定礼仪，过了时限就不举行，这就体现了礼的意义；不是说非除不可，而是担心超过礼的规定，所以君子错过了时间就不再举行祭祀，这才是体现了礼的意义。"

[原文] 曾子问曰："君薨，既殡，而臣有父母之丧，则如之何？"孔子曰："归居于家，有殷事则之君所，朝夕否[①]。"曰："君既启，而臣有父母之丧，则如之何？"孔子曰："归哭而反送君[②]。"曰："君未殡，而臣有父母之丧，则如之何？"孔子曰："归殡，反于君所，有殷事则归，朝夕否。大夫，室老行事[③]；士，则子孙行事。大夫内子[④]，有殷事亦之君所，朝夕否。"（曾子问）

[注释] ①郑玄："居家者，因其哀后，隆于父母。"殷事：服丧时每月初一、十五的祭奠，因比朝夕奠盛大，所以叫殷事。朝夕：指早、晚的祭奠。②郑玄："言送君，则既葬而归也。归哭者，服君服而归，不敢私服也。" ③室老：大夫家中的总管。 ④内子：大夫的嫡妻。

[译文] 曾子问道："国君去世，灵柩已入殡宫，臣子遇到父母的丧事，该怎么办呢？"孔子说："应该回家理丧守丧。每逢初一、十五就到国君的殡宫参加祭奠，每天早晚的祭奠可以不去。"曾子又问："国君的灵柩已启殡，准备入葬，这时臣子的父母死了，臣子该怎么办呢？"

孔子说："应先回家为父母哭泣致哀，然后再赶去为国君送葬。"曾子又问："如果国君刚死，尚未入殡，而臣子的父母死了，臣子该怎么办呢？"孔子说："应该回家处理丧事，然后再返回为国君守丧。每逢初一、十五就回家去祭奠，每天早晚不必回去。早晚的祭奠，大夫家里，由他的总管代祭；士的家里，由子孙代祭。大夫的嫡妻每逢初一、十五也要到国君的殡宫参加祭奠，每天早晚不必去。"

［原文］

曾子问曰："君出疆以三年之戒①，以椑从②。君薨，其人如之何？"孔子曰："共殡服③。则子麻弁绖④，疏衰⑤。菲，杖。入自阙，升自西阶。如小敛⑥，则子免而从柩，入自门，升自阼阶⑦。君、大夫、士，一节也⑧。"（曾子问）

［注释］

①三年之戒：为防不测而预备丧事。戒：预备。君的丧期三年，所以叫三年之戒。 ②椑：诸侯有三重棺，最内层叫椑。 ③共：供。 ④弁：帽。绖：此指缠在弁上的麻绳。 ⑤疏衰：即齐衰。孝子本当为父服斩衰，因父死于外，此时尚未成服，故服疏衰。 ⑥小敛：指小敛之后运回来。 ⑦孔颖达："其柩入之时，入自门，不自阙也。升自阼阶，不由西阶也。" ⑧孔颖达："言上来从柩之仪，更无尊卑之异，非但君死于道路亦然，诸侯与大夫士一等也。"

［译文］

曾子问道："国君到国境外面去都要预备不测的后事，要随带内棺。如果真的死了，棺柩怎样运回来呢？"孔子说："供应随从人员的殡服，国君的儿子要头戴麻弁加麻绖，穿齐衰丧服，脚穿草鞋，手拿丧棒迎接。拆开宫墙留一个阙口让灵柩进入，从西阶上堂。如果在外面是小敛后运回来，他的儿子就用布条束发，跟着棺柩从大门进来。从东阶上堂。国君、大夫、士，遇到这样的情况，都用一样的礼仪。"

［原文］

曾子问曰："君之丧既引①，闻父母之丧，如之何？"孔子曰："遂②。既封而归③，不俟子。"曾子问曰："父母之丧既引，及涂，闻君薨，如之何？"孔子曰："遂。

既封，改服而往。”（曾子问）

[注释] ①引：牵引，启动。 ②遂：完成。郑玄：“遂，遂送君也。” ③封：指把棺柩下到墓圹内。

[译文] 曾子问道：“国君的灵柩已经启动，臣子忽然听到父母之丧，该怎么办？”孔子说：“应该把国君的灵柩送到墓地，等到灵柩入土之后再回去料理丧事，不必等着与国君的儿子同回。”曾子又问：“父母的灵柩已经启动，在去墓地的途中，听到国君之丧。该怎么办？”孔子说：“也应把灵柩送到墓地，等入土之后，改换服装去奔丧。”

[原文] 曾子问曰：“宗子为士①，庶子为大夫，其祭也如之何？”孔子曰：“以上牲祭于宗子之家②，祝曰：‘孝子某为介子某荐其常事③。’若宗子有罪，居于他国，庶子为大夫，其祭也，祝曰：‘孝子某使介子某执其常事。’摄主不厌祭④，不旅⑤，不假⑥，不绥祭⑦，不配⑧。布奠于宾⑨，宾奠而不举⑩，不归肉⑪。其辞于宾曰⑫：‘宗兄宗弟宗子在他国，使某辞。’”（曾子问）

[注释] ①宗子：嫡长子，为一宗之主。 ②郑玄：“贵禄重宗也。上牲，大夫少牢。”上牲：即少牢，羊、猪各一。 ③孝子：指宗子。介子：即庶子。郑玄：“此之谓宗子摄大夫。” ④厌祭：用食品直接供奉祖先，不用尸。孔颖达：“此宗子有罪，出在他国，庶子既为摄主，不敢备礼，故于祭末，不为阳厌之祭也。” ⑤旅：旅酬。 ⑥假：通“嘏”，尸向主人祝福。 ⑦绥祭：即堕祭，食祭之礼。堕祭有二：主人以黍稷牢肉祭于豆间，尸则取菹、黍稷和肺祭于豆间。这里指前者，因庶子是代理主人。 ⑧配：配食。祭祀开始时，祝先请神，祝词中有“以某妃配某氏”。因庶子不是主人，所以祝在请神时不说上面的话。 ⑨孔颖达：“谓主人酬宾之时，宾在西厢东面，主人布此奠爵于宾之北。” ⑩孔颖达：“宾坐取荐北之爵，奠于荐南而不举，用以酬兄弟，此则不旅酬之事。” ⑪归：通“馈”。馈肉：祭奠结束时，主人把祭肉分送宾客。 ⑫郑玄：“辞犹告也。”

[译文] 曾子问道：“宗子的等级是士，而庶子是大夫，庶子祭祀祖先该

怎么进行？”孔子说：“备少牢到宗子家去祭祀，但祝词要说：‘孝子某某为介子某某对祖先进行祭事。’如果宗子有罪而避居别国，庶子是大夫，祭祀的时候，祝词就该说：‘孝子某某让介子某某来代行祭事。’凡是代理主人的祭祀不用厌祭。不旅酬，尸不向代理主人祝福，代理主人不绥祭，祝在请神时不说以某妃配食某氏。代理主人向宾劝酒时，宾不把酒端起来行旅酬，祭祀结束不向来宾分送祭肉，只对宾客说：‘我的宗兄（宗弟）是宗子，如今在别的国家，所以派我代为主持祭祀，特向众位致意。’”

［原文］

曾子问曰：“宗子去在他国，庶子无爵而居者，可以祭乎？”孔子曰：“祭哉[①]！”“请问其祭如之何？”孔子曰：“望墓而为坛[②]，以时祭。若宗子死，告于墓而后祭于家。宗子死，称名不言孝[③]，身没而已。”子游之徒，有庶子祭者以此若义也[④]。今之祭者，不首其义[⑤]，故诬于祭也[⑥]。（曾子问）

［注释］

① 郑玄：“有子孙存，不可以乏先祖之祀。” ② 望墓而为坛：朝着祖先墓地的方向筑祭坛。郑玄：“不祭于庙，无爵者贱，远辟正主。” ③ 称名不言孝：祝告时省去“孝子”的“孝”字。郑玄：“孝，宗子之称。不敢与之同其辞，但言子某荐其常事。” ④ 郑玄：“以，用也。用此礼祭也。” ⑤ 首其义：推求本来的意义。孔颖达：“以其礼无正文，故孔子引子游之徒党有庶子祭者，而用此礼而祭。若，顺也，谓顺于古义，故云‘若义也’。” ⑥ 郑玄：“诬犹妄也。”

［译文］

曾子问道：“宗子离开本国而住在别国，没有爵位的庶子，可以代替宗子祭祀祖先吗？”孔子说：“可以呀。”曾子说：“请问怎么祭祀呢？”孔子说：“朝着祖先墓地方向筑祭坛，一年四季按时祭祀。如果宗子已经死了，就要先到祖先墓上去禀告，然后再在家里祭祀，宗子死后，庶子祭祀的祝词中就不用‘孝’字而只称名字，这种称呼沿用到庶子死亡为止。子游的学生中，有人以庶子的身份代祭时，就用这种礼法。如今庶子的祭祀，不推求古礼的意义，所以祭祀时都随意而行。”

[原文] 曾子问曰："祭必有尸乎？若厌祭亦可乎[①]？"孔子曰："祭成丧者必有尸[②]。尸必以孙，孙幼，则使人抱之。无孙，则取于同姓可也[③]。祭殇必厌，盖弗成也[④]。祭成丧而无尸，是殇之也[⑤]。"孔子曰："有阴厌，有阳厌[⑥]。"曾子问曰："殇不袝祭[⑦]，何谓阴厌阳厌？"孔子曰："宗子为殇而死，庶子弗为后也[⑧]。其吉祭，特牲[⑨]。祭殇不举[⑩]，无肵俎[⑪]，无玄酒，不告利成[⑫]，是谓阴厌。凡殇与无后者，祭于宗子之家，当室之白[⑬]，尊于东房[⑭]，是谓阳厌。"（曾子问）

[注释] ① 郑玄："厌时无尸。" ② 成丧者：成年之后而死亡的人。③ 孔颖达："若无孙，则取同姓昭穆孙行适者可也。以其成人，威仪既备，有为人父之道，不可无尸。" ④ 孔颖达："盖以不成人，故不立尸也。" ⑤ 孔颖达："今祭成人丧，但厌饫而已，是将成人与殇同也。" ⑥ 阴厌：尸未入室之前的祭祀。阳厌：尸已出室之后的祭祀。 ⑦ 郑玄："袝，当为备，声之误也。"不袝祭：不完备的祭礼。 ⑧ 弗为后：不做他的后嗣，即不继承宗子的位置。 ⑨ 吉祭：未成年而死的人，葬后卒哭袝庙的祭祀属吉礼，不再算丧礼。特牲：一头牲畜。 ⑩ 举：举肺脊。尸食之前，必举而授予尸。 ⑪ 肵俎：主人敬献给尸的俎，上有食物。肵，恭敬的意思。⑫ 告利成：祝向神报告供品已进献完毕。 ⑬ 室之白：室内西北角漏光处。古时房屋的西北角有小窗，较明亮。 ⑭ 尊：这里作动词，设置酒尊。

[译文] 曾子问："祭祀一定要有尸吗？像厌祭那样也可以吗？"孔子说："祭祀成年死者必须有尸。尸一定要用死者的孙子辈充当，如果孙子年龄太小，就让人抱着他。假如死者无嫡孙，选一个同姓的孙子辈做尸也可以。祭祀未成年死者，就没有尸，用厌祭，因为他尚未成年。如果祭祀成年死者没有尸，那就是把他当作未成年而死者来对待了。"孔子说："祭殇的厌祭有两种，有阴厌，也有阳厌。"曾子问道："祭殇不用尸，是不完备的祭礼，怎么会有阴厌阳厌之分呢？"孔子说："宗子未成年而死，庶子不能做他的后嗣，因他不能单立一庙，只能将神主附在祖庙里，而袝祭是吉祭，举行卒哭袝庙等吉祭时，用一头牲畜。

祭祀不用尸，所以没有举肺脊、献肵俎的礼仪，也不用玄酒，祝不向神报告供品进献完毕，这就是阴厌。凡是一般未成年而死的，以及死而没有子嗣的人，对他们祭祀都是在宗子的家庙里。祭品摆在室内西北角透光处，而酒尊设在东房内，这就是阳厌。”

［原文］ 曾子问曰：“葬引至于堩①，日有食之，则有变乎？且不乎？”孔子曰：“昔者，吾从老聃助葬于巷党，及堩，日有食之。老聃曰：‘丘！止柩，就道右，止哭以听变。’既明反，而后行。曰：‘礼也。’反葬，而丘问之曰：‘夫柩，不可以反者也，日有食之，不知其已之迟数②，则岂如行哉！’老聃曰：‘诸侯朝天子，见日而行，逮日而舍奠③。大夫使，见日而行，逮日而舍。夫柩不蚤出，不莫宿④。见星而行者，唯罪人与奔父母之丧者乎⑤！日有食之，安知其不见星也？且君子行礼，不以人之亲痁患⑥。’吾闻诸老聃云。”（曾子问）

［注释］ ①堩：道路。王念孙以为“引”前应脱“既”字。 ②数：通“速”。郑玄：“已，止也。数读为速。” ③逮日：天未黑。舍奠：止宿前祭奠行主。 ④蚤：通“早”。莫：同“暮”。 ⑤孔颖达：“今若灵柩见星而行，便是轻薄人亲，与罪人同。” ⑥痁：通“阽”，临近。孔颖达：“言不可使人之亲病于危亡之患也。”

［译文］ 曾子问道：“灵柩出葬，已在途中，忽然遇到日食，是改变葬礼呢？还是不改变呢？”孔子说：“从前我跟着老聃在巷党帮人家出葬，柩车在途中时，碰到日食。老聃说：‘孔丘，快叫柩车停下来，靠在路右边，叫大家停止哭泣，等待天象变化。’等到太阳重新出来之后，柩车才继续前进。老聃说：‘这样做是合乎礼的。’到送葬回来，我问老聃：‘灵柩既已出殡，是不能再返回去的，而日食现象，谁也不知道它结束得是快还是慢，还不如继续前进好呢！’老聃说：‘诸侯去朝见天子，早晨太阳出来才上路，傍晚太阳落山就歇宿，祭奠行主。大夫出使，也是日出才行，日未落就歇宿。灵柩出葬，不能起早出门，

不能天黑才止宿。披星戴月地赶路只有罪犯和奔父母之丧的人！遇到日食，不见阳光，怎么知道天上有没有星星呢，如果继续前进，岂不与夜行一样吗？况且有德行的人行礼，不能让别人的父母遭灾祸。'我听到老聃是这样说的。"

[原文] 曾子问曰："为君使而卒于舍①，《礼》曰：'公馆复②，私馆不复。'凡所使之国，有司所授舍，则公馆已③，何谓'私馆不复'也？"孔子曰："善乎，问之也！自卿、大夫之家曰私馆。公馆与公所为曰公馆④。'公馆复'，此之谓也。"（曾子问）

[注释] ①舍：出使在别国所住的旅舍。即下文的公馆、私馆。 ②复：人刚死时的招魂仪式。 ③已：通"矣"。 ④公所为：国君指定的旅舍。孔颖达："私馆者，谓非君命所使，私相停舍，谓之私馆。公馆，谓公家所造之馆。与公所为者，与，及也，谓公之所使为命停舍之处，亦谓之公馆。君所命停客之处，即是卿大夫之馆也。但有公命，故谓之公馆也。"

[译文] 曾子问道："奉国君的命令出使别国，死在馆舍里，礼书上说：'死在公家的馆舍里可以招魂，死在私人馆舍就不招魂。'凡是出使到别的国家，由负责接待的人安排馆舍，那就都是公家的馆舍。那么礼书所说'死在私人馆舍不招魂'是指什么呢？"孔子说："你这个问题问得好！卿大夫以下的人家都叫私馆，国家馆舍和国君指定的馆舍都叫公馆。所谓'死于公馆可以招魂'是指这种。"

[原文] 曾子问曰："下殇①，土周葬于园②，遂舆机而往③，途迩故也。今墓远，则其葬也如之何？"孔子曰："吾闻诸老聃曰：'昔者史佚有子而死，下殇也。墓远，召公谓之曰："何以不棺敛于宫中④？"史佚曰："吾敢乎哉？"召公言于周公，周公曰："岂不可？"史佚行之。'下殇用棺衣棺⑤，自史佚始也。"（曾子问）

[注释] ①下殇：八至十一岁之间死去的人。 ②土周：烧土为砖，围于棺外，

不用椁。郑玄："葬下殇于园中，以其去成人远，不就墓也。" ③舆：用人抬。机：用于抬尸体的绳床。郑玄："礼，以机举尸，舆之以就园，而殓葬焉，涂近故耳。" ④棺敛于宫中：在家里大敛后入棺。依礼，下殇是把尸体抬到墓地后大敛于棺。 ⑤棺衣棺：在家里大敛入棺。

［译文］ 曾子问道："八岁到十一岁的小孩死后，在菜园中挖个坑，坑中四周用砖砌上，再用'机'把尸体抬到那儿大敛入葬，这是因为路途很近的原因。假如离得很远，葬法该怎样呢？"孔子说："我听老聃说过：'从前史佚有个儿子死了，也是下殇，葬得很远，召公对史佚说："为什么不在家里大敛入棺后再入葬呢？"史佚说："我怎敢那样做？"召公就去问周公，周公说："那有什么不可以的呢？"于是史佚就照召公的话做了。'下殇在家大敛入棺再出葬的做法，是从史佚开始的。"

［原文］ 曾子问曰："卿大夫将为尸于公，受宿矣[①]，而有齐衰内丧，则如之何？"孔子曰："出，舍于公馆以待事[②]，礼也。"孔子曰："尸弁冕而出，卿大夫皆下之，尸必式[③]，必有前驱[④]。"（曾子问）

［注释］ ①宿：约定邀请。祭祀前三天卜日、卜尸，卜吉，则邀请做尸的人到时前往，称为宿尸。 ②舍于公馆：祭事属吉礼，丧事属凶礼，吉凶不相混，所以要住到公馆里去。 ③式：通"轼"。指倚在车轼上答礼。 ④孔颖达："谓尸出行，则有前驱辟道之人也。"

［译文］ 曾子问道："卿大夫即将要做国君祭祀的尸，已经接受了邀请并斋戒了，突然遇到自己家族中有服齐衰的丧事，该怎么办呢？"孔子说："那就离开家，住到国君的馆舍里去等待国君的祭祀，这是合乎礼法的。"孔子又说："做尸的人冠戴而出家门，卿大夫碰到他，都要下车致敬，做尸的人必须倚靠着车轼答礼。做尸的人出门，前面必定要有开道的人。"

［原文］ 周坐尸[①]，诏侑武方[②]，其礼亦然，其道一也。夏立尸而卒祭[③]。殷坐尸[④]。周旅酬六尸[⑤]。曾子曰："周礼其犹醵与[⑥]？"（礼器）

［注释］　①尸：古时祭祀时，用活人代表死者受祭，这人就叫尸。《公羊传·宣公八年》何休注：“祭必有尸者，节神也。礼，天子以卿为尸，诸侯以大夫为尸，卿大夫以下以孙为尸。夏立尸，殷坐尸，周旅酬六尸。”　②郑玄：“武，当为无，声之误也。方犹常也。告尸行节，劝尸饮食无常，若孝子之为也。”孔颖达：“此言有周之所因于殷也，殷人坐尸，周因坐之也。”　③郑玄：“夏礼，尸有事乃坐。”孔颖达：“夏祭乃有尸，但立犹质，言尸是人，人不可久坐神坐，故尸唯饮食暂坐。若不饮食时，则尸倚立，以至祭竟也。”　④郑玄：“无事犹坐。”孔颖达：“此殷因夏之有立尸，而损其不坐之礼，益为恒坐之法也，是殷转文也。言尸本象神，神宜安坐，不辩有事与无事，皆坐也。”　⑤郑玄：“使之相酌也。”　⑥郑玄：“合钱饮酒为醵，旅酬相酌，似之也。”孔颖达：“曾子引世事证周礼，旅酬之仪象也。醵，敛钱共饮酒也。”

［译文］　周代祭祀的尸是坐着的，告尸、劝尸饮食也没有固定的规矩。其礼相同，道理是一样的。夏代的尸无事时是站着的，直到祭祀结束。殷代的尸是一直坐着的，周代还把六庙之尸聚集到太庙一起相互酬酢。曾子说：“周代对尸的礼，大概就像众人凑钱聚在一起喝酒吧！”

［原文］　曾子曰：“孝子之养老也，乐其心，不违其志，乐其耳目，安其寝处，以其饮食忠养之①，孝子之身终。终身也者，非终父母之身，终其身也②。是故父母之所爱亦爱之，父母之所敬亦敬之。至于犬马尽然，而况于人乎③！”（内则）

［注释］　①吴澄：“忠养，谓竭尽其诚心以养也。”　②其：指孝子。孔颖达：“言父母虽没，终竟是身而行孝道，与亲在无异。”　③孔颖达：“言父母所敬爱犬马之属，尽须敬爱，而况于父母所敬爱人乎。”吴澄：“父母既终之后，无复有怡悦、心志、耳目、寝处等事矣。但于父母所爱敬之人与物，终身爱敬之，亦可以见其以父母之心为心，未尝须臾忘也。”

［译文］　曾子说：“孝子养老，要让父母内心高兴，不能违背他们的意愿，要让他们耳目愉悦，起居安适，用饮食忠诚地奉养，直到孝子身终。所谓终身，不是说到父母去世，而是孝子本人去世。所以父母所喜爱的，

孝子也要喜爱，父母所尊敬的，孝子也要尊敬。就连父母所喜欢的狗、马也是这样，更何况对人呢！”

[原文] 子羔之袭也①，茧衣裳、与税衣纁袡为一②，素端一③，皮弁一④，爵弁一⑤，玄冕一⑥。曾子曰：“不袭妇服⑦。”（杂记上）

[注释] ①子羔：高柴，字子羔，卫国人，孔子弟子。袭：死后入殓所穿的衣服。②茧衣裳：丝棉做的衣裳。税衣：禒衣，有赤色边缘装饰的黑衣。纁：绛红色。袡：衣裳所镶的边。郑玄：“茧衣裳者，若今大襺也。纩为茧，缊为袍，表之以税衣，乃为一称尔。税衣，若玄端而连衣裳者也。大夫以纁为之缘，非也。唯妇人纁袡。”孔颖达：“此明大夫死者袭衣称数也。” ③素端：素衣裳。④皮弁：布衣素裳。 ⑤爵弁：玄衣纁裳。 ⑥玄冕：玄衣无文，纁裳刺绣。⑦郑玄：“礼以冠名服，此袭其服，非袭其冠。曾子讥‘袭妇服’而已。玄冕，又大夫服，未闻子羔曷为袭之。”孔颖达：“郑意以曾子但讥妇服而已，不讥其著玄冕之服，是子羔合著玄冕。子羔为大夫，无文，故注云：‘未闻子羔何为袭之。’”

[译文] 子羔死时入殓的衣服有：丝、棉做的衣裳和镶绛红色边的黑衣合在一起为一套，素端一套，皮弁一套，爵弁一套，玄冕一套。曾子说：“不应该用那套镶绛红色边的妇人衣服。”

[原文] 曾子曰：“卿大夫将为尸于公，受宿矣，而有齐衰内丧，则如之何？”孔子曰：“出舍乎公宫以待事，礼也。”（杂记下）

[注释] 参见《礼记·曾子问》。

[译文] 参见《礼记·曾子问》。

[原文] 或问于曾子曰：“夫既遣而包其余①，犹既食而裹其余与？君子既食而裹其余乎②？”曾子曰：“吾子不见大飨③？夫大飨，既飨，卷三牲之俎归于宾馆④。父

母而宾客之，所以为哀也[⑤]。子不见大飨乎？”（杂记下）

[注释] ①遣：灵车将出祖庙时举行的祭奠。 ②郑玄：“言遣既奠而又包之，是与食于人、已而裹其余将去何异与？君子宁为是乎？言伤廉也。” ③大飨：国君宴请宾客。 ④俎：案板。归：通馈。孔颖达：“谓大飨宾客既毕，主人卷敛三牲俎上之肉，归于宾馆。” ⑤郑玄：“言父母家之主，今宾客之，是孝子哀亲之去也。”

[译文] 有人问曾子：“出葬时行过遣奠礼后，把陈设的牲体包起来一起随葬。这就像宾客吃完后把剩下的都包起来带走吧？体面的君子吃完后还要把剩下的包起来带走吗？”曾子说：“先生您没见过国君招待宾客的盛宴吗？这种盛宴结束后，还要把案板上剩下的猪、牛、羊三牲包起来送到宾馆。葬时把父母当作宾客来对待，这是很悲哀的呀啊。您没见过大飨的盛宴吧！”

[原文] 曾申问于曾子曰[①]：“哭父母有常声乎？”曰：“中路婴儿失其母焉，何常声之有[②]？”（杂记下）

[注释] ①曾申：曾子之子。 ②郑玄：“其若小儿亡母啼号，安得常声乎？”

[译文] 曾申问曾子说：“哭父母有固定的声调吗？”曾子说：“就像小孩子在半路上失去了母亲哭啼一样，哪有固定的声调？”

[原文] 曾子曰：“孝有三：大孝尊亲，其次弗辱，其下能养。”公明仪问于曾子曰：“夫子可以为孝乎？”曾子曰：“是何言与！是何言与！君子之所谓孝者，先意承志，谕父母于道。参直养者也，安能为孝乎？”曾子曰：“身也者，父母之遗体也。行父母之遗体，敢不敬乎？居处不壮，非孝也；事君不忠，非孝也；官不敬，非孝也；朋友不信，非孝也；战陈无勇，非孝也。五者不遂，灾及于亲，敢不敬乎？亨孰膻芗，尝而荐之，非孝也，养也。君子之所谓孝也者，国人称愿然，曰：幸哉，有子如此！所谓孝也已。众之本教曰孝，其行曰养。养可能也，敬

为难；敬可能也，安为难；安可能也，卒为难。父母既没，慎行其身，不遗父母恶名，可谓能终矣。仁者，仁此者也；义者，宜此者也；信者，信此者也；礼者，履此者也；强者，强此者也；乐自顺此生，刑自反此作。”（祭义）

［注释］ 参见《曾子大孝》。

［译文］ 参见《曾子大孝》。

［原文］ 曾子曰：“夫孝，置之而塞乎天地，溥之而横乎四海，施诸后世而无朝夕，推而放诸东海而准，推而放诸西海而准，推而放诸南海而准，推而放诸北海而准。《诗》云：‘自西自东，自南自北，无思不服。’此之谓也。”（祭义）

［注释］ 参见《曾子大孝》。

［译文］ 参见《曾子大孝》。

［原文］ 曾子曰：“树木以时伐焉，禽兽以时杀焉。夫子曰①：‘断一树，杀一兽，不以其时，非孝也。’孝有三：小孝用力，中孝用劳，大孝不匮②。思慈爱忘劳，可谓用力矣③。尊仁安义，可谓用劳矣。博施备物④，可谓不匮矣。父母爱之，嘉而弗忘⑤；父母恶之，惧而无怨；父母有过，谏而不逆；父母既殁⑥，必求仁者之粟以祀之⑦，此之谓礼终。”（祭义）

［注释］ ①郑玄：“夫子，孔子也，曾子述其言以云。” ②匮：缺乏。 ③孔颖达：“以庶人思父母慈爱，忘躬耕之劳。” ④备：遍及。 ⑤嘉：一作“喜”。 ⑥殁：没。 ⑦郑玄：“喻贫困犹不取恶人物以事亡亲。”

［译文］ 曾子说：“树木要按时节砍伐，禽兽要按时节捕杀。孔夫子曾说过：‘砍一棵树，杀一只兽，不按其时节，都不合乎孝道。’孝有三等：小孝出力，中孝建立功业，大孝无所欠缺。思念父母的慈爱，努力供养不衰，忘记自己的劳苦，可以算得上用力了。尊尚仁德，安守正义，可以建立功业，光宗耀祖了。遍施德政，泽被万物，可以说是无所欠

缺了。父母喜爱自己，心中高兴而不忘怀；父母厌恶自己，心中要有恐惧感而不能有怨言；父母有过错，要婉言劝谏但不能顶撞；父母去世后，不用不义的财物去祭祀，这才叫孝行的善始善终。”

［原文］　乐正子春下堂而伤其足，伤瘳，数月不出，犹有忧色。门弟子问曰：“夫子之足瘳矣，数月不出，犹有忧色，何也？”乐正子春曰：“善，如尔之问也。吾闻诸曾子，曾子闻诸夫子曰[①]：‘天之所生，地之所养，无人为大[②]。父母全而生之，子全而归之，可谓孝矣；不亏其体，不辱其身，可谓全矣[③]。故君子顷步而弗敢忘孝也[④]。’今予忘孝之道，予是以有忧色也。一举足而不敢忘父母，一出言而不敢忘父母。一举足而不敢忘父母，是故道而不径[⑤]，舟而不游[⑥]，不敢以先父母之遗体行殆。一出言而不敢忘父母，是故恶言不出于口，忿言不反于身[⑦]，不辱其身，不羞其亲，可谓孝矣。”（祭义）

［注释］　①郑玄：“述曾子所闻于孔子之言。”　②孔颖达：“言天地生养万物之中，无如人最为大。”　③孔颖达：“非直体全，又须善名得全。若能不亏损，形体得全，不损辱其身，是善名得全也。”　④孔颖达：“顷，跬也，谓一举足。”　⑤郑玄：“径，步邪趋疾也。”　⑥孔颖达：“乘舟则安，浮水则危。”　⑦孔颖达：“谓己之言必能正直，人则服之，故他人瞋忿之言不反于身。”

［译文］　参见《曾子大孝》《吕氏春秋·孝行览》。

［原文］　曾子曰：“十目所视，十手所指，其严乎[①]？”（大学）

［注释］　①此言君子慎独以修身。郑玄：“严乎，言可畏敬也。”孔颖达：“既视者及指者皆众，其所畏敬，可严惮乎！”

［译文］　曾子说：“有十只眼睛盯着你，十只手指着你，能不严格要求自己吗？”

《大戴礼记》

[原文]

孔子闲居[①]，曾子侍。孔子曰："参，今之君子[②]，唯士与大夫之言之闻也[③]，其至于君子之言者甚希矣。于乎，吾王言其不出而死乎[④]！哀哉！"曾子起曰[⑤]："敢问何谓王言？"孔子不应。曾子惧[⑥]，肃然抠衣下席曰[⑦]："弟子知其不孙也，得夫子之闲也难[⑧]，是以敢问。"孔子不应，曾子惧，退负序而立[⑨]。孔子曰："参！女可语明王之道与[⑩]！"曾子曰："不敢以为足也，得夫子之闲也难，是以敢问。"孔子曰："居[⑪]，吾语女。道者所以明德也，德者所以尊道也，是故非德不尊，非道不明[⑫]。虽有国马，不教不服，不可以取千里[⑬]。虽有博地众民，不以其地治之，不可以霸王[⑭]。是故昔者明主内修七教，外行三至。七教修焉可以守，三至行焉可以征[⑮]。七教不修，虽守不固；三至不行，虽征不服。是故明主之守也，必折冲乎千里之外[⑯]；其征也，衽席之上还师[⑰]。是故内修七教而上不劳，外行三至而财不费[⑱]，此之谓明主之道也。"

曾子曰："敢问不费不劳，可以为明乎[⑲]？"孔子愀然扬麋曰[⑳]："参！女以明主为劳乎？昔者舜左禹而右皋陶，不下席而天下治[㉑]。夫政之不中，君之过也[㉒]。政之既中，令之不行，职事者之罪也[㉓]。明主奚为其劳也[㉔]？昔者明主关讥而不征，市鄽而不税[㉕]，税十取一[㉖]，使民之力岁不过三日[㉗]，入山泽以时，有禁而无征[㉘]，此六者取财之路也。明主舍其四者而节其二者[㉙]，明主焉取其费也？"

曾子曰："敢问何谓七教？"孔子曰："上敬老则

下益孝，上顺齿则下益悌，上乐施则下益谅[30]，上亲贤则下择友，上好德则下不隐[31]，上恶贪则下耻争，上强果则下廉耻，民皆有别，则贞、则正，亦不劳矣[32]，此谓七教。七教者，治民之本也，教定是正矣[33]。上者，民之表也[34]。表正，则何物不正？是故君先立于仁，则大夫忠而士信、民敦、工璞、商悫、女憧、妇空空，七者教之志也[35]。七者布诸天下而不窕，内诸寻常之室而不塞[36]。是故圣人等之以礼，立之以义，行之以顺，而民弃恶也如灌[37]。”

曾子曰：“弟子则不足，道则至矣。”孔子曰：“参！姑止[38]！又有焉。昔者明主之治民有法，必别地以州之，分属而治之，然后贤民无所隐，暴民无所伏[39]。使有司日省如时考之[40]，岁诱贤焉，则贤者亲，不肖者惧[41]。使之哀鳏寡，养孤独，恤贫穷，诱孝悌，选贤举能[42]。此七者修，则四海之内无刑民矣[43]。上之亲下也如腹心，则下之亲上也如保子之见慈母也[44]。上下之相亲如此，然后令则从，施则行。因民既迩者说，远者来怀[45]。然后布指知寸，布手知尺，舒肘知寻，十寻而索[46]；百步而堵[47]，三百步而里，千步而井[48]，三井而句烈[49]，三句烈而距[50]；五十里而封，百里而有都邑[51]；乃为蓄积衣裘焉，使处者恤行者有兴亡[52]。是以蛮夷诸夏虽衣冠不同、言语不合，莫不来至，朝觐于王[53]。故曰无市而民不乏，无刑而民不违[54]。毕弋田猎之得，不以盈宫室也[55]；征敛于百姓，非以充府库也。慢怛以补不足，礼节以损有余[56]。故曰多信而寡貌[57]。其礼可守，其信可复，其迹可履[58]。其于信也，如四时春秋冬夏。其博有万民也，如饥而食，如渴而饮[59]。下土之人信之夫，暑热冻寒，远若迩[60]。非道迩也，及其明德也[61]。是以兵革不动而威，用利不施而亲[62]，此之谓‘明主之守也，折冲乎千里之外’，此之谓也[63]。”

曾子曰：“敢问何谓三至？”孔子曰：“至礼不让而天下治[64]，至赏不费而天下之士说[65]，至乐无声而天下之民和[66]。明主笃行三至，故天下之君可得而知也[67]，天下之士可得而臣也，天下之民可得而用也。”

曾子曰：“敢问何谓也？”孔子曰：“昔者明王必尽知天下良士之名[68]，既知其名，又知其数；既知其数，又知其所在。明主因天下之爵以尊天下之士[69]，此之谓至礼不让而天下治。因天下之禄，以富天下之士，此之谓至赏不费而天下之士说。天下之士说，则天下之明誉兴[70]，此之谓至乐无声而天下之民和。故曰：所谓天下之至仁者，能合天下之至亲者也；所谓天下之至知者，能用天下之至和者也；所谓天下之至明者，能选天下之至良者也。此三者咸通，然后可以征[71]。是故仁者莫大于爱人，知者莫大于知贤，政者莫大于官贤。有土之君修此三者，则四海之内拱而俟，然后可以征[72]。明主之所征，必道之所废者也。彼废道而不行，然后诛其君，致其征，吊其民而不夺其财也[73]。故曰，明主之征也，犹时雨也，至则民悦矣。是故行施弥博，得亲弥众[74]，此之谓衽席之上乎还师。”（王言）

［注释］

①闲居：闲坐。郑玄《三礼目录》：“退燕避人曰闲居。” ②君子：指国君。 ③闻，各本作“间”，据孔广森说改。于鬯：“此言惟士与大夫之言是闻，而不闻君子之言也。士与大夫之言，最下之言也。君子之言较上，王言更上。分为三等。故下文云：‘其至于君子之言者甚稀矣。于乎，吾王言其不出而死乎。’”王树楠：“闻，读如《论语》‘闻一以知十’，谓今之人唯问士大夫之言，而希询君子之言，贵贵不贵德也。” ④于乎：叹词。王言：统治天下的言论。王，各本作“主”，据戴震说改。孔广森：“不出而死，言终身不得其人而以王言教之。于乎，音呜呼。”汪昭：“王言，据《家语》，孔子言王者之道也。吾王言其不出而死乎，与《庄子·知北游》‘夫子无所发

予之狂言而死矣夫’句相似。《家语》作‘吾以王言之不出户牖而化天下’。《庄子》：‘化穷数尽谓之死。’《释名》：‘死者，澌也，消澌也。’”戴礼：“王言，王道之言也。” ⑤起：起立。《礼记·曲礼》：“请业则起，请益则起。” ⑥惧：害怕。 ⑦王聘珍：“肃然，敬貌，抠，提也。《曲礼》曰：‘席间函丈。’郑注云：‘谓讲问之容也。函，容也。讲问宜相对。容丈，足以指画。’下席者，因夫子不应，改容申敬也。” ⑧孙：通“逊”，恭顺。王聘珍：“孙，恭顺也。闲，谓闲居。”戴礼：“曾子非不逊者，百以此自请者，因夫子不答，惧躐等也。” ⑨负序：靠墙。《尔雅》：“东西墙谓之序。”孔广森：“序，东西墙也。堂上之墙曰序，堂下之墙曰壁，室中之墙曰墉。负序，示不敢复问也。《文王世子》曰：‘凡侍坐于大司成者，远近三席，可以问，终则负墙。’”戴礼：“此即《立事》所谓‘虽不说，亦不强争’也，具见曾子行之先言。” ⑩女：同“汝”。《释名》：“语，叙也，叙己所欲说也。”与：同“欤”，疑问词。 ⑪居：各本脱，据戴震、孔广森说补。 ⑫《中庸》：“天下之达道五，所以行之者三。曰君臣也，父子也，夫妇也，昆弟也，朋友之交也。五者，天下之达道也。知、仁、勇三者，天下之达德也。”《尔雅》：“明，成也。”戴礼：“老子《道德经》云：‘道生之，德畜之，物形之，势成之，是以万物莫不尊道而贵德。’” ⑬马：各本作“焉”，据戴震、孔广森说改。于鬯：“此国马即良马之别称，故下文云‘不教不服，不可以取千里’，是实指千里之马而言也。孔广森《大戴礼记补注》、汪照《大戴礼记注补》并据《周礼》种马、齐马、道马、戎马为国马，则非此国马之义矣。说经虽贵证据，而尤忌牵合。此马之良者称国马，犹士之良者称国士耳。取，当读为‘骤’。‘骤’谐聚声，‘聚’即谐取声，故‘骤’可借‘取’为之。不可以取千里，谓虽国马，而不教服，不可以驰骤千里也。”王聘珍：“国，谓王国也。《周礼》曰：‘惟王建国。’《大司马职》曰：‘方千里曰国畿。’教谓教化，服谓服事。《广雅》云：‘取，为也。’上无教化，下不服事，不可以为国也。” ⑭地：方法。王聘珍：“博地众民，谓诸侯大国也。地治，谓以道治也。高注《秦策》云：‘地，犹道也。’” ⑮七教修焉：七教修于国。三至行焉：三至行于国。 ⑯折冲乎千里之外：《淮南子·说山》：“国有贤君，折冲万里。”高诱注：“冲，兵车也，所以冲突敌城也。言贤君德不可伐，故能折远敌之冲车于千里之外，使敌不敢至也。” ⑰衽席：卧席。衽席之上还师：指征伐顺利容易，安全班师。孔广森：“衽，卧席也。喻易。”戴礼：“郑注《曲礼》云：‘衽，卧席也。’还，读如《玉藻》‘周还’之还。” ⑱王聘珍：“劳，力极也。财谓国用。费，耗也。” ⑲戴礼：“不费则无以施惠，不劳则溺于晏安，故疑而问，以未明七教三至也。” ⑳戴震：“‘麋’‘眉’古通用。旧注‘麋一作眉’亦校书者语，非卢氏注文。”王聘珍：“愀然，变动貌。麋，读曰‘眉’。” ㉑孔广森：“天道左阳而右阴，王者左德而右刑。禹宅百揆，故言左；皋陶作士，故言右。不下席，所谓无为而治。” ㉒汪照：“郑司农曰：‘夫，发声也。’《说文系传》：‘中日以出令也。中，所以记其中也。’” ㉓王聘珍：“杜注《左传》云：‘在君为政，在臣为事。’中，正也。令，命也。《小宰职》曰：‘以官府之六职辨邦治。’《大宰职》曰：‘废以驭其罪。’” ㉔奚：何。 ㉕孔广森：“郑君《王制》注曰：‘讥，讥异服，识异言。廛，调御邸舍。税其舍，不税其物也。’广森谓《周礼》门关有征，凶札然后驰之。《左传》亦云：‘宋公以门赏耏班，使食其征。’此言不征者，远法文王治岐之政，犹论为邦取四代之意也。”王聘珍：“关者，界上之门。讥，呵察也。征，赋也。市，买卖所之也。廛，市物邸舍。廛而不税者，税其舍不税其物。” ㉖税十取一：指田税。《孟子》：“夏后氏五十而贡，殷人七十而助，周人百亩而彻，其实皆什一也。” ㉗孔广森：“虽丰岁，城道之役亦不过三日。中熟二日，下熟一日。” ㉘戴震：“案此‘无征’下旧注一作‘入山泽以时而不禁，夫圭田无征’，亦校书者语，非卢氏注文。” ㉙孔广森：“四者，关、市、山、泽。二者，田税、力役。无取其费，故不殖财。”戴礼：“不聚敛，故不施而惠。” ㉚顺齿：对年长的人恭顺。齿：年龄。孔广森：“施，予也。谅，诚也。”王聘珍：“以敬事长曰顺。齿，年也。施谓施德。谅，信也。”戴礼：“上顺齿则下益悌，此即《文王世子》谓世子齿于学而国人知父子之道长幼之节也。上乐施则下益谅，《毛诗·柏舟传》：‘谅，信也。’君德施普则民信矣。” ㉛孔广森：“不隐，无蔽贤也。”隐：隐匿。王聘珍：“隐，匿也。《孟子》曰：‘进不隐贤，必以其道。’”戴礼：“君好德则进贤，有功人自不蔽矣。” ㉜《释名》：“贞，定也。”孔广森：“强果，谓勇于义也。”王聘珍：“别，辨也。《释名》云：‘贞，定也。’《易》曰：‘君子以辨上下，定民志。’正，政也。”戴礼：

"上恶贪则下耻争，君远利斯臣民亦化。民皆有别则贞，此总束上文。则正亦不劳矣，郑注《尚书大传》：'正，政也。'案二字古通。戴本、孔本改作'政'，王校改作'上'，均非。《论语》：'君子之德风，小人之德草，草上之风必偃。'夫何劳之有？" ㉝教定是正：教成则民正。《尔雅》："是，则也。" ㉞孔广森："表，建木以测影者，影随表移，民随君化。" ㉟敦：敦厚。璞：通"朴"。悫：谨慎。女：指未嫁的女子。憧：读为"僮"，天真无邪。孔广森："玉未治曰璞，喻质素也。憧，愿也。空空，不识不知之貌。志，准也，如'射之有志'之志。敷教以七者为准。"戴礼："《礼运》曰：'仁者，义之本也，顺之体也。行之者尊。'《左·僖九年传》：'公家之利知无不为，忠也。'七年传：'守命共时之谓信。'《玉篇》：'璞，玉未治者。'喻其真也。悫，《说文》：'谨也。'《集韵》：'憧，愚貌。'《论语》皇疏：'空空，无识也。'礼案：此七者皆尚忠尚质之道，夫子岂不足有周之文乎！《淮南·氾论训》作'古人醇，工庞、商朴、士重'。七者教之志也，'志'读如《盘庚》'若射之有志'之志，言教以七者为准。" ㊱《淮南子·氾论》："舒之天下而不窕，内之寻常而不塞。"高诱注："不窕，在大能大也。八尺曰寻，倍寻曰常。在小能小，不塞急也。" ㊲灌：灌洗。孔广森："如灌，犹《传》言洒濯其心。"王聘珍："等，犹差也。礼，谓礼仪。义者，事之宜也。顺，循也，循其理也。灌谓灌洗，洗濯其心以去恶也。" ㊳姑：暂且。于鬯："参姑止，盖曾子又将下席，故止之也。上文云'曾子起，肃然抠衣下席，退负序而立'。孔子曰'居，吾语女'云云，宋本脱'居'字。至是孔子语已，故又载曾子曰：'弟子则不足，道则至矣。'此时曾子必又起立而言，乃侍于先生之通礼。（小戴《曲礼记》云：'侍坐于先生，请业则起，请益则起。'又云：'侍坐于君子，君子问更端，则起而对。'）故记不复言起，省略可知也。不复方肃然抠衣下席者，孔子不待其抠衣下席，即止之也。故曰姑止。" ㊴王聘珍："《广雅》云：'州，居也。'《王制》曰：'量地以制邑，度地以居民。'属，官众也。《周礼》曰：'以官府之六属举邦治。'隐，蔽也。暴，乱也。伏，匿藏也。" ㊵省：省察。王聘珍："有司，谓《周礼》乡大夫之属，州长、党正、族师、闾胥、比长皆是也。省，察也。如读曰'而'。考，校也。日省时考，谓四时孟月月吉日聚众读法，以考其德行道艺，纠其衰恶过失。" ㊶《尔雅》：

"诱，进也。"王聘珍："诱贤，谓乡大夫三年则大比，考其德行道艺，而兴贤者、能者。" ㊷王聘珍："使之，谓使民也。《礼运》曰：'民不独亲其亲，不独长其长，使老有所终，壮有所用，幼有所长，鳏寡孤独废疾者皆有所养。'选贤举能者，《乡大夫职》曰：'使民兴贤，出使长之；使民兴能，入使治之。'" ㊸无刑民：人民皆变好，没有受刑罚的。王聘珍："刑，罚罪也。无刑民者，民皆不变，刑措不用也。" ㊹孔广森："保子，幼子在保抱者。"王聘珍："亲，爱也。保，养民。慈母，养子者也。" ㊺迩：近。说：同"悦"。《论语》："近者说，远者来。"《说苑》："子贡曰：叶公问政于夫子，夫子曰：'政在附近而来远。'"戴礼："近者悦其政，远者怀其德。来，谓贡方物也。" ㊻寻：八尺。《小尔雅》："寻，舒两肱也。"王聘珍："布，敷也。舒，展也。肘，臂节也，从肉从寸，寸，手口也。度人之两臂为寻，八尺也。《广雅》云：'索，尽也。'度始于寸，尽于寻，数始于一，终于十也。"度量，始于寸，而尽于寻；数目，始于一，而终于十，所以说"十寻而索"。戴礼："此即《中庸》所云治国如示诸掌之义也。《小尔雅》：'大者谓之索，小者谓之绳。'颜注《急就篇》：'索总，谓切捻之紧者也。'" ㊼《司马法》："六尺为步，步百为亩。"堵：当为"亩"，音近而误。 ㊽千步而井：以百步为亩来计算，应该是九百步而井，这里说千步是概举与九百相近的整数来说的。王聘珍："以百步为亩计之，应九百步而井；云千步者，包田间水道途径而言也。" ㊾《周髀算经》赵爽注："伸员之周为句。"烈：读为"列"。《周礼·稻人》郑玄注："列，田之畦畤也。" ㊿《考工记》："匠人为沟洫，九夫为井，井间广四尺深四尺谓之沟。欲为渊则句于矩。"距，是折而为方。由"百步而亩"到这里，是说的造成田野形体的方法。 ㉛孔广森："天子近郊五十里，远郊百里。封，谓近郊之四疆沟封之地也。百里之外曰甸，甸有都邑。"王聘珍："封，起土界也。《左氏·庄二十八年传》：'凡邑有宗庙先君之主曰都，无曰邑。'" ㉜"兴"当为"与"，形近而误。处者：居家的人。行者：行路的人。恤：优恤。亡：同"无"。孔广森："言使居者畜积，以待行客之有无。《周礼》：'凡国野之道，十里有庐，庐有饮食；三十里有宿，宿有路室，路室有委；五十里有市，市有候馆，候馆有积。'亦其事也。" ㉝朝觐：臣见君为朝，诸侯见天子为觐。戴礼："此即《中庸》所谓柔远则四方归之，《竹书》周武王十五年肃慎氏来宾，成王十年越裳氏来朝之类是也。”　㊿④王聘珍：“无市而民不乏者，《遗人职》曰：‘掌其道路之委积。凡国野之道，十里有庐，庐有饮食。三十里有宿，宿有路室，路室有委。五十里有市，市有候馆，候馆有积。’乏，匮也。《书》曰：‘士制百姓于刑之中，以教祗德。’无刑者，不任刑也。不违者，民皆从教也。”　⑤⑤毕：用网捕。弋：用系绳的箭射取。王聘珍：“毕，田畋也。弋，缴射也。田猎，放猎逐禽也。四时之田，总名为猎，为田除害也。盈犹充也。”　⑤⑥慢：宽缓。怛：忧伤。王聘珍：“慢，宽缓也。怛，忧伤也。慢怛，谓君心广大，忧民之忧也。补不足，谓出宫室府库所藏，以振贫乏也。《白虎通》云：‘礼所以防淫佚，节其侈靡也。’又云：‘礼者，盛不足，节有余，使丰年不奢，凶年不俭，富贫不相悬也。’”　⑤⑦貌：虚饰的形貌。王聘珍：“信，诚也。谓慢怛由于心，而德及于民。貌谓文貌。礼以节其行，故少文貌也。”戴礼：“多信尚忠，寡貌尚质。”　⑤⑧王聘珍：“信者，‘与国人交，止于信’也。迹谓成迹。履，践也。”戴礼：“《易·复卦》云：‘及复共道。’言近道，故人欲使复之。可履，可蹈而常行也。”　⑤⑨王聘珍：“饥渴之切，必求食饮，上之亲民如此，民亦信其上之亲之也。”《说苑》：“圣人之于天下百姓也，其犹赤子乎！饥者则食之，寒者则衣之，将之养之，育之长之，惟恐其不至于大也。”

⑥⓪王聘珍：“暑热冻寒，喻教也。《乐记》曰：‘教者，民之寒暑也。’远若迩，谓无有远迩，声教讫于四海也。”　⑥①孔广森：“远方非道迩也，而民咸信之者，明德之所及也。”戴礼：“明德亲民，若寒热之无远迩，异者则信矣。德之流行，远于置邮而传命也。”　⑥②用利：财货。王聘珍：“兵，谓五兵。郑注《司兵》云：‘郑司农云，五兵，戈、殳、戟、酋矛、夷矛。玄谓车之五兵，郑司农所云者是也。步卒之五兵，则无夷矛而有弓矢。’革谓三革，贾注《国语》云：‘三革，甲、胄、盾，三也。’威，畏也。用，货贿也。利，爵赏也。施，予也。亲，谓民亲其上也。”　⑥③王念孙：“‘此之谓也’四字，涉上‘此之谓’而衍。上文曰‘明王之守也，必折冲乎千里之外；其征也，衽席之上乎还师’，故此释之曰此之谓明王之守也，折冲乎千里之外，则不当更有‘此之谓也’四字明矣。下文‘此之谓衽席之上乎还师’，与此文相对，亦无‘此之谓也’四字。”　⑥④至礼，无上之礼。《孔子闲居》：“‘威仪逮逮，不可选也’，

无体之礼也。” ⑥⑤戴礼：“至赏，谓以爵劝功，故不费。” ⑥⑥《孔子家语》：“孔子曰：‘夙夜基命宥密，无声之乐也。’王肃：‘言己行与民信，五教在宽，民以安宁，故谓之无声之乐。’” ⑥⑦俞樾：“知，犹交也。《吕氏春秋·明理》篇：‘弟兄相诬，知交相倒。’是知与交同义。天下之君可得百知，言天下之君可得而交也。《墨子·经篇》曰：‘知，接也。’接与交义亦相近。” ⑥⑧必，原作“以”，据戴震说校改。孔广森：“明王之政，卿大夫以时献贤能之书，诸侯又岁贡士于天子，故尽知天下之良士。” ⑥⑨因，利用。王聘珍：“爵，谓公、侯、伯、子、男、卿、大夫、士也。尊，贵也。” ⑦⓪明，原作“名”。据戴震说校改。戴礼：“明誉，谓民皆誉王之明也。” ⑦①咸：全、都。征，征伐。 ⑦②拱：拱手。俟：等待。戴礼：“有士之君，谓诸侯。若能修行王道，仁者无敌，亦可以征也。” ⑦③征：正。吊，慰问。⑦④王聘珍：“行，谓行师征伐。施，功劳也。弥，益也。博，广也。《吕氏春秋·怀宠》云：‘义兵行地滋远，得民滋众。’”

[译文] 孔子闲坐家中，曾参陪在身边。孔子说：“曾参！如今的国君只能听到士和大夫的言论，至于治国安民的道理是很少听到了。唉！难道我的治理天下的言论还来不及讲出来，就要死了吗！悲哀啊！”曾子站起来问：“请问，什么是治理天下的言论？”孔子没有说话。曾子有点害怕，很恭敬地提起衣襟，离开座席说：“学生知道这样问有些冒失，因为陪先生您独处的机会难得，所以才冒昧地问。”孔子仍然没有应答。曾子更害怕了，后退几步，靠墙站立。孔子说：“曾参，可以对你说一说明君治理天下的道理了。”曾子答道：“我不敢认为自己有足够的能力和资格谈这个问题，但得到先生的空闲很难，所以才冒昧地提问。”孔子说：“坐下吧，我这就讲给你听。道是用来彰明德的，德是用来尊显道的，所以没有德，道就得不到尊显；没有道，德就得不到彰明。虽有良马，不调教，不服习，不能远行千里。虽然有广阔的土地、众多的人民，但不能用恰当的方法治理，就不可能成就王霸之业。因此从前圣明的君主对内修明七教，对外实行三至。七教修明了，然后可以守卫国土；三至实行了，然后可以对外征伐。七教不修明，即使能守，也不会牢固；三至不实行，即使征伐，别人也

不会服从。所以，明主守国，必定能退敌于千里之外，对外征伐时必定能使军队平安返回。所以说对内修明七教，君主便用不着操劳；对外实行三至，财物便用不着耗费。这就叫作明君治理天下之道。”

曾子问道：“不劳累、不耗费就可以称为圣明君主吗？”孔子眉头一皱，变了脸色，说：“曾参，你以为圣明君主一定要操劳吗？从前帝舜以禹和皋陶为左右辅臣，不用离开座位就能实现天下太平。政令不正确，这是君主的过错；政令正确但却得不到推行，这是臣下的罪过。圣明君主为什么非要自己操劳呢？过去的圣明君主，关卡只检查而不收税，市场上只提供给人房屋做商铺也不收税，抽取十分之一的赋税，让百姓服徭役每年不过三天，百姓可以按时进入山林而不纳税，这六条是生财的途径。圣明君主舍弃了关、市、山、泽的四项税收，又减省了田税和民力，节省使用，哪里能有大量财物的耗费呢？”

曾子问道：“什么是七教？”孔子说：“在上者尊敬老人，在下者就会更加孝顺父母；在上者尊重长者，在下者就会更加敬爱兄长；在上者乐于施舍，在下者就会更加诚信待人；在上者亲近贤人，在下者就会注意选择朋友；在上者注重德行，在下者就不会隐于山林；在上者厌恶贪行，在下者就会耻于争利；在上者强勇果敢，在下者就会明廉知耻。人民对这些有所辨别，就会心性端正、坚定，在上者也就不会太操劳了，这就是七教。七教是治理人民的根本。政治和教化确定了，根本也就端正了。在上的人，是人民的表率，表率端正了，还有什么东西不正？因此人君先立身行仁义，然后大夫忠心、士人守信、百姓厚道、工匠纯朴、商人谨悫、少女天真纯朴、妇女虚怀无知，这七个方面是教化的标志。将它们推广到天下四方也不会有什么空隙，将它们实施于平民之家也不会感到满盈。所以圣人用礼区别它们，用义确立它们，用顺来推行它们，那么百姓抛弃恶行就会像用水洗去污垢一样。”

曾子说：“您所讲的道理是非常好的，只是我还没有完全明白。”孔子说：“曾参你暂且停住，我还没讲完。从前圣明君主治理百姓有办法，一定要划分土地给人民居住，区别归属进行管理，然后使善良之民不至隐蔽埋没，凶暴之民无处藏匿。让官吏每日视察并经常对他们进行考核，每年推荐任用贤良，这样就会使贤者亲近而小人恐惧。还要哀怜老而无依的人，供养孤独无靠的人，救济生活贫穷的人，劝勉孝悌的人，选拔贤能的人。这七件事做好了，那么四海之内就不会有遭受刑罚的人。在上者与百姓亲如腹心，则在下者亲附在上者就会如幼儿见到慈母。上下这样相互亲近，所以政令得到服从，措施得到推行。因为近处百姓悦服，远处的人就会前来归附。然后伸开手指能知道寸有多长，伸开手掌能知道尺有多长，伸开肘臂能知道寻有多长，十寻度量之数就尽了。百步为亩，三百步为里，一千步为井，三井为句列，三句列为矩，五十里立土为界，百里可以建立都邑，于是聚积粮食、衣物，让在家的人照顾行路者财物的有无。所以周边民族和中原人民，虽然衣冠不同，言语不合，但却没有不前来朝见归顺的。所以说没有市场百姓也不会乏困，不设刑罚百姓也不会违背教化。到野外打猎捕鸟，并不是为了充实宫室；向百姓征收赋税，并不是为了充实府库。怀着忧虑来补充百姓的不足，遵守礼节以减少多余的开支。所以说，多讲信义而少做表面文章。制定的礼法能够严守，其诚信可以证明的，做过的事能够让人遵行。他的诚信，就像春夏秋冬一样准确，他拥有人民就会像饥饿时吃饭、口渴时喝水那样自然，下面的百姓当然信任他了。其教化温如暑热，严似冻寒，远近都一样。这不是由于道近在身边，而是受到了德政的教化。因此不动用武器装备就能使人感到畏惧，不给以财物和爵赏就使人感到亲近，圣明君主守卫国土，能够退敌于千里之外，说的就是这个道理。”

曾子问道：“请问什么是三至呢？”孔子说：“最高境界的礼，用不着谦让，就可以使天下实现太平；最恰当的赏赐，用不着耗费，就可以使天下士人高兴；最美妙的音乐，用不着很大声音，就可以使天下百姓和同。圣明君主坚持实行三至，因而能够了解天下的诸侯，能够臣服天下的士人，能够役使天下的百姓。”

曾子问道：“请问这些话是什么意思？”孔子说：“古时圣明君主一定要全部知道天下贤良人士的名字。知道了他们的名字，还要知道他们的能力，知道他们的能力，还要知道他们所在的地方。然后利用天下的各种爵位来尊崇他们，这便是‘至礼不让而天下治’。利用天下的各种利禄来使天下士人致富，这便是‘至赏不费而天下之士说’。天下之士悦服了，那君主贤明的声誉就树起来了，这就是‘至乐无声而天下之民和’。因此说，所谓天下最高境界的仁，就是能够团结天下最亲近的人；所谓天下最聪明的人，就是能够使天下达到和谐的最高境界的人；所谓天下最高水平的智慧，就是能够举荐天下最贤能的人。这三个方面都做好了，然后才可以征伐。所以说仁最重要的在于爱人，智最重要的在于了解贤人，为政最重要的在于任用贤能。拥有土地的君主做好了这三件事，四海之内将拱手等待他的治理，然后就可以征伐了。圣明君主所要征伐的，必然是天道所要废黜的，他们废弃正道而不行，因而要诛杀其君主，引导他们走上正路，慰问其百姓却不掠夺他们的财产。所以说，圣明君主的征伐，好像是及时雨，降落下来而使百姓高兴。因此德政实行越广泛，受人亲近就越普遍，这就叫做‘衽席之上乎还师’。”

[原文]

“满而不满，实如虚，过之如不及，先生难之①；不学其貌，竟其德，敦其言，于人也无所不信②，其桥大人也常以皓皓，是以眉寿③，是曾参之行也。孔子曰：‘孝，德之始也；弟，德之序也；信，德之厚也；忠，德之正也。参也，中夫四德者矣哉。’以此称之。”（卫将军文子　又见《孔子家语·弟子行》）

[注释]

①过：原作“通”，据戴震、孔广森说校改。先生：指父兄。《孔子家语》作“先王”。王聘珍：“满，充也。首先充足，不自满假也。《论语》曰：‘有若无，实若虚。’”卢辩：“云先生者，犹难之，亦所谓先子之所畏也。”②孔广森：“不学其貌，不貌为君子。竟其德，敦其言，竟，尽也。敦，厚也。于人也无所不信，故下文称其忠与信也。”王聘珍：“不学其貌者，不习文貌也。竟，尽也。《乐记》曰：‘德者，性之端也。’竟其德者，尽其性也。敦，厚也。信，诚也。无所不信者，谓尊卑长幼一以至诚与之也。”　③桥：通

"骄"。大人：指富贵者。孙诒让："大人，即贵人，谓诸侯卿大夫也。《礼运》：'大人世及为礼'，郑注云：'大人，谓诸侯。'《士相见礼》：'与大人言、言事君。'注云：'大人，卿大夫也。'《荀子·臣道》篇云：'率群臣百吏而相与强君挢君。'此挢大人，犹言挢君，谓陈义以正贵人之非。皓皓，谓轻视贵人，无瞻顾畏葸之容也。"王聘珍："皓皓，洁白也，言孝子之洁白也。是以眉寿，以介眉寿也。"

[译文] 满了却不自满，充实了还像空虚一样，超过了还如同不够，这些父兄都难以做到；不装出君子的外表，而是实践君子的言论和德行，对人无不诚信，以浩然之气傲视权贵，所以能长寿，这是曾参的道行。孔夫子曾经说过："孝是德的开端，悌是德的次序，信是德的充实，忠是德的准则。曾参是符合这四条标准的啊。"夫子是这样称赞他的。

《孔子家语》

[原文] 孔子闲居，曾参侍。孔子曰："参乎，今之君子，唯士与大夫之言可闻也，至于君子之言者希也。于乎！吾以王言之，其不出户牖而化天下。"曾子起，下席而对曰："敢问何谓王之言？"孔子不应。曾子曰："侍夫子之闲也难对，是以敢问。"孔子又不应。曾子肃然而惧，抠衣而退，负席而立。有顷，孔子叹息，顾谓曾子曰："参，汝可语明五之道与！"曾子曰："非敢以为足也，请因所闻而学焉。"子曰："居，吾语汝。夫道者，所以明德也；德者，所以尊道也。是以非德道不尊，非道德不明。虽有国之良马，不以其道服乘之，不可以道里；虽有博地众民，不以其道治之，不可以致霸王。是故昔者明王内修七教，外行三至。七教修，然后可以守；三至行，然后可以征。明王之道，其守也，则必折冲千里之外；其征也，则必还师衽席之上。故曰，内修七教而上不劳，外行三至而财不费。此之谓明王之道也。"曾子曰："不劳不费之谓明王，可得闻乎？"孔子曰："昔者帝舜左禹而右皋陶，不下席而天下治。夫如此，何上之劳乎？政之不平，君之患也；令之不行，臣之罪也。若乃十一而税，用民之力，岁不过三日，入山泽以其时而无征，关讥市廛皆不收赋，此则生财之路，而明王节之，何财之费乎？"曾子曰："敢问何谓七教？"孔子曰："上敬老则下益孝，上尊齿则下益悌，上乐施则下益宽，上亲贤则下择友，上好德则下不隐，上恶贪则下耻争，上廉让则下耻节，此之谓七教。七教者，治民之本也。政教定，则本正也。凡上者，民之表也，表正则

何物不正？是故人君先立仁于己，然后大夫忠而士信，民敦俗璞，男悫而女贞。六者，教之至也。布诸天下四方而不窕，纳诸寻常之室而不塞，等之以礼，立之以义，行之以顺，则民之弃恶如汤之灌雪焉。”曾子曰：“道则至矣，弟子不足以明之。”孔子曰：“参以为姑止乎？又有焉。昔者明王之治民也，法必裂地以封之，分属以理之，然后贤民无所隐，暴民无所伏；使有司日省而时考之，进用贤良，退贬不肖，然则贤者说而不肖者惧；哀鳏寡，养孤独，恤贫穷，诱孝悌，选才能，此七者修，则四海之内无刑民矣。上之亲下也，如手足之于腹心；下之亲上也，如幼子之于慈母矣。上下相亲如此，故令则从，施则行，民怀其德，近者悦服，远者来附，政之致也。夫布指知寸，布手知尺，舒肘知寻，斯不远之则也。周制：三百步为里，千步为井，三井而埒，埒三而矩，五十里而都，封百里而有国，乃为蓄积资聚焉，恤行者有亡，是以蛮夷诸夏，虽衣冠不同，言语不合，莫不来宾。故曰无市而民不乏，无刑而民不乱。田猎罩弋，非以盈宫室也；征敛百姓，非以盈府库也。惨怛以补不足，礼节以损有余，多信而寡貌，其礼可守，其言可覆，其迹可履，如饥而食，如渴而饮，民之信之，如寒暑之不验。故视远若迩，非道迩也，见明德也。是故兵革不动而威，利用不施而亲，万民怀其惠，此之谓明王之守，折冲千里之外者也。”曾子曰：“敢问何谓三至？”孔子曰：“至礼不让而天下治，至赏不费而天下士悦，至乐无声而天下民和。明王笃行三至，故天下之君可得而知，天下之士可得而臣，天下之民可得而用。”曾子曰：“敢问此认何谓？”孔子曰：“古者明王必尽知天下良士之名，既知其名，又知其实，又知其数及其所在焉，然后因天下之爵以尊之，此之谓至礼不让而天下治。因天下之禄以富天下之士，此之谓至赏不费而天下之士悦。如此，则天下之名誉兴焉，此之谓至乐无声而天下之民和。故曰：所谓天下之至仁者，能合天下之至亲也；所谓天下之至明者，能举天下之至贤者也。此三者咸通，然后可以征。是故仁者莫大乎爱人，知者莫大乎知贤，政者莫大乎官能。有土之君修此三者，则四海之内供命而已矣。夫明王之所征，必道之所废者也。是故诛其君而改其政，吊其民而不夺其财。故明王之政，犹时雨之降，降至则民悦矣。是故行施弥博，得亲弥众。此之谓还师衽席之上。”（王言解　又见《大戴礼记・王言》）

［注释］　参见《大戴礼记・王言》。

［译文］　参见《大戴礼记・王言》。

［原文］　曾子曰：“入是国也①，言信于群臣，则留可也；行忠于卿大夫，则仕可也；泽施于百姓②，则富可也。”孔子曰：“参之言，此可谓善安身矣。”（致思　又见《说苑・谈丛》）

［注释］　①是：此。　②泽：恩惠。

［译文］　曾子说：“进入一个国家，国君在行为上能取信于群臣，就可以留在这里；国君行为上对卿大夫厚道，就可以在这里做官；国君恩泽能够惠及百姓，就可以在这里发家致富。”孔子说：“曾参此番话，可以看出他已经知道善于安身的方法了。”

［原文］　曾子曰：“狎甚则相简①，庄甚则不亲②。是故君子之狎足以交欢，其庄足以成礼。”孔子闻斯言也③，曰：“二三子志之，孰谓参也不知礼乎④？”（好生　又见《说苑・谈丛》）

［注释］　①狎：亲近，亲密。简：怠慢。　②庄：严肃，庄重。　③斯：此。④孰：谁。

[译文] 曾子说："过分亲近就会相互怠慢，过分庄重就不能彼此亲近。因此君子对待亲近，只要能结交朋友并彼此欢悦就行了；君子对待庄重，只要能使礼仪完备就行了。"孔子听到这番话，说："你们要记住这些！谁说曾参不懂礼制呀？"

[原文] （卫将军文子问于子贡，子贡曰）"满而不盈，实而如虚，过之如不及，先王难之[①]；博无不学，其貌恭，其德敦，其言于人也[②]，无所不信；其骄大人也，常以浩浩[③]，是以眉寿，是曾参之行也。孔子曰：'孝，德之始也；悌，德之序也；信，德之厚也；忠，德之正也。参中夫四德者也[④]。'以此称之。"（弟子行　又见《大戴礼记·卫将军文子》）

[注释] ①王肃："盈而如虚，过而不及，是先王之所难，而曾参体其行。"
②于：对于。　③王肃："浩然志大。骄，大貌也。大人，富贵者。"
④中：当。

[译文] 参见《大戴礼记·卫将军文子》。

[原文] 曾子芸瓜而误斩其根[①]。曾皙怒，援大杖击之。曾子仆地，有顷苏，蹶然而起[②]，进曰："曩者参得罪于大人[③]，大人用力教参，得无疾乎？"退屏[④]，鼓琴而歌，欲令曾皙听其歌声，令知其平也。孔子闻之，告门人曰："参来，勿内也[⑤]。"曾子自以无罪，使人谢孔子[⑥]。孔子曰："汝闻瞽叟有子名曰舜[⑦]。舜之事父也，索而使之，未尝不在侧；求而杀之，未尝可得。小棰则待[⑧]，大棰则走，以逃暴怒也。今子委身以待暴怒，立体而不去，杀身以陷父不义[⑨]，不孝孰是大乎[⑩]？汝非天子之民邪？杀天子之民，罪奚如[⑪]？"曾参闻之，曰："参罪大矣！"遂造孔子而谢过。以曾子之才，又居孔子之门，有罪不自知，处义难乎！（六本　又见《说苑·建本》《韩诗

外传》卷八）

[注释] ①芸：借为“耘”，锄草。 ②蹶然：急忙的样子。 ③曩者：以往，刚才。疾：伤。 ④屏：忍住。 ⑤内：接纳，使入内。 ⑥谢：禀告。 ⑦瞽叟：舜父的外号。 ⑧棰：同“棰”，木棒。 ⑨陷父不义：使父亲陷身于不义。 ⑩孰：谁，哪个。是：此。孰是大，有哪个比这更大。 ⑪奚：何。

[译文] 曾参为瓜田锄草，不小心把瓜根锄断了。父亲曾皙大怒，拿过一根大棒子打他。曾参扑倒在地上，过了一会儿才苏醒过来。一醒来，他急忙站起身来走到父亲跟前，说：“刚才我得罪了父亲，父亲用力教导我，该不会累坏了吧？”退下后强忍着疼痛，弹琴唱歌，想让父亲听到他的歌声，知道自己平安无事。孔子听到这件事以后，告诉守门人说：“曾参来了，不要让他进来。”曾参自以为没有大罪，让人向孔子禀告。孔子说：“你没听说过瞽叟有个儿子叫舜吗？舜事奉父亲，若找来使唤他，没有一次不在身边的；若找来杀他，没有一次能够找到。父亲拿小棒，就等着让父亲打；父亲拿大棒，就跑，以逃避暴怒。现在你把身子交出来等待暴怒，立在那里不离去，伤害自己而使父亲陷于不义，不孝哪里有比这更大的呢？你不是天子的子民吗？杀害天子的子民，罪恶如何？”曾子听说以后，说道：“我的罪过很大呀。”于是到孔子门上请罪。

[原文] 孔子曰：“回有君子之道四焉：强于行义，弱于受谏，怵于待禄①，慎于治身。史鳝有君子之道三焉②：不仕而敬上，不祀而敬鬼，直己而曲人。”曾子侍，曰：“参昔常闻夫子之三言，而未之能行也。夫子见人之一善，而忘其百非，是夫子之易事也；见人之有善，若己有之，是夫子之不争也；闻善必躬行之，然后导之，是夫子之能劳也。学夫子之三言，而未能行，以自知终不及二子者也③。”（六本 又见《说苑·杂言》）

[注释] ①王肃：“怵，怵惕也。待，宜为得也。” ②君子：原作“男子”，

据《说苑》改。 ③二子：王肃："二子，颜回、史鳝也。"

［译文］

孔子说："颜回具备君子的四种品行：践行德义很坚定，接受劝谏很柔顺，得到俸禄很戒惧，修养自身很谨慎。史鳝具备君子的三种品行：不做官却能尊敬身居上位的人，不祭祀却能敬事鬼神，要求自己严格而对别人宽容。"曾参正好陪在孔子身边，说道："我从前常听先生您讲的三句话，但未能实行。先生发现别人的一个优点，就忘了他的许多缺点，这说明先生容易相处；看到别人有长处，就好像自己有了一样，这说明先生不与人争胜；先生听到一个好的观点，一定要亲自去践行，然后再引导别人，这说明先生能够吃苦耐劳。听了先生您的这三句话，却未能实行，因而我自知永远赶不上颜回、史鳝二人。"

［原文］

孔子曰："吾死之后，则商也日益①，赐也日损②。"曾子曰："何谓也？"子曰："商也好与贤己者处，赐也好说不若己者③。不知其子，视其父；不知其人，视其友；不知其君，视其所使；不知其地，视其草木。故曰，与善人居，如入芝兰之室④，久而不闻其香，即与之化矣；与不善人居，如入鲍鱼之肆⑤，久而不闻其臭，亦与之化矣。丹之所藏者赤⑥，漆之所藏者黑。是以君子必慎其所与处者焉。"（六本 又见《说苑·杂言》）

［注释］

①商：卜商，字子夏，春秋时卫人，一说晋人，孔子弟子。益：长进。②赐：端木赐，字子贡，春秋时卫人，孔子弟子。损：退步。 ③说：同"悦"，喜欢。 ④芝兰：芷和兰，皆香草。芝：通"芷"，白芷。⑤鲍鱼：盐鱼，气味腥臭。肆：店铺。 ⑥丹：朱砂。

［译文］

孔子说："我死以后，卜商会越来越长进，端木赐则会越来越退步。"曾参问："为什么呢？"孔子说："卜商喜欢与比自己好的人相处，端木赐则喜欢那些不如自己的人。不了解儿子，可以看看他的父亲；不了解一个人，可以看看他结交的朋友；不了解一个君主，可以看看他使用的臣下；不了解一块土地，可以看看那里草木生长的情况。所以说，与好人相处，如同进入有白芷和兰草的房间，时间长了就感觉不到它的香味，是与它同化了；与坏人相处，如同进入卖鲍鱼的店铺，时间长了也就闻不出它的臭味，也是与它同化了。藏有朱砂的地方是红的，藏有漆的地方是黑的。因此君子一定要慎重选择自己居处交游的环境。”

［原文］ 曾子从孔子之齐，齐景公以下卿之礼聘曾子，曾子固辞。将行，晏子送之曰：“吾闻之，君子遗人以财，不若善言。今夫兰本三年[①]，湛之以鹿醢[②]，既成噉之[③]，则易之匹马。非兰之本性也，所以湛者美矣，愿子详其所湛者。夫君子居必择处，游必择方[④]，仕必择君。择君所以求仕，择方所以修道。迁风移俗者，嗜欲移性，可不慎乎！”孔子闻之曰：“晏子之言，君子哉！依贤者固不困，依富者固不穷。马蚿斩足而复行[⑤]，何也？以其辅之者众。”（六本　又见《荀子·大略》《晏子春秋·内篇杂上》《说苑·杂言》）

［注释］ ①兰本：兰草的根。　②湛：浸泡。鹿醢：用鹿肉做成的肉酱。醢，原作“醢”，据《说苑》改。　③噉：同“啖”，吃，嚼食。　④方：同类，同伴。　⑤马蚿：虫名，又名马陆、百足、刀环虫。形状如蚯蚓，黑紫色，多足。

［译文］ 曾子跟随孔子到齐国，齐景公用下卿的职位来聘用曾子，曾子坚决推辞。曾子准备动身离开时，晏子为他送行，说：“我听说过，君子之间，赠送财物，不如赠送几句有益的话。生长三年的兰草根，用鹿肉酱浸泡后很好吃，可以换一匹马。并不是兰草生来如此，而是用以浸泡它的东西好。希望您能慎重选择‘浸泡’您自己的环境。君子居处一定要选择地方，交游一定要选择同伴，入仕一定要选择君主。选择君主是为了求仕，选择同伴是为了加强修养。那些改变风气，移风易俗的人，都是被嗜好和欲望改变本性，能不谨慎吗？”孔子听说后，说：“晏子的话，真是君子之言啊！依靠贤人当然不会困厄，依靠富人当然不会贫穷。马蚿被砍断了脚还能爬行，这是为什么呢？这是因为它辅助的脚很多。”

［原文］

曾子弊衣而耕于鲁，鲁君闻之而致邑焉[①]。曾子固辞不受。或曰："非子之求，君自致之，奚固辞也[②]？"曾子曰："吾闻受人施者常畏人，与人者常骄人。纵君有赐[③]，不我骄也[④]，我岂能勿畏乎？"孔子闻之曰："参之言，足以全其节也。"（在厄　又见《说苑·立节》）

［注释］

①致邑：送给封邑。　②奚：何。　③纵：即使，假如。　④不我骄：不骄我，不在我面前做骄慢之态。

［译文］

曾子穿着破旧衣服在鲁国耕作，鲁国国君听说后要送给他封邑。曾子坚决推辞。有人说："不是您要求的，而是国君自己要送的，何必要坚决推辞呢？"曾子说："我听说接受别人施予的人常常惧怕别人，送给别人东西的人常常傲视别人。即使是国君赏赐我，也不傲视我，我怎能不畏惧呢？"孔子听到这件事后说："曾参的这番话，足以能够保全他的节操。"

［原文］

曾参，南武城人[①]，字子舆，少孔子四十六岁，志存孝道，故孔子因之以作《孝经》。齐尝聘，欲与为卿[②]，而不就，曰："吾父母老，食人之禄，则忧人之事，故吾不忍远亲而为人役。"参后母遇之无恩，而供养不衰。及其妻以藜烝不熟[③]，因出之。人曰："非七出也[④]。"参曰："藜烝，小物耳。吾欲使熟，而不用吾命，况大事乎？"遂出之，终身不取妻。其子元请焉，告其子曰："高宗以后妻杀孝己[⑤]，尹吉甫以后妻放伯奇[⑥]。吾上不及高宗，中不比吉甫，庸知其得免于非乎？"（七十二弟子解）

［注释］

①南武城：春秋鲁地。在今山东嘉祥，一说在今山东平邑。　②与：一本作"以"。　③藜烝：采藜的嫩叶蒸熟为食。　④《大戴礼记·本命》："妇有七出：不顺父母，去；无子，去；淫，去；妒，去；有恶疾，去；多言，去；窃盗，去。"　⑤高宗以后杀妻孝己：孝己为殷高宗武丁太子，有至孝之行。其母早死，高宗惑于后妻之言，将他放逐。结果孝己死于野外。　⑥尹吉甫以后妻放伯奇：伯奇为西周大臣尹吉甫之子。母早死，因吉甫后妻设计陷害，

伯奇被放逐于野外。后由于宣王干预而得救，吉甫感悟，射杀其后妻。

[译文] 曾子，南武城人，字子舆，比孔子小四十六岁。一心遵行孝道，所以孔子通过他撰写了《孝经》。齐国想聘用他，准备任命他为卿，但他没有接受，说："我父母年龄大了，接受别人的俸禄，就得为别人的事情操劳，我不忍心远离亲人而受人役使。"曾参的后母对曾参没有恩德，但曾参却始终如一地供养她，没有任何懈怠。后来曾参的妻子没有将藜叶蒸熟，便被他休掉。别人说："这不符合七出的规定。"曾参说："蒸藜为食，这是一件小事。我让她蒸熟，她却没有听我的话，何况大事呢？"最后还是休掉了她，而且终身不再娶妻。曾参的儿子曾元请求父亲再娶，曾参告诉儿子说："殷高宗因为后妻而杀害孝己，尹吉甫因为后妻而放逐伯奇。我上不及高宗，中不及吉甫，哪里知道她能够免于为非作歹呢？"

[原文] 齐晏桓子卒，平仲粗衰斩，苴绖带，杖，以菅屦，食粥，居倚庐，寝苫枕草。其老曰："非大夫丧父之礼也。"晏子曰："唯卿大夫。"曾子以问孔子。孔子曰："晏平仲可谓能远害矣。不以己之是驳人之非，逊辞以避咎，义也夫！"（曲礼子夏问）

[注释] 参见《晏子春秋·内篇杂上》。

[译文] 参见《晏子春秋·内篇杂上》。

[原文] 原思言于曾子曰："夏后氏之送葬也，用盟器，示民无知也；殷人用祭器，示民有知也；周人兼而用之，示民疑也。"曾子曰："其不然矣。夫以盟器，鬼器也；祭器，人器也。古之人胡为而死其亲也？"（曲礼子夏问　又见《礼记·檀弓上》）

[注释] 参见《礼记·檀弓上》。

[译文] 参见《礼记·檀弓上》。

[原文] 季康子朝服以缟[①]，曾子问于孔子曰："礼乎？"孔子曰："诸侯皮弁告朔[②]，然服之以视朝，若此者，礼也。"（曲礼公西赤问）

[注释] ①缟：未经染色的绢。 ②皮弁：白鹿皮制成的帽子，一般用于军戎田猎或礼仪。告朔：周制，天子于每年年底把第二年的历书颁发给诸侯，叫"告朔"。诸侯于每月朔日（阴历初一）行告庙听政之礼，亦称告朔。

[译文] 季康子穿着用缟做成的衣服上朝，曾子问孔子说："这符合礼制吗？"孔子回答说："诸侯戴皮弁举行告朔之礼，结束后穿着上朝，这是符合礼制的。"

《孔丛子》

［原文］

孔子昼息于室而鼓琴焉。闵子自外闻之[1]，以告曾子曰："向也夫子之音清彻以和[2]，沦入至道[3]，今也更为幽沈之声[4]。幽则利欲之所为发，沈则贪得之所为施。夫子何所感而若是乎？吾从子入而问焉。"曾子曰："诺。"二子入问夫子。夫子曰："然，女言是也[5]，吾有之。向见猫方取鼠，欲其得之，故为之音也[6]。女二者谁识诸[7]？"曾子对曰："闵子。"夫子曰："可与听音矣。"（记义）

［注释］

①闵子：姓闵，名损，字子骞，鲁国人，孔子弟子。 ②以：而且。 ③沦：渐入，浸入。 ④沈：同"沉"。 ⑤女：同"汝"。 ⑥之：此，是。 ⑦孰：谁。诸：之。

［译文］

孔子白天在室内休息弹琴。闵子骞在外面听到，告诉曾子说："过去夫子的琴声清澈而且醇和，像是进入至道之境，今天却变为幽沉之音。幽是利欲之心所驱使而发，沉是贪得之心所驱使而发。夫子是感受到什么才弹奏出这种声音？我和你进去问问吧。"曾子说："好。"二人进屋问孔子。孔子说："是，你们说得对。我确实有贪欲之音。刚才看见猫正在捕鼠，我想让它捕到，所以弹出此音。你们两个谁听出来的？"曾子回答说："是闵子骞。"孔子说："可以和他一起听音乐了。"

［原文］

曾子问听狱之术[1]，孔子曰："其大法有三焉：治必以宽，宽之之术归于察，察之之术归于义。是故听而不宽是乱也，宽而不察是慢也[2]，察而不中义是私也[3]。私则民怨。故善听者，虽不越辞[4]，辞不越情[5]，情不越义。《书》曰：'上下比罪，无僭乱辞[6]。'"（刑论）

［注释］

①听狱之术：审理案件的方法。 ②慢：怠慢，不重视。 ③私：

徇私。 ④越辞：超出讼辞。 ⑤情：实情。 ⑥见《尚书·吕刑》。意谓反复比较其罪，不要错乱其辞。

[译文]

曾子向孔子请教审理案件的方法，孔子说：“大的原则有三条：审理案件一定要宽大，宽大的关键在于明察，明察的要义在于符合正义。所以审案子不宽缓是乱，只讲宽大而不明察是慢。明察而又不合正义是徇私，徇私就会引起民怨。所以善于审理案件的人不超越其言辞，不超越事实，不超越正义。《尚书》上说：‘刑律上没有明文规定的罪，上下比照刑律来定罪量刑，仔细查明犯罪事实，使刑当其罪。’”

[原文]

曾子谓子思曰：“昔者吾从夫子游于诸侯，夫子未尝失人臣之礼，而犹圣道不行①。今吾观子有傲世主之心②，无乃不容乎③？”子思曰：“时移世异，各有宜也。当吾先君，周制虽毁，君臣固位，上下相持若一体然。夫欲行其道，不执礼以求之，则不能入也。今天下诸侯方欲力争，竞招英雄以自辅翼，此乃得士则昌，失士则亡之秋也。于此时不自高，人将下吾④；不自贵，人将贱吾。舜禹揖让，汤武用师，非故相诡⑤，乃各时也。”（居卫）

[注释]

①犹：尚且。 ②傲：傲视。 ③无乃：恐怕，大概。不容：不为世主所容。 ④下：轻视。 ⑤诡：背。

[译文]

曾子对子思说：“过去我跟随夫子周游列国，夫子也未曾失去做人臣子的礼节，可夫子的主张还是没有被接受推行。现在我看你有傲视当今诸侯的心态，恐怕会不为今世当权者所容吧？”子思说：“时间迁移，世事变更，各有所宜。我祖父所处的时代，周代礼制虽毁，君臣的位子还在，上下相互维持，仍然不失为一体。想推行自己的主张，不按礼仪去追求，根本不会被接受。当今之世，天下诸侯都在以力相争，竞相招揽人才辅佐自己，这是得到人才就昌盛，失去人才就灭亡的时代啊。这时再不看重自己，别人就会卑视我们；不尊重自己，别人就会轻视我们。舜、禹以禅让得天下，商汤和周武王用武力取天下，不是故意背离圣道，是时势造成的啊。”

《新序》

[原文] 曾子曰："鸟之将死，其鸣也哀；人之将死，其言也善。"（杂事）

[注释] 参见《论语·泰伯》。

[译文] 参见《论语·泰伯》。

[原文] 昔者曾子处费[1]，费人有与曾子同名族者而杀人，人告曾子母曰："曾参杀人。"曾子之母曰："吾子不杀人。"织自若。有顷焉，人又曰："曾参杀人。"其母尚织自若也[2]。顷之，一人又告之曰："曾参杀人。"其母惧，投杼逾墙而走。（杂事　又见《战国策·秦策二》《史记·甘茂传》）

[注释] ①费：原作"郑"，据《群书治要》所引改。费：鲁邑，在今山东省费县西南。　②《群书治要》引"织"字上有"尚"字。

[译文] 以前曾子住在费国，费国有个与曾子同名同姓的人杀了人。有人告诉曾子的母亲说："曾参杀人了。"曾子的母亲说："我儿子不会杀人。"仍然若无其事的织布。过了一会儿，又有人告诉她说："曾参杀人了。"曾子的母亲还是若无其事的织布。又过了一会儿，又有人告诉她说："曾参杀人了。"曾子的母亲这才害怕了，赶紧扔下织布的梭子爬墙逃走了。

[原文] 齐大饥，黔敖为食于路，以待饿者而食之。有饿者蒙袂辑屦，贸贸然来。黔敖左奉食，右执饮，曰："嗟，来食！"扬其目而视之，曰："予唯不食嗟来之食，以至于斯也。"从而谢焉，终不食而死。曾子闻之，曰："微与！其嗟也可去，其谢也可食。"（节士　又见《礼记·檀弓下》）

[注释] 参见《礼记·檀弓下》。

[译文] 参见《礼记·檀弓下》。

[原文] 孔子谓曾子曰："君子不以利害义，则耻辱安从生哉！官怠于宦成[①]，病加于少愈[②]，祸生于怠惰，孝衰于妻子[③]。察此四者，慎终如始[④]。"

[注释] ① 怠：怠慢、不敬。宦成：官居高位。 ② 加：加重。少愈：初愈。 ③ 衰：减退、削弱。 ④ 此为《新序》佚文，据薛据《孔子集语》引，《说苑·敬慎》作曾子语。

[译文] 孔子对曾参说："君子如果不以利害义，那么耻辱从哪里产生呢？做官从当了大官时怠慢，疾病从初愈时加重，灾祸从怠惰时产生，孝心由有了妻子儿女时减退。要看清这四种情况，谨慎终结如同开始。"

《说苑》

[原文] 曾子芸瓜而误斩其根[①]。曾皙怒[②]，援大杖击之[③]。曾子仆地，有顷苏[④]，蹶然而起[⑤]，进曰："曩者参得罪于大人[⑥]，大人用力教参，得无疾乎？"退屏[⑦]，鼓琴而歌，欲令曾皙听其歌声，令知其平也。孔子闻之，告门人曰："参来，勿内也。"曾子自以无罪，使人谢孔子。孔子曰："汝闻瞽叟有子名曰舜。舜之事父也，索而使之，未尝不在侧；求而杀之，未尝可得。小棰则待[⑧]，大棰则走，以逃暴怒也。今子委身以待暴怒，立体而不去[⑨]，杀身以陷父不义，不孝孰是大乎[⑩]？汝非天子之民邪？杀天子之民，罪奚如？"以曾子之材[⑪]，又居孔子之门，有罪不自知，处义难乎！（建本　又见《孔子家语·六本》《韩诗外传》）

[注释] ①《论语》何晏注："除草曰芸。"　②曾皙：曾参之父，亦为孔子弟子。　③援：拿。　④有顷：过了一会儿。　⑤蹶然：急忙的样子。⑥曩者：刚才。　⑦屏：忍住。　⑧棰：木棒，棍子。《孔子家语·六本》作"棰"，《韩诗外传》作"棰"。　⑨体：身体。　⑩孰是大：哪个比这更大。　⑪材：《孔子家语·六本》作"才"。

[译文] 见《韩诗外传》《孔子家语·六本》。

[原文] 曾子布缊袍未得完[①]，糟糠之食，藜藿之羹未得饱，义不合则辞上卿[②]，不恬贫穷安能行此[③]？（立节）

[注释] ①缊袍：新旧混合棉絮做成的袍子。　②《孔子家语·七十二弟子解》："曾参齐尝聘以为卿而不就。"　③恬：恬淡。

[译文] 曾子贫困之时，曾穿着新旧棉絮混合做成的不完整的袍子，糟糠和藜藿等野菜的粥饭还吃不饱，而他见不合道义，宁肯辞去上卿的职位，不安贫乐道怎能够做到这一点呢？

[原文] 曾子衣敝衣以耕[①]，鲁君使人往致邑焉，曰："请以此修衣[②]。"曾子不受。反，复往，又不受。使者曰："先生非求于人，人则献之，奚为不受[③]？"曾子曰："臣闻之，受人者畏人，予人者骄人。纵子有赐[④]，不我骄也，我能无畏乎？"终不受。孔子闻之曰："参之言，足以全其节也。"（立节 又见《孔子家语·在厄》）

[注释] ①衣敝衣：穿着破旧的衣服。 ②修：置办。 ③奚：何。 ④子：指鲁君的使者。

[译文] 参见《孔子家语·在厄》。

[原文] 鲁人攻费，曾子辞于费君曰："请出，寇罢而后复来。请姑毋使狗豕入吾舍[①]。"费君曰："寡人之于先生也，人无不闻。今人攻我而先生去我，我胡守先生之舍[②]？"鲁人果攻费而数之罪十，而曾子之所争者九[③]。鲁师罢，费君复修曾子舍而后迎之。（尊贤）

[注释] ①姑：姑且，暂时。 ②胡：何。 ③争：劝谏。关嘉："鲁人责费之罪十条而其九条则曾子平日所谏争干费君者也。费君用曾子之谏争，在今日之事乎？宜曾子去其舍。"

[译文] 鲁国人进攻费国，曾子向费君请辞说："我请求躲避一下，鲁国人走了再回来。请您派人看着我的馆舍，不要让猪狗进入。"费君说："我对于先生如何，人们没有不知道的。现在鲁国人进攻我们，先生却要首先离开，我凭什么要为你看守馆舍呢？"鲁国人果然攻打费国并且历数了其十项罪，而其中竟有九项是曾子曾经劝谏过的。鲁国军队撤退以后，费君赶紧修好了曾子的馆舍把他迎接回来。

[原文] 曾子有疾，曾元抱首，曾华抱足[①]。曾子曰："吾无颜氏之才[②]，何以告汝？虽无能，君子务益。夫华多实少者，天也；言多行少者，人也。夫飞鸟以山为卑而层巢其颠，鱼鳖以渊为浅而穿穴其中，然所以得者，饵也。

君子苟能无以利害身[③]，则辱安从至乎？官怠于宦成[④]，病加于少愈[⑤]，祸生于懈惰[⑥]，孝衰于妻子。察此四者，慎终如始。”（敬慎）

［注释］ ①曾元、曾华：曾参之子。 ②颜氏：指颜渊。 ③苟：如果。 ④关嘉：“宦成，官已遂也。” ⑤少愈：初愈。 ⑥关嘉：“懈惰，不谨也。”

［译文］ 参见《曾子疾病》。

［原文］ 邑名胜母，曾子不入[①]；水名盗泉，孔子不饮。丑其名也。（谈丛 又见《淮南子·说山训》《史记·邹阳传》《盐铁论·晁错》《汉书·邹阳路传》《论衡·问孔》）

［注释］ ①关嘉：“胜母则不孝，故不入。”

［译文］ 参见《盐铁论·晁错》。

［原文］ 曾子曰：“鹰鹫以山为卑，而增巢其上[①]；鼋鼍鱼鳖以渊为浅，而穿穴其中。卒其所以得者[②]，饵也。君子苟不求利禄，则不害其身。”（谈丛 又见《荀子·法行》《大戴记·曾子疾病》）

［注释］ ①增：《荀子·法行》同，《说苑·敬慎》作“层”。 ②卒：最终。

［译文］ 参见《荀子·法行》《大戴记·曾子疾病》。

［原文］ 曾子曰：“狎甚则相简[①]，庄甚则不亲。是故君子之狎足以交欢，其庄足以成礼。”孔子闻斯言也[②]，曰：“二三子志之！孰谓参也不知礼乎？”（谈丛 又见《孔子家语·好生》）

［注释］ ①关嘉：“狎，习也，近也。简，慢忽也。” ②斯：此。

［译文］ 参见《孔子家语·好生》。

［原文］ 曾子曰：“入是国也，言信乎群臣[①]，则留可也；

忠行乎群臣[②]，则仕可也；泽施乎百姓，则安可也。”（谈丛　又见《孔子家语·致思》）

［注释］ ①乎：于。　②忠行：《孔子家语·致思》作“行忠”。

［译文］ 参见《孔子家语·致思》。

［原文］ 曾子曰：“响不辞声[①]，鉴不辞形[②]，君子正一而万物皆成。夫行非为影也，而影随之；呼非为响也，而响和之。故君子功先成而名随之。”（杂言）

［注释］ ①响：回音。辞：拒绝。　②鉴：镜子。

［译文］ 曾子说：“回音是不选择声音的，镜子是不选择形体的，君子只要内心端正而专一，万事万物就会随之而成。行走并不是为了要有影子，而影随之而行；呼叫也并不是为了要有回音，但回音却与之相应。所以君子只要建立了功业，名誉就会随之而来。”

［原文］ 曾子曰：“吾闻夫子之三言，未之能行也。夫子见一人之善而忘其百非，是夫子之易事也[①]；夫子见人有善，若己有之，是夫子之不争也；闻善必躬亲行之[②]，然后道之[③]，是夫子之能劳也。夫子之能劳也，夫子之不争也，夫子之易事也，吾学夫子之三言而未能行。”（杂言）

［注释］ ①易事：容易相处。　②躬：身。　③道：行，《孔子家语·六本》作“导”。

［译文］ 参见《孔子家语·六本》。

［原文］ 曾子从孔子于齐，齐景公以下卿礼聘曾子，曾子固辞。将行，晏子送之曰：“吾闻君子赠人以财，不若以言。今夫兰本三年，湛之以鹿醢[①]，既成则易以匹马[②]。非兰本美也[③]，愿子详其所湛。既得所湛，亦求所湛[④]。吾闻君子居必择处，游必择士。居必择处，所以求士也；游必择处，所以修道也。吾闻反常移性者欲也，故不可

不慎也。”（杂言）

［注释］　①关嘉：“湛，渍也。”鹿醢：鹿肉酱。　②关嘉：“言兰本湛之鹿醢味美，而贸易者以匹马之贾。”　③关嘉：“言所湛者美而加贵也。”　④关嘉：“言既得兰本，必求鹿醢。”

［译文］　参见《孔子家语·六本》。

［原文］　文公种米，曾子驾羊，孙叔敖相楚三年[①]，不知轭在衡后[②]。务大者，固忘其小。（杂言）

［注释］　①孙叔敖：春秋时楚庄王的令尹（宰相），辅助楚庄王建成了霸业。②轭：驾在牲口颈部的曲木。关嘉：“衡，轭也。轭，辕端横木，驾马颔者。盖衡在前轭在后也。”

［译文］　晋文公种米欲其长苗，曾子用羊驾车，孙叔敖为楚国的令尹三年，不知道驾车时车轭在衡后。做大事的人，固然会忘掉细节。

［原文］　故君正则百姓治[①]，父母正则子孙孝慈[②]。是以孔子家儿不知骂，曾子家儿不知怒，所以然者，生而善教也。（杂言）

［注释］　①治，得到治理。　②慈，慈爱。

［译文］　所以君主以上率下，百姓就得到好的治理；父母以身作则，子孙就会慈爱孝顺。所以孔夫子家里的儿孙不知什么是骂，曾子家里的儿孙不知什么是怒。之所以如此，是因为他们一出生就受到好的教养。

［原文］　公孟子高见颛孙子莫曰[①]：“敢问君子之礼何如？”颛孙子莫曰：“去尔外厉与尔内折[②]，色胜尔心自取之[③]，去三者而后可矣。”公孟不知，以告曾子，曾子愀然逡巡曰[④]：“大哉言乎！夫外厉者必内折，色胜而心自取之者，必为人役。是故君子德行成而容不知[⑤]，闻识博而辞不争，知虑微达而能不愚[⑥]。”（修文）

［注释］　①公孟子高：曾子弟子。一说即公明高。颛孙子莫：鲁国贤人。《孟子·尽

心章句上》有“子莫执中”，罗根泽认为此子莫即颛孙子莫，钱穆《先秦诸子系年考辨·子莫考》赞同罗说，并谓：“核其年世，疑即子张之子申详其人也。” ②外厉：外表强硬。内折：内心虚弱。原文脱“折”字，据下文补。《论语·阳货》：“色厉而内荏，譬诸小人，其犹穿窬之盗也。” ③色胜：辞色上争胜。尔心自取之：自以为是。 ④愀然：忧惧的样子。 ⑤容不知：表面上看不出来。 ⑥微达：深远通达。

［译文］ 公孟子高见到颛孙子莫，问道：“请问君子之礼是怎么样的呢？”颛孙子莫说：“抛弃你外表的骄气和内心过多的欲望，还有你争强好胜、自以为是的心态，去掉这三者就可以了。”公孟子高不明白什么意思，于是告诉了曾子。曾子肃然起敬，徘徊着说：“真是至理之言呀！人如果外表骄气内心必然空虚，争强好胜而又自以为是，必然会被人役使。所以说君子有德行但容貌上不显露出来，见识广博但言辞上不去争辩，考虑周全细微不会受到愚弄。”

［原文］ 曾子有疾，孟仪往问之①。曾子曰：“鸟之将死，必有悲声，君子集大辟②，必有顺辞③。礼有三仪，知之乎？”对曰：“不识也。”曾子曰：“坐，吾语女。君子修礼以立志，则贪欲之心不来；君子思礼以修身，则怠惰慢易之节不至；君子修礼以仁义，则忿争暴乱之辞远。若夫置樽俎④，列笾豆⑤，此有司之事也。君子虽勿能可也。”（修文 又见《论语·泰伯》）

［注释］ ①孟仪：孟敬子，鲁国大夫，仲孙捷。 ②集：面临。大辟：指死。③顺辞：合于礼义之言。《国语·楚语下》：“道其顺辞，以昭祀其先祖。”④樽俎：古代盛酒肉的器皿。樽以盛酒，俎以盛肉。 ⑤笾豆：古代食器，竹制为笾，木制为豆。泛指礼器。

［译文］ 曾子得了重病，孟仪来看望。曾子说：“鸟将死的时候，一定会有哀鸣；君子到临死，一定会有顺辞。礼有三层含义，你知道吗？”孟仪回答说：“不知道。”曾子说：“坐下来，我告诉你。君子按照礼来树立远大的志向，就不会有贪欲之心；君子用礼来修养自身，就

不会有懈怠轻曼的行为；君子按照礼来行仁义，就不会有忿争暴乱的言辞。至于安置樽俎、排列笾豆等礼器，那是主管此事之人的职责，君子即使不会也是可以的。”

［原文］

公明宣学于曾子[①]，三年不读书。曾子曰：“宣而居参之门，三年不学，何也？”公明宣曰：“安敢不学[②]。宣见夫子居宫廷，亲在[③]，叱咤之声未尝至于犬马[④]，宣说之[⑤]，学而未能；宣见夫子之应宾客，恭俭而不懈惰，宣说之，学而未能；宣见夫子之居朝廷，严临下而不毁伤，宣说之，学而未能。宣说此三者，学而未能。宣安敢不学而居夫子之门乎？”曾子避席而谢之曰：“参不及宣，其学而已。”（反质）

［注释］

①公明宣：曾子弟子。 ②安：何。 ③亲：指父母。 ④关嘉：“所谓尊客之前不叱狗也。” ⑤说：同“悦”。

［译文］

公明宣就学于曾子，三年没读书。曾子说：“你在我门下，三年不学，这是为什么？”公明宣回答：“我怎敢不学。我见先生您在屋里院里，只要双亲在场，即使对犬马也没有大声呵斥过，我很仰慕，学着做但还没能做到；我见先生您接待宾客，恭敬节俭而不懈怠，我很仰慕，学着做但还没能做到；我见先生您在朝廷，对下属严厉但从不毁谤损害他们，我很仰慕，学着做但没能做到。我仰慕这三种德行，学了但还没能做到。我怎敢在您门下而不学呢？”曾子离开座席道歉说：“我不如公明宣啊，他确实是在学。”

《白虎通》

[原文]

传曰："曾子去妻，梨蒸不熟[①]。问曰：'妇有七出[②]，不蒸亦预乎？'曰：'吾闻之也，绝交令可友，弃妻令可嫁也。梨蒸不熟而已，何问其故乎[③]？'"（谏诤）

[注释]

①梨：通"藜"。一种植物，亦称灰藋。嫩叶可食，老茎可以为杖。②《大戴礼·本命》："妇有七出：不顺父母，去。无子，去。淫，去。妒，去。有恶疾，去。口多言，去。窃盗，去。" ③陈立："然则曾子以其妻本犯七出，虑彰其恶，故借小过出之，为之隐也。"

[译文]

古书上说"曾子因为妻子没有将藜叶蒸熟，便休掉了她。有人问：'妇人有七出之条，蒸不熟藜叶也在内吗？'回答说：'我听说，绝交的人可以使他再交朋友，休掉妻子可以使她再嫁。只不过是没有蒸熟藜叶而已，何必问为什么呢？'"

[原文]

《礼·曾子记》曰[①]："大辱加于身，支体毁伤，即君不臣，士不交，祭不得为昭穆之尸[②]，食不得昭穆之牲，死不得葬昭穆之域也。"（丧服）

[注释]

①此文不见今本《礼记》和《大戴礼记》。 ②昭穆：据古代宗法制度，宗庙或墓地的辈次排列，以始祖居中，二世、四世、六世位于始祖的左方，称昭；三世、五世、七世位于右方，称穆。以此来分别上下辈分。

[译文]

《礼·曾子记》说："身体受到大的侮辱，致使受到了损伤，则不能为天子之臣，士大夫也不再交往，祭祀祖先的时候不能为尸，不能吃祭祀祖先的供品，死了也不能埋到祖坟里。"

[原文]

曾子曰："师三十里[①]，吉行五十里[②]，奔丧百里。"（丧服）

[注释] ①师：指军队征伐。 ②吉行：指天子巡狩等。

[译文] 曾子说："军队一日行进三十里，参加吉礼时一日前进五十里，奔丧的话一日要行一百里。"

《中论》

[原文] 曾子曰："人而好善，福虽未至[①]，祸其远矣[②]；人而不好善，祸虽未至，福其远矣。"（修本）

[注释] ①虽：即使。 ②其：大概。

[译文] 曾子说："人如果好善，福即使不会立即到来，祸患却会离他而去；人如果不好善，祸患即使不会立即到来，福却会离他远去。"

[原文] 曾子曰："或言予之善[①]，予惟恐其闻[②]；或言予之不善，惟恐过而见予之鄙色焉[③]。"（贵验）

[注释] ①或：有人。 ②其：指"予之善"。闻：传播。 ③过：错。鄙色：鄙视的颜色。

[译文] 曾子说："有人说我的优点，我担心它会传播出去（我唯恐听到这种话）。有人说我的缺点，但却怕说多了使我脸色不好看（我唯恐他见到我的羞愧之色）。"

[原文] 人之行莫大于孝，莫显于清。曾参之孝，有虞不能易[①]；原宪之清[②]，伯夷不能间[③]。（智行）

[注释] ①有虞：上古帝王，尧帝让位给有虞氏。 ②原宪：孔子弟子，以安贫乐道著称。 ③伯夷：商代孤竹君之子，因不食周粟而饿死在首阳山。

[译文] 人的德行没有比孝更大的了，也没有比甘于清贫而著称的了。曾参的孝行，就是有虞氏这样的帝王也不能改变；原宪的安贫乐道，就是伯夷这样的隐逸之士也无法否认。

[原文] 若夫求名之徒，残疾其体，冒厄危戮[①]，以狥其名[②]，则曾参不为也。（夭寿）

[注释] ①厄：艰险。戮：杀戮。 ②狥：通“殉”。

[译文] 那些追名之徒，损害其身体，冒着危险和杀戮，舍身以求名，而曾参是不会这样做的。

《博物志》

[原文] 曾子曰："弟子不学古知之矣，贫者不胜其忧[①]，富者不胜其乐[②]。"（杂说上）

[注释] ① 不胜其忧：经不起忧患。 ② 不胜其乐：经不起享乐。

[译文] 曾子说："弟子们不学习古人的德行其结果是显而易见的，贫困者不能忍受贫穷所带来的忧苦，富贵者不能超越富足所带来的快乐。"

[原文] 曾子曰："好我者，知吾美矣[①]；恶我者，知吾恶矣[②]。"（杂说上）

[注释] ① 美：优点，长处。 ② 恶：缺点，错误。

[译文] 曾子说："喜欢我的人，是了解了我的优点；厌恶我的人，是知道了我的缺点。"

《金楼子》

［原文］　曾子曰："患身之不善[①]，不患人之莫己知[②]。"（立言）

［注释］　① 患：担心。　② 莫己知：不了解自己。

［译文］　曾子说："只怕自身修养不够，不怕别人不了解自己。"

［原文］　曾子曰："昔楚人掩口而言，欲以说王[①]，王以为慢[②]，遂加之诛。"卫太子以纸闭鼻，汉武帝谓闻己之臭，又致大罪。二者事殊而相似，时异而怨同。（立言）

［注释］　① 说：游说。　② 慢：傲慢。

［译文］　曾子说："从前有个楚国人捂着嘴说话，想向楚王进言，楚王认为他不尊重自己，所以杀了他。"卫太子用纸塞住鼻子，汉武帝认为他不愿闻自己身上的味道，所以导致大罪。两件事不一样却类似，时间不一样原因却相同。

《刘子》

[原文]

水名盗泉，仲尼不漱[①]；邑名朝歌，颜渊不舍[②]；里名胜母，曾子还轫[③]；亭名柏人，汉后夜遁[④]。何者？以其名害义也。（鄙名）

[注释]

①仲尼：一本作“尼父”。漱，一本作“饮”。《尸子》：“孔子过于盗泉，渴矣，而不饮，恶其名也。” ②颜渊：各家或以为墨子事。《淮南子·说山训》：“墨子非乐，不入朝歌之邑。”《汉书·邹阳传》：“邑号朝歌，墨子回车。” ③袁孝政：“轫，轮也。曾子欲往郑而至胜母里，碍轮而不践其里，旋车而回也。” ④袁孝政：“汉后是汉高祖也。夜过柏人亭，欲宿，问曰：‘此是何亭？’左右曰：‘此名柏人亭。’高祖曰：‘若名柏人，逼迫于人，速须急去。’去后，果侠客来欲害高祖，至旦寻觅不见，乃是赵人贯高。上遂恕其罪，不以为怨也。”

[译文]

水名盗泉，孔子渴了也不喝；里邑名朝歌，颜渊不在那里留宿；里邑名胜母，曾子还车不入；亭子叫柏人，汉高祖夜里离开。为何？因为其名字损害了正道。

[原文]

晋文种米，曾子植羊[①]，非性闇惷[②]，不辩方隅。以其运大，不习小务也。（观量）

[注释]

①袁孝政注：“晋文学外国种米，种虽不生，言其志大也。曾参学外国人锉羊皮，用土种之，虽不生，其志大也。”“架”原作“植”，据孙诒让说校改。 ②闇惷：闇，通“暗”。愚蠢。

[译文]

晋文公种米，曾子给羊带枷，并不是生性愚蠢，分辨不清方向。而是其所作都是大事，不熟悉小事。

[原文]

昔仲尼先饭黍，侍者掩口笑[①]；子游裼裘而谚，曾参指挥而哂[②]。（正赏）

[注释] ① 袁孝政："人送黍饭米飡孔子，孔子不吃诸食，先饭黍，侍者掩口笑。孔子曰：'黍是五谷之长，故先饭黍。'" ② 谚：当作"唁"，吊唁。哂：嘲笑。子游裼裘而吊，曾子嘲之，事见《礼记·檀弓上》。

[译文] 参见《礼记·檀弓上》。

《颜氏家训》

［原文］

吉甫，贤父也。伯奇，孝子也。以贤父御孝子①，合得终于天性②，而后妻间之，伯奇遂放③。曾参妇死，谓其子曰："吾不及吉甫，汝不及伯奇④。"王骏丧妻⑤，亦谓人曰："我不及曾参，子不如华、元⑥。"并终身不娶，此等足以为诫。（后娶）

［注释］

①以：各本无，据宋本补。御：驾驭。 ②合：应该。 ③《琴操·履霜操》："尹吉甫子伯奇，母早亡，更娶后妻，妻乃谮之于吉甫曰：'伯奇见妾美，有邪念。'吉甫曰：'伯奇慈心，岂有此也。'妻曰：'置妾空房中，君登楼察之。'妻乃取毒蜂置衣领，令伯奇掇之。于是吉甫大怒，放伯奇于野。宣王出游，吉甫从之，伯奇作歌以感之。宣王曰：'此孝子之辞也。'吉甫感悟，射杀其妻。" ④见《孔子家语·七十二弟子解》。 ⑤《汉书·王吉传》："吉子骏，为少府，时妻死，因不复娶，或问之，骏曰：'德非曾参，子非华、元，亦何敢娶。'" ⑥华元：曾参的儿子曾华和曾元。

［译文］

尹吉甫是位贤明的父亲，伯奇是位孝顺的儿子。让贤明的父亲来管教孝顺的儿子，应该能够称心如意吧。但吉甫的后妻从中挑拨，伯奇就被父亲放逐了。曾参的妻子死后，他拒绝再娶，并对儿子说："我不如吉甫贤明，你们也不如伯奇孝顺。"王骏在妻子死后，也对别人说了同样的话："我不如曾参，我的孩子也不如曾华、曾元。"

［原文］

曾子七十乃学①，名闻天下。荀子五十，始来游学，犹为硕儒。（勉学）

［注释］

①学：著书立说。

［译文］

曾子七十才专心致学，名声闻于天下。荀子五十才出来游学，还能成为一代大儒。

[原文] 昔者，邑号朝歌，颜渊不舍[①]；里名胜母，曾子敛襟[②]。盖忌夫恶名之伤实也。（文章）

[注释] ① 不舍：不在那里住宿。晋灼曰："《史记·乐书》：'纣作朝歌之音，朝歌者，歌不时也。故墨子闻之，恶而回车，不径其邑。'" ② 敛襟：收敛衣襟，止步不前。

[译文] 从前，城邑名字叫朝歌，颜渊不在那里留宿；里邑名字叫胜母，曾子敛襟不入。大概是忌讳这些恶名伤害了实际吧。

杂 篇

《战国策》

[原文] 昔者曾子处费，费人有与曾参同名族者而杀人。人告其母曰：“曾参杀人。”曾子之母曰：“吾子不杀人。”织自若①。有顷焉②，人又曰：“曾参杀人。”其母尚织自若也。顷之，一人又告之曰：“曾参杀人。”其母惧，投杼逾墙而走③。（秦策二　又见《新序·杂事》《史记·甘茂传》）

[注释] ①鲍彪：“自若，如故也。”　②有顷：过了一会儿。　③鲍彪：“杼，机之持纬者。”逾：越。

[译文] 参见《新序·杂事》。

《列女传》

［原文］

鲁黔娄先生之妻也[①]，先生死，曾子与门人往吊之。其妻出户，曾子吊之。上堂，见先生之尸在牖下[②]，枕墼席稿[③]，缊袍不表[④]，覆以布被，首足不尽敛。覆头则足见，覆足则头见。曾子曰："斜引其被，则敛矣。"妻曰："邪而有余，不如正而不足也。先生以不邪之故，能至于此。生时不邪，死而邪之，非先生意也。"曾子不能应，遂哭之曰："嗟乎，先生之终也！何以为谥[⑤]？"其妻曰："以康为谥。"曾子曰："先生在时，食不充虚，衣不盖形。死则手足不敛，旁无酒肉。生不得其美，死不得其荣，何乐于此而谥为康乎？"其妻曰："昔先生君尝欲授之政，以为国相，辞而不为，是有余贵也。君尝赐之粟三十钟，先生辞而不受，是有余富也。彼先生者，甘天下之淡味，安天下之卑位。不戚戚于贫贱[⑥]，不忻忻于富贵[⑦]。求仁而得仁，求义而得义。其谥为康，不亦宜乎！"曾子曰："唯斯人也而有斯妇。"（贤明传）

［注释］

①黔娄：《汉书·艺文志》载道家《黔娄子》四篇，注云："齐隐士，守道不诎，威王之下。"皇甫谧《高士传》以为齐人。 ②牖：窗户。 ③墼：同"稿"。 ④缊：新旧混合的棉絮。 ⑤谥：古人死后根据生前作为而议定的称号。 ⑥戚戚：忧愁悲伤的样子。 ⑦忻忻：欢喜的样子。

［译文］

鲁国黔娄先生的妻子，在黔娄先生去世时，曾子和他的弟子前去吊唁，黔娄的妻子出门迎接。曾子上前吊唁，走到屋里一看，黔娄先生的遗体停在窗户下面，枕着破草席子，穿着没有表的破棉袍子，用布被盖着，手足还露在外面。用被盖着头则露着脚，盖着脚则露着头。曾子说："斜着盖就可以盖全了。"黔娄的妻子说："斜着盖有余，也不如正着盖不足。先生因不愿意阿世邪行，才到了这个地步，他活着的时候不邪行，死了倒要邪行，这不是先生的意愿！”曾子无言以对，于是大哭着说：“哎呀，先生去世了，用什么作为他的谥号呢？”黔娄的妻子说：“用‘康’作为他的谥号。”曾子说：“先生活着的时候，吃不饱，衣不蔽体。死去了也没有厚敛，旁边也没有酒肉之类的祭品。活着没有好的享受，死去了没有得到什么荣耀，为什么愿意把谥号定为‘康’呢？”黔娄的妻子说：“往日君主想把政务交给我家先生，拜他做相，我家先生辞谢了，不愿意做，这算是贵而有余了。君王曾经赐给我家先生三十钟粟，我家先生也辞谢了没有接受，这算是富而有余了。我家先生，甘于普通的物质生活，身份卑微也很安然，不为贫贱而忧心忡忡，不热衷于发财做官。追求仁，就得仁，追求义，就得到义。他的谥号是‘康’，不也很适宜吗！”曾子说：“只有这样的人才有这样的妻子呀！”

《论衡》

[原文]

传书言：邹衍无罪[①]，见拘于燕[②]，当夏五日，仰天而叹，天为陨霜[③]。……邹衍之冤，不过曾子、伯奇[④]。曾子见疑而吟[⑤]，伯奇被逐而歌。疑、逐与拘同，吟、歌与叹等。曾子、伯奇，不能致寒，邹衍何人，独能雨霜？（感虚）

[注释]

① 邹衍：战国时齐国人。 ② 拘：囚禁。 ③ 陨：坠落。《初学记》引《淮南子》："邹衍事燕惠王，尽忠。左右谮之，王系之，仰天而哭，夏五月，天为之下霜。" ④ 伯奇：西周大夫尹吉甫之子，为后母所谗，无罪而被放逐。 ⑤ 吟：哀吟。

[译文]

古书上说：邹衍无罪而被囚禁于燕国，正当夏天，他仰天而叹，天就下了霜。……邹衍之冤，大不过曾参、伯奇二人。曾参因受父母猜疑虐待而哀吟，伯奇因无罪遭放逐而悲歌。被疑、被逐与被囚禁相同，哀吟、悲歌与长叹一样。曾参、伯奇不能招来寒霜，邹衍是什么人，唯独他能使上天下霜？

[原文]

传书言：曾子之孝，与母同气。曾子出薪于野[①]，有客至而欲去，曾母曰："愿留，参方到[②]。"即以右手扼其左臂。曾子左臂立痛，即驰至问母："臂何故痛？"母曰："今者客来欲去，吾扼臂以呼汝耳。"盖以至孝，与父母同气，体有疾病，精神辄感。（又见《孝子传》）

[注释]

① 薪：砍柴。 ② 方：将要。

[译文]

古书上说：曾参的孝，与其母气息感应相通。曾参到野外砍柴，有客人来访，见他不在家想离去。曾参的母亲说："请您稍等一会儿，曾参将要回来了。"说完就用右手在自己的左臂上掐了一下。曾参的左臂立刻感到痛了，赶紧跑回家问母亲："我左臂刚才痛是怎么回事？"

曾母说："今天客人来，见你不在想要回去，我掐左臂叫你回来。"这是因为至孝之人，与父母气息相通，身体有病痛，精神就会产生感应。

［原文］

传曰：子夏丧其明[①]，曾子吊之[②]，哭。子夏曰："天乎，予之无罪也[③]！"曾子怒曰："商，汝何无罪也？吾与汝事夫子于洙、泗之间[④]，退而老于西河之上[⑤]，使西河之民疑汝于夫子[⑥]，尔罪一也。丧尔亲，使民未有异闻[⑦]，尔罪二也。丧尔子，丧尔明，尔罪三也[⑧]。而曰，汝何无罪？"子夏投其杖而拜，曰："吾过矣，吾过矣！吾离群而索居，亦以久矣[⑨]！"夫子夏丧其明，曾子责以罪，子夏投杖拜曾子之言，盖以天实罚过，故目失其明，已实有之，故拜受其过。

伯牛有疾[⑩]，孔子自牖执其手[⑪]，曰："亡之命矣夫[⑫]！斯人也而有斯疾[⑬]！"原孔子言[⑭]，谓伯牛不幸，故伤之也。如伯牛以过致疾，天报以恶，与子夏同，孔子宜陈其过，若曾子谓子夏之状。今乃言命，命非过也。且天之罚人，犹人君罪下也[⑮]。所罚服罪，人君赦之。子夏服过，拜以自悔，天德至明，宜愈其盲[⑯]。如非天罪，子夏失明，亦无三罪。且丧明之病，孰与被厉之病[⑰]？丧明有三罪，被厉有十过乎？颜渊早夭，子路菹醢[⑱]。早死、菹醢，极祸也。以丧明言之，颜渊、子路有百罪也。由此言之，曾子之言误矣。然子夏之丧明，丧其子也。子者，人情所通；亲者，人所力报也[⑲]。丧亲，民无闻；丧子，失其明，此恩损于亲[⑳]，而爱增于子也[㉑]。增则哭泣无数，数哭中风，目失明矣。曾子因俗之议，以著子夏三罪[㉒]。子夏亦缘俗议，因以失明[㉓]，故拜受其过。曾子、子夏未离于俗，故孔子门叙行未在上第也[㉔]。（祸虚）

［注释］

①丧其明：失明。郑玄："明，目精。" ②吊：慰问。 ③郑玄："怨天罚无罪。" ④夫子：指孔子。洙、泗：孔子讲学之地。 ⑤西河：

龙门至华阴之地，相传子夏教受于西河。 ⑥疑汝于夫子：把你比作孔子。疑，通“拟”。郑玄：“言其不称师。” ⑦异闻：指丧亲悲痛的特殊表现。郑玄：“言居亲丧无异称。” ⑧郑玄：“言隆于妻子。” ⑨索居：独居。⑩伯牛：姓冉名耕，字伯牛，鲁人，孔子弟子。 ⑪牖：窗户。 ⑫亡：无。之：其。 ⑬斯人也有斯疾：见《论语·雍也》。 ⑭原：推究，考求。 ⑮罪：惩罚。 ⑯愈：同“瘉”。 ⑰孰与：哪比得上。⑱菹醢：剁成肉酱。事见《左传·哀公十五年》《史记·卫康叔世家》。⑲《礼记·祭义》：“君子致其敬，发其情，竭力从事，以报其亲。” ⑳恩损于亲：对父母之恩有所贬损。 ㉑爱增于子：对儿子的爱有所增益。㉒著：明。 ㉓以：已。 ㉔叙：排列。行：品行、德行。

［译文］

传书上说：子夏死了儿子又哭瞎了眼睛，曾子去安慰他，于是大哭起来。子夏哭道：“天哪，我有什么罪呀！”曾子生气地说：“商，你怎么会无罪？我与你在洙水与泗水之间事奉孔夫子，你在西河之上讲学养老，让西河的百姓拿你比作孔夫子，这是你的罪之一。你死了双亲，没有让百姓听到你有特殊的悲痛表现，这是你的罪之二。你死了儿子，又哭瞎了眼睛，这是你的罪之三。你说，你怎么没有罪呢？”子夏听了立即丢掉拐杖下拜，说：“我有过错，我有过错！我离开大家独居，已经太久了！”子夏失明，曾子责备他有罪，子夏便丢掉拐杖下拜，恭敬地接受曾子的话，大概以为上天确实在惩罚有过的人，所以自己眼睛失明，而且自己确实有曾子指出的那些过错，因此恭敬地下拜，接受对他过错的指责。

冉伯牛有病，孔子从窗外握着他的手，说：“命快没啦！这样的人却会得这个病！”推究孔子的话，是说伯牛不幸，因而为他悲伤。如果伯牛因为过错而致病，天以疾病报应，就应该跟子夏一样，孔子应该陈述他的过错，像曾子数落子夏的罪状一样。如今孔子却说是命，命并非是过错。天惩罚人，就像君主惩罚臣下一样。被惩罚的人服了罪，君主就该赦免他。子夏已经心服其过错，下拜而表示自愿悔过，天的圣德已表明，就应该使他的瞎眼复明。如果不是天的惩罚，子夏眼瞎，也就不是三条罪过造成的。况且失明的病哪里比得上身上长癞呢？失明有三条罪，那长癞不就该有十条过错了吗？颜渊早死，子路被剁成肉酱。早死、被剁成肉酱，是天下最大灾祸。用子夏失明是天惩罚的说法来推论，那么颜渊、子路就该有一百条罪状。由此说来，曾子的说法是错误的。子夏失明，是由于丧子。对子女疼爱，是人共同的感情；对父母恩情，是人应竭力报答的。死了父母，周围的百姓不知道；死了儿子，却哭瞎了眼睛，这是对父母的恩情不够，而对儿子的疼爱过分。过分地爱就哭得没完没了，久哭就会中风，于是眼睛瞎了。曾子按照百姓的议论，因此指出子夏三条罪状。子夏也根据百姓的议论，由于眼睛已经失明，所以下拜承认自己的过错。曾子、子夏还没有脱离世俗，所以孔门按德行排次序没有把他们列在上等。

[原文] 孔子不饮盗泉之水，曾子不入胜母之闾，避恶去污，不以义，耻辱名也①。（问孔）

[注释] ① 辱名：辱没名声。

[译文] 孔子不喝名叫盗泉的水，曾子不进名叫胜母的里巷，是为了避开恶名，远离污秽，名字取得不合孝道，不避开会玷污了自己的名声。

[原文] 曾子曰：“士不可以不弘毅，任重而道远。仁以为己任，不亦重乎！死而后已，不亦远乎①！”由此言之，儒者所怀，独已重矣②，志所欲至，独已远矣，身载重任，至于终死，不倦不衰，力独多矣。夫曾子载于仁，而儒生载于学，所载不同，轻重均也③。（效力）

[注释] ① 见《论语·泰伯》 ② 独：尤，特别。 ③ 均：相等。

[译文] 曾子说：“读书人不可以心胸不宽广，意志不坚强，因为他们肩负重任，路途遥远。把实现仁道作为自己的责任，担子不是很重大吗？死后才停止，道路不也很遥远吗？”这样说来，儒生所怀的抱负是非常重大的，儒生志向所希望达到的理想也是非常远大的，他们身上担负着重大的责任，一直到死，不疲倦不衰退，精力特别旺盛。曾子担负着仁义，儒生担负着学问，虽然担负的内容不同，但重要性却是一样的。

[原文] 又问曰："鲁季孙赐曾子箦，曾子病而寝之。童子曰：'华而睆者，大夫之箦。'而曾子感惭，命元易箦[①]。盖礼，大夫之箦，士不得寝也。今周公，人臣也，以天子礼葬，魂而有灵，将安之不也[②]？"应曰："成王所为，天之所予，何为不安？"难曰："季孙所赐大夫之箦，岂曾子之所自制乎？何独不安乎？子疾病，子路遣门人为臣[③]。病间[④]，曰：'久矣哉，由之行诈也！无臣而为有臣。吾谁欺？欺天乎？'孔子罪子路者也。已非人君，子路使门人为臣，非天之心而妄为之，是欺天也。周公亦非天子也，以孔子之心况周公，周公必不安也。季氏旅于太山，孔子曰：'曾谓泰山不如林放乎[⑤]！'以曾子之细[⑥]，犹却非礼，周公至圣，岂安天子之葬？曾谓周公不如曾子乎？由此原之，周公不安也。"（感类）

[注释] ①见《礼记·檀弓上》。 ②不：否。 ③见《论语·子罕》。郑玄："孔子尝为大夫，故子路欲使弟子行其臣之礼也。" ④孔颖达："病少差曰间。" ⑤曾谓泰山不如林放乎：见《论语·八佾》。马融："旅，祭名也。礼，诸侯祭山川在其封内者。今陪臣祭泰山，非礼也。"包咸："神不享非礼。林放尚知问礼，泰山之神反不如林放邪？欲诬而祭之也？"郑玄："林放，鲁人也。"曾，竟。 ⑥细：小也。

[译文] 又问："鲁国季孙氏赐给曾子一张席子，曾子病了就躺在这张席子上。侍童说：'华丽漂亮，这是大夫享用的席子。'曾子听了感到惭愧，叫曾元撤换这张席子。按礼制，大夫享用的席子，士人不能躺在上面。而今周公，只是臣子，用天子的礼节安葬他，他的魂魄如果有知，会不会安心呢？"回答说："成王这样做，是上天授意的，为什么会感到不安呢？"责难说："季孙氏赐给曾子大夫享用的席子，难道是曾子自己制造的吗？为什么偏偏会感到不安呢？孔子病重，子路派门人充当孔子的家臣。孔子病势转轻，就说：'很久了呀，仲由干这种弄虚作假的事！我本来没有家臣，却硬装做有家臣。我欺骗谁呢？欺骗上天吗？'孔子这段话是责备子路的。自己不是人君，子路派门人充

当家臣，不符合天意而任意这样做，这是欺骗上天。周公也不是天子，用孔子的心比照周公的心，周公一定会感到不安。季孙氏旅祭于泰山，孔子说：‘竟然认为泰山之神不如林放知礼啊！’凭曾子的低下地位，尚且拒绝作违礼的事，周公是大圣人，怎么能够安心接受用于天子的葬礼呢？竟然认为周公不如曾子吗？据此推究，周公一定会感到不安的。”

[原文] 徒用心以为先祖全而生之①，子孙亦当全而归之。故曾子有疾，召门弟子曰：“开予足②，开予手，而今而后，吾知免夫，小子！”曾子重慎，临绝效全③，喜免毁伤之祸也。孔子曰：“身体发肤，受之父母，弗敢毁伤④。”孝者怕入刑辟⑤，刻画身体⑥，毁伤发肤，少德泊行⑦，不戒慎之所致也。（四讳）

[注释] ①徒：刑徒。 ②见《论语·泰伯》。开，《论语》作“启”。汉代避汉景帝讳而改作“开”。郑玄：“曾子以为受身体于父母，不敢毁伤之，故使弟子开衾而视之也。” ③效：检验，验证。 ④见《孝经·开宗明义章》。 ⑤怕：惧怕。 ⑥刻画：指黥面刺字等刑罚。 ⑦泊：通薄。

[译文] 刑徒这样做的用意是认为祖先完整无缺地把子孙生下来，子孙也应当完整无缺地回到祖先那儿去。所以曾子有病，就召集他的门徒说：“掀开被子看看我的脚，看看我的手，从今以后，我知道我的身体可以免于毁坏损伤了，弟子们！”曾子特别慎重，临死时仍要检查身体是否完整，很高兴避免了毁坏损伤身体的祸殃。孔子说：“身体、毛发、肌肤，是父母授予的，不能够有一点毁坏损伤。”讲孝道的人被迫遭受刑罚，身体被黥刺，毛发肌肤被毁坏损伤，这是由于道德差、行为恶劣、不谨慎所造成的。

[原文] 以孝于父、弟于兄为贤乎①？则夫孝弟之人，有父兄者也，父兄不慈，孝弟乃章②。舜有瞽瞍③，参有曾晳④，孝立名成，众人称之。如无父兄，父兄慈良，无章显之效，

孝悌之名，无所见矣[⑤]。（定贤）

[注释] ①弟：悌也。 ②章：同“彰”，彰显。《老子》：“六亲不合，有孝慈。” ③瞽瞍：舜的父亲。 ④曾皙：曾参之父。 ⑤见：现，显现。

[译文] 把对父亲孝顺、对兄长尊敬的人称为贤人吗？那些遵循孝悌的人，都是有父兄的人，由于父兄不仁慈，他们的孝悌表现才出名。舜是因为父亲瞽瞍想害他，曾参是因为父亲曾皙虐待他，才成就了孝子的名声，众人都称赞他们。如果没有父兄，或者父兄很慈爱善良，便不会有突出的孝悌表现，孝悌的名声，也就不会显现了。

[原文] 大人德扩[①]，其文炳[②]；小人德炽[③]，其文斑[④]。官尊而文繁，德高而文积。华而睆者，大夫之箦，曾子寝疾，命元起易[⑤]。由此言之，衣服以品贤[⑥]，贤以文为差[⑦]。愚杰不别，须文以立折[⑧]。非唯于人，物亦咸然[⑨]。（书解）

[注释] ①扩：充盈。 ②炳：鲜明。 ③炽：旺盛。 ④斑：华丽。 ⑤曾子临终易箦，事见《礼记·檀弓上》。 ⑥品：品鉴，区分。 ⑦贤以文为差：贤人以文才分别高下。 ⑧折：判断。 ⑨咸：皆，全。

[译文] 官大位尊的人道德充盈，他的文饰就鲜明；君子的道德高尚，他的文饰就华丽。官高位尊文饰就繁多，道德高尚文饰就丰盛。华丽而又耀眼的，是大夫享用的席子，曾子病重卧床，让儿子把这席子换掉。由此说来，以穿的服饰来区别贤人，贤人是以文采的多少来区分高低。愚昧杰出不能分别，必须要靠文采来判断。不仅人是如此，万物也都是这样。

《潜夫论》

［原文］

今按鄗、毕之郊，文、武之陵①，南城之垒，曾晳之冢②。周公非不忠也，曾子非不孝也，以为褒君显父③，不在聚财，扬名显祖④，不在车马。（浮侈）

［注释］

①鄗：鄗京，西周国都。毕，毕原。《汉书·楚元王传》："刘向云：'文武、周公葬于毕。'" ②曾晳：曾参之父，也是孔子弟子。 ③《白虎通·谥》篇："人臣之义，莫不欲褒称其君。" ④《礼记·祭统》："显扬先祖，所以崇孝也。"

［译文］

今考周文王、周武王的陵墓在鄗京郊区的毕原、曾晳的坟墓也是南城的一个土堆。周公并非不忠，曾参也并非不孝，他们以为褒扬尊显君父，不在于聚财筑陵墓，使祖先尊显扬名，也不在于多置车马。

《汉书》

［原文］ 臣闻盛饰入朝者不以私污义①，底厉名号者不以利伤行②。故里名胜母，曾子不入③；邑号朝歌，墨子回车④。（邹阳传）

［注释］ ①污义：玷污了义的名声。 ②颜师古："底厉，言其自修廉隅，若磨砺于石也。" ③颜师古："曾子至孝，以胜母之名不顺，故不入也。" ④朝歌：殷商国都。《淮南子》："墨子非乐，不入朝歌。"

［译文］ 我听说穿着华美服饰进入朝廷的人不用私心去玷污节操，修身立名的人不为私利去败坏行止。所以里闾以胜母为名，曾子就不肯进入；都邑以朝歌为名，墨子就回车而行。

［原文］ 曾子曰："尊其所闻，则高明矣；行其所知，则光大矣①。"高明光大，不在于它，在乎加之意而已②。（董仲舒传）

［注释］ ①此不见于今本《曾子》十篇，仅见于此篇。 ②加之意：加以注意。

［译文］ 曾子说："尊崇自己所听到的道理，就高明了；实践自己所知道的道理，就光大了。"高明光大，不在于别的，在于对这些加以注意罢了。

［原文］ 昔曾子问从令之义，孔子曰："是何言与①？"善闵子骞守礼不苟，从亲所行，无非理者，故无可间也②。（杜邺传）

［注释］ ①《孝经·谏争章》："曾子曰：'敢问子从父之令，可谓孝乎？'子曰：'是何言与？是何言与？'" ②《论语·先进》："子曰：'孝哉！闵子骞！人不间于其父母昆弟之言。"

［译文］ 从前曾子询问听从父命的道理，孔子说："这是什么话！"孔子赞扬闵子骞严格遵守礼法，听任父母的行为，没有不合理的，因此也没有可离间的。

《后汉书》

[原文] 臣闻孔子忍渴于盗泉之水，曾参回车于胜母之间，恶其名也。（钟离意传）

[译文] 我听说孔子忍渴而不喝盗泉的水，曾参遇到名为胜母的里间便回车不入，是因为厌恶其名。

[原文] 或谓先孝后仁，非仲尼序回、参之意[①]。盖以为仁孝同质而生，纯体之者，则互以为称，虞舜、颜回是也[②]。若偏而体之，则各有其目，公刘、曾参是也[③]。夫曾、闵以孝悌为至德，管仲以九合为仁功。未有论德不先回、参[④]，考功不大夷吾[⑤]。（延笃传）

[注释] ① 李贤："《论语》孔子曰：'参也鲁。回也其庶乎！'言庶几于善道也。鲁，钝也。言若先孝后仁，则曾参不得不贤于颜子。" ② 李贤注："虞舜、颜回纯德既备，或仁或孝，但随其所称尔。" ③ 李贤注："公刘，后稷曾孙也。能修复后稷之业，务耕种，行地宜，百姓怀之，多从而保归焉。故公刘以仁纪德，曾参以至孝称贤，此则各自为目，不能总兼其美也。" ④ 先回、参：以颜回、曾参为先。 ⑤ 大夷吾：以管仲之事功为大。

[译文] 有人说先孝后仁，这不是仲尼排列颜回、曾参次序的本意。大概是因为仁孝同源而生，总体上来说，可以仁孝互称，如对虞舜、颜回就是这样的。如果分开来说，即各有所专指，如对公刘、曾参就是这样。曾参、闵损是把孝悌作为至德，管仲是以九合诸侯为仁功。没有论德不推颜回、曾参为先，论功不以管夷吾为大的。

[原文] 吾策名汉室[①]，死归其正。昔曾子不受季孙之赐[②]，况可事二姓哉！（蔡邕传）

[注释] ① 吾：蔡邕六世祖蔡勋自称。此乃王莽初年，授官给蔡勋，蔡勋不仕新莽，携家隐居时所说的话。 ② 此盖指曾子易席之事，参见《礼记·檀弓上》。

[译文] 我本在汉朝为官，死后也要归于正统。过去曾子不接受季孙氏的赏赐，况且现在是事奉异姓皇帝呢！

《搜神记》

［原文］　曾子从仲尼在楚而心动①。辞归问母，母曰：“思尔，啮指②。”孔子闻之，曰：“曾参之孝，精感万里③。”（卷十一）

［注释］　①动：悸动。　②啮：咬。　③精：精气，精诚之气。感：感应。

［译文］　曾参跟着孔子在楚国，有一天心突然悸动。辞别孔子回家问母亲，母亲说：“想你了，我就咬了手指。”孔子听到后说：“曾参的孝顺，精气感应万里。”

［原文］　曾参养母至孝①，曾有玄鹤为弋人所射②，穷而归参③，参收养疗治其疮，愈而放之。后鹤夜到门外，参执烛视之，见鹤雌雄双至，各衔明珠以报参焉。（卷二十）

［注释］　①曾：原文作“哙”，据上下文意改。　②弋人：射箭的猎人。　③穷：穷途末路，无处可去。归：依附。

［译文］　曾参奉养母非常孝顺。曾经有一只黑色的鹤被猎人射伤了，走投无路便飞到曾参身边，曾参收养了它并给它治疗伤口，伤愈后就把它放走了。后来有鹤夜里来到曾参家门口，曾参端着火烛一看，雌雄两只鹤各衔着一只夜明珠来报答曾参。

《古今注》

[原文] 曾参锄瓜，三足乌萃其冠①。

[注释] ① 三足乌：神话传说中的青鸟，主为西王母取食。萃：聚集。

[译文] 曾参为瓜田锄草的时候，三足的青鸟聚集到他的帽子上。

《兼明书》

［原文］ 孟子云："曾参之事父也，训之以小杖则受，谕之以大杖则走者，恐亏其体，非孝之道。"（卷三）

［译文］ 孟子说："曾子事奉父亲，用小棍子教训他则接受，用大棒打他则逃走，怕打坏了自己的身体，那就不是孝子事父之道了。"

《大周正乐记》

[原文]

曾子鼓琴，崔子立户外而听之[①]，曲终，入曰："善哉，鼓琴乎！身已成矣，而惜未得其首也。"曾子曰："吾昼卧，梦见一狸，但见其身，不见其头，起而为之弦歌也。"

[注释]

①崔子：一本作"墨子"。

[译文]

曾子在屋里弹琴，崔子站在门外听着，一曲终了，走进去说："真好呀，您弹的琴。中间部分已经很好了，可惜开头不好。"曾子说："我白天休息的时候，梦见一只狸，只见其身，不见其头，起来后作了这首歌。"

[原文]

曾子事孔子数年，晨夕眷然[①]，思二亲而欲归耕，于是援琴而鼓之曰："往而不返者，年也，不可得而再事者，亲也。"孔子闻之，抚而歌曰："枯鱼在索，何日不蠹[②]；二亲在堂，为几日客[③]。"曾子知孔子意，乃逡巡而辞归[④]，故有《曾子归耕操》[⑤]。

[注释]

①眷然：思念的样子。 ②蠹：腐烂。 ③为几日客：以二亲喻客，言其留居之日不多也。 ④逡巡：恭敬谨慎的样子。 ⑤又见于《琴操》。《琴操》所载，无孔子之语，与此稍异。

[译文]

曾子跟孔子学习了好几年，早晚思恋，想回去耕种奉养父母，于是弹琴唱道："去而不返的，是时间啊；去世了再也不能奉养的，是双亲啊。"孔子听了，也弹琴唱道："枯鱼挂在绳索上，谁知哪天会烂掉；双亲如同堂上的客人，谁知还能住几天。"曾子理解了孔子的意思，于是就恭谨地辞归，所以有了《曾子归耕操》这首琴曲。

《昌黎先生文集》

［原文］ 曾子梦见一狸，不见其首，作《残形操》云："有兽维狸兮①，我梦得之。其身孔明兮②，而头不知。吉凶何为兮，觉坐而思③。巫咸天上兮④，识者其谁？"（卷一）

［注释］ ①维：是。 ②孔：很。 ③觉：醒来。 ④巫咸：商王的大臣，相传为占筮的发明者。

［译文］ 曾子梦见一只狸，但不见其头，于是作了一首《残形操》说："有只野兽是狸呀，我在梦里见到它。身子看分明呀，头却不知。不知是吉是凶呀，起坐而沉思。巫咸远在天上呀，还有谁能认识它？"

《孟子外书》

［原文］

孟子游于莒①，有曾子讲堂焉。孟子登堂弹琴而歌，二三子和之②。莒父老曰：“久矣夫不闻此音也。圣人之徒也。”（性善辨）

［注释］

①莒：古国名，在今山东莒县。 ②二三子：指孟子的弟子。

［译文］

孟子周游到了莒，那里有曾子的讲堂。孟子进入讲堂弹琴且唱歌，几个弟子随琴声而唱和。莒城的父老们都说：“好久没有听到这美妙的音乐了。这真是圣人的弟子呀。”

《琴操》

[原文]　《残形操》者[①]，曾子所作也。曾子鼓琴，墨子立外而听之[②]。曲终，"善哉！鼓琴身已成矣，而曾未得其首也"。曾子曰："吾昼卧见一狸，见其身而不见其头，起而为之弦[③]，因而残形。"（卷上）

[注释]　①残行操：古琴曲。　②墨子：一本作"崔子"。　③弦：按弦弹琴。

[译文]　《残形操》是曾子所作的。曾子鼓琴的时候，墨子站在门外听着。一曲终了，墨子说："好呀！你弹的琴中间部分已经很好了，但开头部分却不好。"曾子说："我白天休息的时候梦见一只狸，看见身子却看不见它的头，起来后便作了这首曲子，因此是残缺的。"

[原文]　《曾子归耕》者，曾子之所作也。曾子事孔子十有余年，晨觉眷然[①]。念二亲年衰，养之不备[②]，于是援琴而鼓之曰："往而不返者，年也[③]；不可以再事者，亲也。嘘欷归耕[④]，来日安所耕，历山盘兮钦[⑤]。"（卷下）

[注释]　①眷然：眷顾、思念的样子。　②备：周全。　③年：岁月。　④嘘唏：感叹的样子。　⑤盘：曲折。钦：高耸的样子。

[译文]　《曾子归耕》是曾子所作的琴曲。曾子服侍孔子十多年，一天早晨醒来，思念之情油然而生，想到父母双亲年老衰迈，而自己奉养不够周到，于是操琴弹唱，歌词是："逝去了不会再返回的，是岁月呀；一生中不可能再次事奉的，是父母呀。哎呀，还是回去耕种吧，来日安于垅亩，历山曲折而又高耸！"

[原文]　《梁山操》者，曾子之所作也。曾子幼少，慈仁质孝，在孔子门有令誉[①]。居贫无业。以事父母，

躬耕力作，随五土之利[②]，四时惟宜[③]，以进甘肥[④]。尝耕泰山之下，遭天霖泽，雨雪寒冻，旬月不得归[⑤]。思其父母，乃作忧思之歌。（卷下）

[注释] ① 令：美好。 ② 随五土之利：按照各种土地的性质安排耕作。 ③ 四时惟宜：按四季的变化安排耕种。 ④ 甘肥：甜美的食物。 ⑤ 旬月：整月。

[译文] 《梁山操》是曾子所作的琴曲。曾子年轻的时候，即仁慈质朴，以孝行著称，在孔子门下，有很高的声誉。家居贫寒，没有产业，因为要侍奉父母，便亲自耕种，尽力劳作，根据土地的肥瘠和四季的变化来合理安排，总有味美的食品供养父母。曾经在泰山下耕种，有时天降大雨，有时雪花纷飞，天气寒冷，整整一个月不能回家，十分思念他的父母，便做了这首忧思之歌。

《琴史》

[原文]

曾参字子舆，少孔子四十六岁，晚事孔子。当孔子之在陈蔡也，曾子少未及从行，故孔子论德行，不及曾子。孔子还鲁而曾子行益高，故为之作《孝经》。曾子尝耘瓜，误断其根，曾皙怒击之。几死，有顷乃苏。欣然而起，进于曾皙曰："向也，参得罪于大人，大人用力教参，得无疾乎！"退而就房，援琴而歌，欲令曾皙闻之，知其体康也。然孔子闻之而怒曰："舜之事瞽瞍，小捶则待，大杖则走，故瞽瞍不犯不父之罪。今参委身以待暴怒，殆而不避，既死则陷父于不义矣。"曾子造孔子而谢过。

曾子尝梦狸，不见其首，以为不祥，援琴而鼓之，作《残形操》。有立于户外而听之者，曲终而入曰："善哉，鼓琴乎！身已成矣，而惜未见其首也。"盖梦狸而无首，此为怪祥①。君子居正以俟命②，福至不喜，祸生不怵③，故鼓琴以写其意。而曾子卒无祸④，后之君子可以监矣。又有《归耕之曲》曰："往而不返者，年也。不可得而再事者，亲也。"见于《琴操》。万世之下言孝者，必称子舆，美夫！（卷一）

[注释]

①祥：征兆。　②俟：待。　③怵：忧。　④卒：终。

[译文]

曾参字子舆，比孔子小四十六岁，属于晚进的弟子。孔子周游列国被围困在陈蔡时，曾子年少并没有从行，所以孔子称赞弟子德行的时候没有提到曾子。孔子回到鲁国后，曾子的德行日高，故孔子为曾子做了《孝经》。曾子给瓜田锄草，不小心把瓜苗弄断了，父亲很生气就打了他。差点要打死了，过了好大一会儿才苏醒过来。对父亲说："刚才我做错事情了，父亲您用力教训了我，没累着您吧。"于是回到房里弹琴，好让父亲知道自己身体没事。然而孔子听说了却很生气，说："舜侍奉父亲瞽瞍的时候，用小棍子打就受着，用大棍子的话就跑，所以瞽瞍不会犯打死儿子的罪过。而曾参挺身忍受父亲的大杖而不避让，如果死了不是陷父亲于不义吗？"曾子听了知道自己错了，就登门谢罪。

曾子曾经做了一个梦，梦见一个没有头的狸，觉得不祥，于是就弹起琴，做了一首《残形操》。正好有一个人站在门外面听，听完后进来说："琴弹得很好！已经有身子了，可惜看不见头。"大概梦见没头的狸，是怪异的征兆。君子行为端正等待天命，不以福喜不以祸悲，所以弹琴来抒发这种感情。最终曾子也没有什么灾祸，后代人可以以此为鉴。他还有《归耕操》，《琴操》里面收录的有。歌词是："往而不返者，年也。不可得而再事者，亲也。"后代的人谈到孝，一定会讲到曾子，真是美谈呀！

[原文]

闵子骞名损，以孝见称。三年之丧毕，见于孔子。子与之琴使之弦，切切而悲，作而曰："先王制礼弗敢过也。"子曰："君子也。"谓其衰未尽而能断之以礼也。孔子昼息于室而鼓琴焉。闵子自外闻之，以告曾子曰："向也，夫子之音清澈以和，论入至道，今也更为幽沈之声。幽则利欲之所为发，沈则贪得之所为施。夫子何所感若是乎？"曾子曰："诺。"二子入问孔子。孔子曰："然，汝言是也。我向见狸方捕鼠，欲其得之，故为之音也。汝二人者就识诸？"曾子曰是闵子。夫子曰："可与听音矣。"（卷一）

[注释]

参见《孔丛子·记义》。

[译文]

参见《孔丛子·记义》。

《孝子传》

［原文］ 乐正者，曾参门人也，来候参。参采薪在野，母啮右指，旋顷走归。见正不语，入跪问母："何患？"曰："无。"参曰："负薪右臂痛，薪堕地，何谓无？"母曰："向者客来，无所使，故啮指呼汝耳。"参乃悲然。

［注释］ 参见《论衡·感虚》。

［译文］ 参见《论衡·感虚》。

［原文］ 曾子食生鱼，甚美，因吐之。人问其故，参曰："母在之日，不知生鱼味。今我食美，故吐之。"遂终身不食。

［译文］ 曾子吃生鱼，觉得味道很美，因而吐了出来。有人问他为什么，他说："我母亲在世的时候，没有尝过生鱼的味道。现在我尝了很鲜美，所以吐了。"从此以后，曾子终生不吃生鱼。

［原文］ 曾参行孝，枯井生泉①。（《太平御览》引《孝子传》）

［注释］ ① 今山东济宁市嘉祥县曾子庙内有涌泉井。

［译文］ 曾参的孝行，能使干枯的井里涌出泉水。

《水经注》

［原文］ 曾参居曲阜，枭不入郭[①]。

［注释］ ① 枭：又称鸮，俗称猫头鹰，古人以为是食母的恶鸟。

［译文］ 曾参在曲阜居住的时候，连猫头鹰都不进入城郭。

《宋书》

[原文] 臣闻曾子孝于其亲而沉乎水，介生忠于其主而焚于火[①]。《文九王传》

[注释] ① 这是刘琎上书齐帝为景素鸣冤时引用的传说，未见其他记载。

[译文] 我听说曾子事亲极孝却被水淹死，介之推忠于国君却被火烧死。

[原文] 臣闻孝悌为志者，不以犯上。曾子不逆薪而爨，知其不为暴也[①]。（文九王传）

[注释] ① 同上。

[译文] 我听说以孝悌为志向的人，不会犯上作乱。曾子烧柴入灶都是顺而不逆，就知道他一定不会施暴行。

《文选》

[原文] 终朝未歺阳则嚣然思食[①]，而曾子衔哀则七日不饥[②]。（嵇康《养生论》）

[注释] ① 李善注："嚣然，饥意也。" ② 此亦为传闻，不见典籍记载。

[译文] 一上午不吃饭就饿得想赶紧吃，可曾子居丧抱哀，七天也不觉得饥饿。

《毛诗草木鸟兽虫鱼疏》

［原文］　《韩诗》及《三苍》说悉云[①]："蓷，益母也。"故曾子见益母感恩。（卷上）

［注释］　①悉：皆，都。

［译文］　《韩诗》和《三苍》上都说："蓷，就是益母草。"所以曾子看见益母草就感恩。

《孝经援神契》

［原文］

孔子制作《孝经》，使七十二弟子向北辰星而磬折[①]，使曾子抱《河》《洛》事北向。孔子簪缥笔[②]，绛单衣[③]，向北辰而拜。告备于天曰：《孝经》四卷，《春秋》《河》《洛》凡八十一卷，谨已备。天乃虹郁起，白雾摩地，赤虹自上下，化为黄玉，长三尺。上有刻文，孔子跪受而读之曰："宝文出，刘季握。卯金刀，在轸北。字禾子，天下服。"

［注释］

①北辰：北极。磬折：像磬一样弯腰。 ②簪：插。缥：青白色。《说文》："缥，帛青白也。" ③绛：《说文》："大赤也。"

［译文］

孔子撰述《春秋》，制定《孝经》，完成之后，派七十二个弟子向北极星鞠躬待立，命曾子捧着《河图》《洛书》向着北方。孔子斋戒沐浴，插着青白色的笔，穿着绛紫色的衣服，对北极星拜揖，向上天祷告成功说："《孝经》四卷，《春秋》《河图》《洛书》共八十一卷，现在已经完备。"天上突然弥漫了白色的大雾下接地面，赤色虹霓从天空飘下，化成黄玉，长有三尺，上面刻有文字。孔子跪拜接受然后诵读道："宝文出现，刘季拥有。卯金刀，在轸星北，字禾子，天下顺从。"

《孝经钩命诀》

[原文] 孔子在庶[①]，德无所施[②]，功无所就，志在《春秋》，行在《孝经》。孔子曰：“吾志在《春秋》，行在《孝经》。”以《春秋》属商，以《孝经》属参。

[注释] ① 庶：庶民。 ② 施：作为。

[译文] 孔子在身为平民的时候，德行没有施惠于人，没有建立大的功业，志向体现在《春秋》里，行为体现在《孝经》里。孔子说：“我的理想体现在《春秋》中，我的行为体现在《孝经》中。”把《春秋》传授给了子夏，把《孝经》传授给了曾参。

[原文] 子曰：“吾作《孝经》，以素王无爵之赏[①]，斧钺之诛，古称明王之道。”曾子避席复坐。子曰：“居，吾语女[②]，顺孙以避灾祸[③]，与先王以讬权。[④]”

[注释] ① 素王：有帝王之德而无帝王之位者，古称孔子为素王。《论衡·定贤》：“孔子不王，素王之业在《春秋》。” ② 女：同“汝”。 ③ 孙：通“逊”，谦逊。 ④ 讬：寄讬。

[译文] 孔子说：“我作《孝经》，是以素王的名义，实行没有爵位和斧钺的赏罚，来体现古代明君之道。”曾子恭敬地离开席位然后又坐下。孔子说：“坐下吧，我来告诉你，用恭顺谦逊来避免灾祸，以先王的名义来行使权力。”

《论语摘辅象》

［原文］

孔子应矩①，是谓仪古②；颜渊山庭日角③，曾子珠衡犀角④。

［注释］

①矩：绘制直角或方形用的曲尺，此处指方形。 ②古：奇特，不同凡俗。 ③庭：指头顶。角：指额骨。 ④衡：指眉毛。

［译文］

孔子的胸部是方形的，这样的仪容是奇特的；颜渊有着山一样的头顶和太阳一样的额头，曾子则长着珠玉一样的眉毛和突出的额骨。

附录一　曾参传略

《古史·孔子弟子列传》

曾参，字子舆，南武城人也，少孔子四十六岁。事亲孝，故孔子为之作《孝经》。其养曾皙必有酒肉，将撤，必问所与。问："有余？"必曰："有。"曾皙嗜羊枣，参终身不食羊枣。鉏瓜而伤其根，父挞之，几死，而不怨，然孔子非其不避也。齐人聘之，将以为卿。参曰："食人之禄，则忧人之事，吾不远亲而为人役。"辞之。尝称曰："吾闻诸夫子，人未有自致者也，必也亲丧乎。"故其执亲之丧，水浆不入口者七日。曾子为行甚笃，立志甚厉，其言曰："士不可以不弘毅，任重而道远。仁以为己任，不亦重乎？死而后已，不亦远乎？"又曰："可以托六尺之孤，可以寄百里之命，临大节而不可夺者，君子人欤？君子人也。"谓子襄曰："好勇乎？吾尝闻大勇于夫子矣，自反而不缩，虽褐宽博吾不惴焉；自反而缩，虽千万人吾往矣。"尝与客立于门侧，其徒趋而出，曾子曰："尔将何之？"曰："吾父死，将出哭于巷。"曰："反，哭于尔次。"曾子北面而吊之。季孙之母死，哀公吊焉，曾子与子贡亦吊。阍弗内也。二子入其厩而修容，子贡先入，阍曰："向者已告矣。"曾子后，阍辟之。涉内霤，卿大夫皆辟位，公降一等而揖之。曾子有疾，孟敬子问之。曾子曰："鸟之将死，其鸣也哀；人之将死，其言也善。君子所贵于道者三：动容貌，斯远暴慢矣；正颜色，斯近信矣；出辞气，斯远鄙倍矣。笾豆之事，则有司存。"其既病也，童子执烛而侍，曰："华而睆，大夫之箦欤？"乐正子春曰："止。"曾子闻之，瞿然曰："呼。"曰："华而睆，大夫之箦欤？"曾子曰："然。斯季孙之赐也，我未之能易也。元起易箦。"曾元曰："夫子之病革矣，不可以变；幸而至于旦，请起易之。"曾子曰："尔之爱我也，不如彼。君子之爱人也以德，细人爱人也以姑息。吾何求哉？吾得正而毙焉，斯已矣。"扶而易之，反席未安而没。曾子之妻以梨蒸不熟而出。人或非之，曾子曰："梨蒸小物也，而不用命，况大事乎？"盖以微罪出，不欲斥言之也。既而终身不娶。谓元曰："高宗之杀孝已，尹吉甫之放伯奇，皆后妻故也。吾不如古人知，得免于非乎？"孔子之孙子思学于曾子，而孟子学于子思。二子立志行义，大放曾子，数称其言云。

苏子曰："道有不可以名言者，古之圣人命之曰'一'，寄之曰'中'。舜之禅禹，曰：'人心惟危，道心惟微，惟精惟一，允厥执中。'圣人之欲以道相诏者，至于'一'与'中'尽矣。昔者，孔子与诸弟子言，无所不至，然不尝及此也。盖尝与子贡言之矣，曰：'赐也，汝以为多学而识之者欤？'曰：'然，非欤？'曰：'非也，予一以贯之。'虽与子贡言之，而孔子之言之也难，而子贡之受之也未信。至于曾子不然，孔子曰：'参乎！吾道一以贯之。'曾子曰：'唯。'曾子出，门人问，曾子曰：'夫子之道，忠恕而已矣。'盖孔子之告之也不疑，而曾子之受之也不惑，则与子贡异矣。然曾子以'一'为忠恕，则知门人之不足告也夫。及孔子既没，曾子传之子思，子思因其说而广之，曰：'喜怒哀乐之未发谓之中，发而皆中节谓之和；中者天下之大本也，和者天下之达道也；至中和，天地位焉，万物育焉。'子思之说既出，而天下始知'一'与'中'在是矣。然子思以授孟子，孟子又推之以为性善之论。性善之论出，而'一'与'中'始枝矣。呜呼！孔子之所以不告诸弟子，盖为是欤？"

（宋·苏辙）

《曾参传》

参字子舆，南武城人。父点，字皙，曾侍孔子。孔子曰："言而志。"点曰："春服既成，冠者五六人，童子六七人，浴乎沂，风乎雩，咏而归。"孔子喟然叹曰："吾与点也。"然其志嘐嘐然。曰："古之人？古之人。夷考其行而不掩焉。"

参与父俱事孔子。参少孔子四十六岁。孔子曾谓曰："参乎！吾道一以贯之。"参曰："唯。"子出，门人问曰："何谓也？"参曰："夫子之道，忠恕而已矣。"性孝，孔子语之孝，盖千余言。又尝问礼于孔子，往复酬对亦数千言。然号迟钝，故谓之曰："参之鲁。"

孔子没，子游、子夏、子张以有若似圣人，欲以所事孔子事之。强参。曰："不可，江汉以濯之，秋阳以暴之，皜皜乎不可尚已。"参尝曰："晋楚之富不可及也，彼以其富，我以吾仁，彼以其爵，我以吾义，吾何慊乎哉？"又曰："吾日三省吾身，为人谋而不忠乎，与朋友交而不信乎，传不习乎？"有疾，召门弟子曰："启予足，启予乎。《诗》云：'战战兢兢，如临深渊，如履薄冰。'而今而后，吾知免夫，小子。"孟敬子问之，参曰："鸟之将死，其鸣也哀，人之将死，其言也善。君子所贵乎道者三，笾豆之事，则有司存。"既病，乐正子春坐床下，子元、申坐于足，童子隅坐而执烛。童子曰："华而睆，大夫之箦欤？"参曰："然。斯季孙之赐也，我未之能易也。元起易箦。"曰："夫子之病革矣，不可以变。幸而至于旦，请易之。"参曰："尔之爱我，不如彼。君子之爱人也以德，细人之爱人也以姑息。吾何求哉？吾得正而毙焉，斯已矣！"举扶而易之，反席未安而没。

于朋友责善尤切。数子夏于西河之上："使西河之民疑汝于夫子，其罪一；丧尔亲，使民未有闻，其罪二；丧尔子，丧其明，其罪三。"子夏投其杖而拜曰："吾过矣。"

初，参养点必有酒肉，将撤，必请所与。问："有余？"必曰："有。"点死，元养参如参养点，然将撤，不请所与，问："有余？"曰："亡矣。"将以复进也。君子谓参养志，元养口体。事亲若参可也。

元子西，或人以比于子路，而蹵然不敢当。以比管仲，艴然不悦，其自任之重如此。

肇尝读司马迁《史记》，病其传曾子事特略。困採摭经传，掇其大者，著于谱。曾子修身、事亲、严师、笃友，至死不乱。其言雅，见于书，为万事法。然于孝爱尤至也，故后世言孝必称曾子。

（宋·曾肇）

《学统·正统》

曾子名参，字子舆，鲁南武城人，鄫国之后也。夏禹出自轩辕氏，其孙少康封其次子曲烈于鄫。子孙因其封国为氏，遂为鄫姓。历夏、商、周，世次无考，鲁襄公时，邾人、莒人灭鄫，世子巫公奔鲁，因叹曰："国既灭矣，邑亦宜除。"遂去邑为曾氏，则曾氏之始祖也。巫公生夭，夭生阜，阜生点，点以周敬王五十五年，即鲁襄公三年，生曾子于鲁，少孔子四十六岁。

曾子资禀笃实，天性至孝。十四岁尝出薪于野，有客至，母以手搤其臂，曾子心动，弃薪驰归，问母："无恙乎？"母曰："有客至，故搤臂以呼汝尔。"耕泰山下，雨雪旬日，不得归，思父母，作《梁山之歌》。往郑，至"胜母里"，还车不入，恶其名也。十七岁，以父命从学孔子于楚，孔子曰："参也，鲁。"曾子见孔子，未尝不问安亲之道。在楚心动，归问其母，母曰："思之，啮指。"孔子闻之，曰："参之至诚，精感万里。"

曾子曰："吾日三省吾身，为人谋而不忠乎，与朋友交而不信乎，传不习乎？"

十八岁，从孔子于卫。孔子称颜回有君子之道四，史鳝有君子之道三。曾子曰："参尝闻夫子之三言，而未之能行也。夫子见人之一善，而忘其百非，是夫子之易事也；见人之善，若已有之，是夫子不争也；闻善必躬行之，然后导之，是夫能劳也。学夫子之三言而未能行，是以自终不及二子也。"曾子曰："入是国也言信乎群臣，则留可也；忠信乎群臣，则仕可也；泽加于百姓，则安可也。"孔子曰："参之言可谓善安身矣。"

二十二岁，从孔子自卫反鲁。时季康子朝服以缟，曾子问于孔子，曰："礼乎？"孔子曰："诸侯皮弁告朔，然服之以视朝，若此，礼者也。"曾子敝衣而耕于鲁，鲁君闻之而致邑焉，曾子固辞不受，曾子曰："吾闻受人施者常畏人，与人者常骄人。纵君不我骄也，吾岂能无畏乎？吾与其富而畏人，不若贫而无屈。"孔子闻之，曰："参之言足以全其节矣。"

曾子养亲必有酒肉，将撤，必请所与。问："有余？"必曰："有。"人以为养志。曾子尝耘瓜，误断其根，父皙怒，杖击其背，曾子仆地，有顷乃甦，欣然而起，进曰："大人用力教参，得无疾乎？"退，抚琴而歌，欲父知其平也。孔子闻之，谓门弟子曰："参来勿内也。"曾子使人请于孔子，孔子曰："女不闻乎？昔舜事瞽瞍，欲使之未尝不在侧，索而杀之未尝可得；小杖则受，大杖则走，故瞽瞍不犯不父之罪，舜不失烝烝之孝。今参委身以待暴怒，而陷父于不义，安得为孝乎？"曾子闻之谢过，曰："参罪大矣！"

曾子问冠、昏、丧、祭、吉、凶变礼，孔子并详告之。语具《戴记》。曾子问王言，孔子曰："昔者明王内修七教，外行三至，而财不费，此之谓明王之道也。"语具《家语》。子贡谓卫将军文子曰："满而不盈，实若虚，过之如不及，博无不学；其貌恭，其德敦，其于人也，无所不信；其骄大人也，常以浩浩。是曾参之行也。"孔子称之曰："孝，德之始也；弟，德之序也；信，德之厚也；忠，德之正也。参中乎四德者也。"

二十四岁。是年颜子卒于鲁。其明年，曾子追思颜子，曰："以能问于不能，以多问于寡，有若无，实若虚，犯而不校。昔者吾友尝从事于斯矣。"

二十六岁。孔子呼而告之曰："参乎！吾道一以贯之。"曾子曰："唯。"孔子出，门人问曰："何谓也？"曾子曰："夫子之道，忠恕而已也。"

孔子以《大学》授曾子，曾子首述孔子之言，为经一章，以明《大学》之道。其道有三纲，曰：明德、新民、止至善。有八条，曰：格物、致知、诚意、正心、修身、齐家、治国、平天下，而归本于修身。盖修身即明德也。又以己意为传十章，以分释之，举"内圣""外王"本末，始终大义，悉备焉。语具《大学》。

孔子又以曾子能通孝道，授之以《孝经》。一日，曾子侍侧，孔子谓之曰："参，先王有至德要道，以顺天下，民用和睦，上下无怨，女知之乎？"曾子避席曰："参不敏，何足以知之？"孔子曰："夫孝，德之本也，教之所由生也。复坐，吾语女。"语具《孝经》。孔子尝曰"吾志在《春秋》，行在《孝经》，《春秋》属商，《孝经》属参"云。

时，齐欲聘曾子为卿，曾子不就，曰："吾父母老，食人之禄，则忧人之事，故不忍远亲而为人役。"曾子曰："狎甚则相简，庄甚则不亲。是故君子之狎足以交欢，其庄足以成礼。"孔子闻之，曰："二三子识之，孰谓参也不知礼乎？"

二十七岁，鲁哀公十六年也。是年孔子卒。曾子心丧三年。三十岁，心丧三年毕，子夏、子游、子张，以有若似圣人，欲以所事孔子事之。强曾子，曾子曰："不可，江汉以濯之，秋阳以暴之，皜皜乎不可尚已。"曾子曰："先王所以治天下者五：贵德，贵贵，贵老，敬长，慈幼。贵德，为其近于圣也；贵贵，为其近于君也；贵老，为其近于亲也；敬长，为其近于兄也；慈幼，为其近于弟也。”曾子曰：“晏子可谓知礼也已。”有若曰：“晏子一狐裘三十年；遣车一乘；及墓而返国君七个，遣车七乘；大夫五个，遣车五乘。晏子焉知礼？”曾子曰：“国无道，君子耻盈礼焉。国奢则示之以俭，国俭则示之以礼。”

三十一年，父皙卒，曾子执亲之丧，水浆不入口者七日，葬父皙于南武山。曾子攀柩车，引輴者为之止。或问曾子曰：“夫既遣而包其余，犹既食而裹其余欤？君子既食，则裹其余乎？”曾子曰：“吾子不见大飨乎？夫大飨既飨，卷三牲之俎归于宾、馆、父母，而宾客之所为哀也。子不见大飨乎？”读赗。曾子曰：“非古也，是再告也。”曾子每读丧礼，泣下沾襟。以父嗜羊枣，遂不忍食之，睹物思亲也。

三十八岁。居武城，有越寇。或曰：“寇至，何去诸？”曰：“无寓人于我室，毁伤其薪木。”寇退，则曰：“修我墙屋，我将反。”寇退，曾子反。左右曰：“待先生如此其忠且敬也，寇至则先去，以为民望；寇退则反，殆于不可？”沈犹行曰：“是汝非所知也。昔沈犹行有负刍之祸，从先生者七十人，未有与焉。”鲁人攻鄪，曾子辞于鄪君，曰：“请出，寇罢而复来，毋使狗豕入吾舍。”鄪君曰：“寡人之于先生也厚矣，人无不闻。今鲁人攻我，而先生去我，安能守先生之舍也？”曾子不答而出。及鲁攻鄪，数之罪十，而曾子所诤者九。鲁师罢，鄪君复修曾子舍而迎之。

门弟子问于曾子，曰：“夫士何如则可谓达矣？”曾子曰：“不能则学，疑则问，欲行则比贤，虽有险道，循行，则达矣。今弟子病下人不知事贤，耻不知而又不问，欲作则其智不足，是以惑闇终其世而已矣。是谓穷民也。”

曾子妻以梨蒸不熟而出之，人曰：“非七出也。”答曰：“梨蒸小物尔，而不用吾命，况大事乎！”遂出之，终身不娶。子元请焉，曾子告之曰：“高宗以后妻杀孝已，吉甫以后妻放伯奇。吾上不及高宗，中不比吉甫，容知其得免于非乎？”遂终身不娶。子申问曰：“哭父母有常声乎？”曾子曰：“中道婴儿失其母焉，何常声之有。”

四十岁，去鲁适卫。其居卫也，缊袍无表，三日不举火，十年不制衣；正冠而缨绝，捉襟而肘见，纳履而踵决，曳踪而歌《商颂》，声满天地，若出金石。天子不得臣，诸侯不得友。曾子曰：“士不可以不弘毅，任重而道远。仁以为己任，不亦重乎？死而后已，不亦远乎？”又曰：“可以托六尺之孤，可以寄百里之命，临大节而不可夺也。君子人欤？君子人也！”

五十岁。时齐聘以相，楚迎以令尹，晋迎以上卿，曾子皆不应命。尝曰：“往而不可还者，亲也；至而不可加者，年也。是故孝子欲养而亲不逮也。椎牛而祭墓不如鸡豚之逮亲存也。吾尝仕齐为吏，禄不过钟釜，尚欣欣而喜者，非为多也，乐其逮亲也。亲没之后，吾尝南游于楚，得尊官焉，犹北向而泣者，非为贱也，悲不逮吾亲也。故家贫、亲老，不择官而仕，若夫信其志，约其亲，非孝也。”曾子曰：“孝有三，大孝尊亲，其次弗辱，其下能养。”公明仪曰：“夫子可以为孝乎？”曾子曰：“是何言与？是何言与？君子之所谓孝者，先意承志、谕父母于道，参直养者，安能为孝乎？”曾子曰：“身者，父母之遗体也。行父母之遗体敢不敬乎？居处不庄非孝也，事君不忠非孝也，莅官不敬非孝也，朋友不信非孝也，战阵无勇非孝也。五者不遂，灾及于亲，敢不敬乎？君子所谓孝也者，国人称，愿然曰：‘幸哉，有子如此。’所谓孝也已。众之本教曰‘孝’，其行曰‘养’。养可能也，敬为难，敬可能也，安为难，安可能也，卒为难。父母既没，慎行其身，不遗父母恶名，可谓能终矣。仁者，仁此者也；礼者，履此者也；义者，宜此者也；信者，信此者也；强者，强此者也。乐自顺此生，刑自反此作。”又曰：“孝子之养老也，乐其心，不违其志，乐其耳目，安其寝处，以其饮食忠养之，孝子之身终是。故父母之所爱亦爱之，父母之所敬亦敬之，至于犬马尽然，而况于人乎？”又曰：“小孝用力，中孝用劳，大孝不匮。思慈爱忘劳，可谓用力矣，尊仁安义可谓用劳矣，博施备物可谓不匮矣。父母爱之喜而弗忘，父母恶之惧而无怨，父母有过谏而不逆，父母既没，必求仁者之粟以祀之，此之谓礼终。”

六十岁。谓子夏曰：“吾与尔事夫子于洙泗之间，退而老于西河之上。”

七十岁。卫人吴起来从学。顷之，起母死，不归。曾子薄之，遂与起绝。

曾子有疾，召门弟子，曰：“启予足，启予手。《诗》云：‘战战兢兢，如临深渊，如履薄冰。’而今而后，吾知免夫，小子！”

孟敬子问疾，曾子曰：“鸟之将死，其鸣也哀，人之将死，其言也善。君子所贵乎者三：动容貌，斯远暴慢矣；正颜色，斯近信矣；出辞气，斯远鄙倍矣。笾豆之事，则有司存。”疾革，乐正子春坐于床下，子元、申坐于足，童子隅坐而执烛。童子曰："华而睆，大夫之箦与？"子春曰："止！"曾子闻之，瞿然曰："然，斯季孙之赐也，我未之能易也。元起易箦。"元曰："夫子病革矣，不可以变，幸而至于旦，请敬易之。"曾子曰："尔之爱我也，不如彼。君子之爱人也以德，细人之爱人也以姑息。吾何求哉？吾得正而毙焉，斯已矣！"举扶而易之，反席未安而没。时周考王五年，即鲁悼公三十二年，而卫敬公十五年也。葬嘉祥县南四十里，南武山有庙。子曰元，曰申，曰华，孙曰西，皆贤。唐赠郕伯，宋封郕国公，赠宗圣公，时嘉靖中改宗圣曾子，赐子孙世袭博士一员。

（清·熊赐履）

《道统录》

曾子，名参，少孔子四十六岁。父皙，圣门狂者也，于道能见大意，为孔子所与，然行有不掩。

参最晚出，年十六，孔子在楚，皙命之楚受学焉。性颇鲁，而循循于反躬日省，将之以弘毅，卒能"唯""一贯"为圣学宗。故曰："参也，鲁。"意以鲁得之。迨夫子返鲁，喟然于明王之道，参敬以请，子具告之。内修七教，外行三至，凡王朝家国之礼，经常权变之宜，靡不反覆穷问焉。至语明王之至德要道，顺天下约之孝；具告以天子、诸侯、大夫、士、庶人之孝，而推之孝治天下，严父以配天。参故以仁为己任焉。夫子知其欲达也，呼而告之，曰："吾道一以贯之。"即应之曰："唯。"盖敏于化也。

伯鱼先孔子二岁卒，时孔门弟子成德著名者甚众，而孔子独遣伋事曾子，卒以闻道。故参之传独得其宗。其言曰："君子爱日以学，及时以行，日旦就业，夕而自省，博学而约守之，微言而笃行之，行必先人，言必后人，终身守此悒悒。行无求数有名，事无求数有成，不绝小，不殄微，行自微也，终身守此勿勿。君子见利思辱，见恶思诟，嗜欲思耻，忿怒思患，终身守此战战。言必其主，行必有法，亲人必有方。"其淳至如此，学士先生难之；其貌恭，其德敦，其言于人也无不信。孔子曰："孝，德之始也，弟，德之序也，忠，德之正也，信，德之厚也。参也，中是四德矣。"其传《大学》，以诚意为本，而约之毋自欺。学问自修，恂慄威仪，德润身以极于盛德至善，而齐家治国平天下。举省括于慎独：亲爱、贱恶、畏敬、哀矜，防其辟也；忿懥、恐惧、好乐、忧患，防其危也；好人之所恶，恶人之所好，絜其平于矩，惧其过而拂人之性也。故曰：君子有大道，必忠信以得之。忠信者诚也，毋自欺也，是内圣外王一以贯之之道也。

曾子少至孝，能竭力养父，志事亲，常一夕五起，视衣之厚薄、枕之高卑。及父卒，事母，一呼吸通于亲。尝出薪，客至，母以手搤臂，参即驰至，问曰："臂何恙乎？"母曰："今者客至，搤臂以呼汝耳。"曾子从孔子在楚，而心动，辞归，问母。曰："思汝啮指。"孔子闻之，曰："参之至诚也，精感万里。"曾子志存孝道，齐尝聘为卿而不就，曰："吾父母老矣，吾闻食人之禄则忧人之事，吾不忍远亲而为人役也。"后二亲既没，读丧礼必泣下沾襟，曰："往而不可返者，亲也，故椎牛而祭，不如鸡豚之逮亲存也。"初为吏，禄不及三釜，而心乐，非以为多也，乐其逮亲也；亲没，仕而得重禄，北面涕泣，非为贱也，悲不逮亲也。其言曰："大孝尊亲，其次不辱，其下能养。烹熟膻香，尝而荐之，非孝也，养也。养可能也，敬为难。敬可能也，安为难，安可能也，卒为难。居处不庄，非孝也；事君不忠，非孝也；莅官不敬，非孝也；朋友不信，非孝也；战阵无勇，非孝也。慎行其身，不遗父母恶名，可谓能终矣。"故君子一举足，一出言，不敢忘父母，不敢以父母之遗体行。迨仁者仁此者也，礼者履此者也，义者宜其者也，忠者中此者也，信者信此者也，强者强此者也。乐自顺此生，刑自反此作。故孝至之而塞乎天地，溥之而横乎四海，施之后世而无朝夕，要皆一贯之道也。

始，家贫食力，敝衣躬耕，日不举火，而歌声若出金石。鲁君闻而致邑，辞不受，曰："吾闻受人者常畏人，与人者常骄人，纵君不吾骄也，吾岂能无畏乎哉？"后，道既尊，而诸侯交宾，曾子以仁义为富贵，不答也。

出其偶，子元请再娶，曾子曰："殷高宗，圣君也，以后妻杀孝己；尹吉甫，良臣也，以后妻放伯奇。吾不及高宗、吉甫，庸能免于非乎？"终不娶。

及寝疾，谓曾元曰："夫华多实少者，天也；言多行少者，人也。飞鸟以山为卑，而层巢其上，鱼鳖以渊为浅，而穿穴其内，卒所以得者，饵也。君子敬无以利害身，则辱何由至乎？言不远身，言之至也，行不远身，行之至也。

君子尊其所闻则高明矣，行其所知则广大矣。与君子游，芯乎如入芷之室，久而不闻，则与之化矣。与小人游，忒乎如入鲍鱼之肆，久而不闻，亦与之化矣。官怠于宦成，病加于少愈，祸生于懈惰，孝衰于妻子。”

殁之夕，乐正子春坐床下，曾元、曾西坐于足，童子隅坐而执烛。童子曰：“华而睆，大夫之箦与？”曾子曰：“然，斯季孙子赐也，我未之能易也。”曾元曰：“夫子之病革矣，不可以变，幸而至于旦，请敬易之。”曾子曰：“尔之爱我也，不如彼。君子之爱人也以德，小人之爱人也以姑息。吾何求哉？吾得正而毙焉，斯已矣！”举扶易之，反席未安而卒。

曾子之徒著名者有：阳虐、子襄、沈犹行、公明高、单居离之伦，而乐正子春、公明宣最深。

（清·张伯行）

附录二 《曾子》书考略

王聘珍《大戴礼记解诂》：此（《曾子立事》）以下十篇，题首并云“曾子”者，盖曾子之后学者，论撰其先师平日所言立身孝行之要，天地万物之理，同在《古文记》二百四篇之中，并出于孔氏壁中者也。《汉书·艺文志》儒家有《曾子》十八篇，班氏自注云：“名参，孔子弟子。”是即《礼记》中之本。自刘氏析群经为《七略》，乃从《礼记》类中出之于儒家者流，《艺文志》乃因刘氏之旧耳。当日大戴定《礼记》，只就古文二百四篇，或删或取，未尝泛及诸子也。《白虎通·丧服》篇引《礼·曾子记》曰：“大辱加于身，皮体毁伤，即君不臣，士不交，祭不得为昭穆之尸，食不得昭穆之牲，死不得葬昭穆之域。”今案大、小戴《记》中并无此文。则班氏所称“礼曾子记”者，自是《大戴》佚篇中文也。据此，则《曾子记》十八篇，大戴所取必不止此十篇，惜卷帙散亡，不可考矣。

王应麟《汉艺文志考证》：《汉志》儒家《曾子》十八篇。隋、唐志《曾子》二卷。参与弟子公明仪、乐正子春、单居离、曾元、曾华之徒，论述立身孝行之要，天地万物之理。今十篇，自《修身》至《天圆》，见于《大戴礼》，于篇第为四十九至五十八，盖后人摭出为二卷。

黄震《黄氏日钞·读曾子》：曾子之书，不知论语所依信而为之，言虽杂，而衍然其不合于理者盖寡。若云与父言，言畜子，与子言，言孝父，与兄言，言顺弟，与弟言，言承兄，皆世俗委曲之语，而良贾深藏如虚，又近于老子之学，殊不类曾子宏毅气象。若乐正子春下堂伤足之事，“尊其所闻，则高明，行其所知则光大”之说皆粹会此书，亦有足观。特以“天圆地方”之说为非，而谓天之所生上首，上首之谓圆，下首之谓言，虽务博而未必然。

晁公武《郡斋读书志》：《曾子》二卷，鲁曾参撰。《汉艺文志》《曾子》十八篇；《隋志》《曾子》二卷，目一卷；《唐志》《曾子》二卷。今世传《曾子》二卷，十篇本也，有题曰“传绍述本”，岂樊宗师与？视隋亡目一篇，考其书已见于《大戴礼》。汉有《礼经》七十篇，后氏、戴氏记百三十一篇。

七十子后学者所记。是时未有大小戴之分，不知《曾子》在其中与否。予从父詹事公尝病世之人莫不尊事孟子，而知子思《中庸》者盖寡，知读《曾子》者，盖未见其人也。是以文字回舛谬误，乃以家藏《曾子》与温公所藏《大戴》参梓，颇为是正。而卢注遂行于曾子云。

王应麟《小学绀珠》：《曾子》七篇，内篇一，外篇、杂篇各三，刘清之子澄集录。

朱熹《书刘子澄所编录〈曾子〉后》：右《曾子》书七篇，其内篇一，外篇、杂篇各三。吾友清江刘清之子澄所集录也。昔孔子殁，门人唯曾氏为得其传。其后孔子之孙子思、乐正子春、公明义之徒，皆从之学。而子思又得其传，以授孟轲。故其言行杂见于《论语》《孟子》书及他传记者为多，然皆散出，不成一家之言。而世传《曾子》书者，乃独取《大戴礼》之十篇以充之，其言语气象，视《论》《孟》《檀弓》等篇所载相去远甚。子澄盖病其然，因辑此书，以传学者，而于其精粗纯驳之际，尤致意焉。戏！若子澄者，其可谓嗜学也已！

然熹尝考之，窃以谓曾子之为人敦厚质实，而其学专以躬行为主，故其真积力久而得以闻乎“一以贯之”之妙。然其所以自守而终身者，则固未尝离乎孝敬信让之规，而其制行立身又专以轻富贵、安贫贱、不求人知为大。是以从之游者，所闻虽或甚浅，亦不失为谨厚修洁之人；所记虽或甚疏，亦必有以切于日用躬行之实。盖虽或附而益之，要亦必为如是言，然后得以自讬于其间也。

然则是七篇者等而别之，虽有内、外、杂篇之殊，而其大致皆为有益于学者，非他书所及也。读者诚能志其大而必谨其小，历其浅而徐望其深，则庶乎其无躐等之病，而有日新之功矣。淳熙八年九月丁丑新安朱熹谨记。

高似孙《子略》：《曾子》十篇，《曾子》者，曾子与其弟子公明仪、乐正子春、单居离、曾元、曾华之徒，讲论孝行之道，天地事物之原，凡十篇。自《修身》至《天圆》已见于《大戴礼》，篇为四十九，为五十八，他又杂见于《小戴礼》，略无少异。是固后人掇拾以为之者，与刘中垒父子奏汉《七略》已不能致辨于斯，况他人乎？然董仲舒《对策》已引其书，有曰：“尊其所闻则高明，行其所知则光大。”则是书固在董氏之先乎？又其言曰：“君子复日以学，及时以行，难者弗避，易者弗从，旦就业，夕自省，可谓守业矣。三十、四十无艺，则无艺矣，五十不以善闻，则无闻矣。”

陈振孙《书录解题》：《曾子注》二卷，杨简注。《曾子》二卷，凡十篇，具《大戴礼》，后人从其中录出别行。慈湖杨简注。

《四库全书总目提要》：《曾子》一卷，宋汪晫编。晫字处微，绩溪人。是书成于庆元嘉泰间。咸淳十年，其孙梦斗与《子思子》同献于朝，得赠通直郎。考《汉志》载《曾子》十八篇，《隋志》有《曾子》二卷，目一卷，《唐志》亦载《曾子》二卷。晁公武《郡斋读书志》著录二卷十篇，称即唐本。高似孙《子略》称其与《大戴礼》四十九篇五十八篇，及杂见《小戴记》者无异同，后人掇拾以为之。陈振孙《书录解题》并称有慈湖杨简注。是宋时原有《曾子》行世，殆晫偶未见，故辑为此书。凡十二篇，《仲尼闲居》第一，《明明德》第二，《养老》第三，《周礼》第四，《有子问》第五，《丧服》第六，中阙第七、第八，《晋楚》第九，《守业》第十，《三省身》第十一，《忠恕》第十二。《明明德》独标云"内篇"，《养老》以下皆标"外篇"，而《仲尼闲居》篇不言内外，疑本有"内篇"字，而传写佚之也。其第一篇即《孝经》，而削去经名，别为标目，未免自我作古。第二篇即《大学》。考自宋以前有子思作《大学》之传，而无曾子作《大学》之说，归之曾子已属疑似，又改其篇目，与前篇武断亦同。至"外篇"十篇，亦往往割裂经文，以就门目，如"曾子问师行必以迁庙主行乎？"至"老聃云""孔疏曰"，此一节论出师当取迁庙主及币帛皮圭以行，庙无虚主之事，盖首问师行必以迁庙主，论其常也。师行无迁主，又筹其变也。二问相承，义实相济，故孔疏通为一节。今割"古者师行无迁主"至"盖贵命也"入《周礼》篇，割"古者师行必以迁庙主行乎"至"老聃云"入《丧服》篇，文义殆为乖隔。若云以其文有涉丧服，是以分属，则《周礼》篇内又明载"三年之丧吊乎"数节，为例尤属不纯。然汉本久逸，唐本今亦未见。先贤之佚文绪论，颇可借此以考见，则过而存之，犹愈于过而废之矣。卷首以梦斗进表，称有晫自序，而此本佚之，仅有元汪泽民、俞希鲁、翟思忠，明朱文选序四篇，明澹潢后序一篇。皆合二书称之，盖晫本编为一部也。今以前代史志，二子皆各自为书，故分著于录焉。

《曾子章句》一卷，明刘宗周撰。刘氏取《大戴礼记》中之《曾子》十篇，逐次解之，以阐发义理为主，间有训诂，原书见于《刘宗周全集》之《经术编》。

《曾子全书》三卷，明曾承业编。承业为曾子六十二代孙，序称博士，盖袭职之宗子也。宋汪晫尝辑《曾子》一卷，分十二篇，割裂补缀，已非唐以来之旧本，是编又分《主言》一篇，为卷一，《修身》《事父母》《制言》（上、中、下）、《疾病》《天圆》七篇为卷二，《本孝》《立孝》《大孝》三篇为卷三。与王应麟《玉海》所云今十篇，自《修身》至《天圆》皆见于《大戴礼》者，又多出《主言》一篇，而分合迥异，不知其何所依据，殆亦以意为之也。

《曾子注释》四卷，清阮元撰。《曾子》一书，汉、隋、唐《志》皆著录，惜佚而不传。阮氏以《大戴》所收《曾子》另为注释，谓《大戴》十篇，皆冠以曾子者，戴氏取曾子之书入《杂记》中，识之以别于他篇也。严厚民称其能正诸家之得失，辨文字之异同，其于中西天算考覆尤深，《天圆》一篇，更非他人所能及，盖不诬也。

阮氏自序云：百世学者皆取法孔子矣，然去孔子渐远者其言亦渐异。子思、孟子近孔子而言不异，犹非亲受业于孔子者也。然则七十子亲受业于孔子，其言之无异于孔子而独存者，惟《曾子》十篇乎！曾子修身慎行，忠实不欺，而大端本乎孝。孔子以曾子为能通孝道，故授之业，作《孝经》。今读《事父母》以上四篇，实与《孝经》相表里焉。患之小者毫发必谨，节之大者死生不夺，穷极礼经之变，直通天律之本，莫非传习圣业与年并进，而非敢恃机悟也。且其学与颜、闵、游、夏诸贤同习所传于孔子者，亦绝无所谓独得道统之事也。窃以曾子所学较后儒为博，而其行较后儒为庸。颜子曰博我以文，约我以礼，孔子曰庸德之行，庸言之谨。然则鲁哀公年间齐鲁学术可以概见，后世学者当知所取法矣。元不敏，于曾子之学，身体力行未能万一，惟孰复曾子之书，以为当与《论语》同，不宜与《记》书杂录并行，爰顺考十篇之文，注而释之，以就正有道。窃谓从事孔子之学，当自曾子始。

《圣门十六子书·曾子书》八卷，清冯云鹓编。按冯云鹓书，先列《大戴礼》曾子十篇，后附秦汉以来诸书。曾子言行，摭拾略具，未能备也。

《曾子发微》两卷，清魏源撰。卷上取《大戴礼记》中之《曾子》十篇，训释义理训诂兼而有之，以征引唐宋元明诸家之说为主，间以己意。卷下依次标目为：曾子至孝言行汇记、曾子言行汇记、曾子问、曾子论礼附录、《论》《孟》所载曾子言行汇记、曾子二子及门人汇记，另外附录有曾子书考、子思子表记集注。其内容亦以辑录典籍所载曾子言行加以诠释阐发。盖魏氏原书拟名为《曾子章句》，后乃改题为《曾子发微》，故其序仍以《曾子章句序》为题，收入其《古微堂集》及《古微堂外集》，因两文略有异同，故并录之如下。

其一曰：夫子殁，斯文未坠于地，则惟曾氏以致诚绍其宗，授子思、孟子为万世极。《汉艺文志》“《曾子》十八篇”，隋、唐《志》及北宋《御览》咸有之，迄南宋而亡。今惟存《大戴礼》者十篇，各冠以“曾子”，与《小戴·曾子问》皆夫子语者固殊。盖洙、泗大义微言，武城毕生践履皆于是乎在，凡《孟子》“彼富我仁”“彼爵我义”之文，董仲舒“尊闻行知”“高明广大”之义，皆见其中，而小戴《祭义》则全取《大孝》篇文。《事父母》篇“坐尸”“立齐”之云，则《小戴》删取《大戴》明证也。子思、乐正子门人述之，齐、鲁、秦、汉儒者罔不诵法称道之，挈小学、大学枢要，宜旦夕奉师保、临父母者也。奈何《小戴》去取不伦，而郑康成氏又不注《大戴礼》，既以此不列于经，又不获与《大学》《中庸》并表章，后世徒相沿纬书“行在《孝经》”语以为真，夫子授曾氏书，曾氏书顾若明若灭断简中，千载莫过问焉。

曾子得圣道宗，孝尽性，诚立孝，敬存诚，万伦万理，一反躬自省出之，初罔一言内乎深微，外乎宏侈，惟为己为人进退义利际，谆谆提撕而辟咡之，百世下如见其心焉。暨《天圆》篇，原圣人制礼作乐之由，以明人性之最贵，日用而神化也，庸德则大经也。不越户庭，明天察地，体用费隐贯于一，不遗不御也。

少习孤经，懿好攸在，茫茫绝绪，问津不闻，讹而互诸，塞而榛诸，微言未窥，大义谁揭？不揣狂简，纲之纪之，仰钻既竟，告语如闻，而其轶时时见他说者，亦网罗而部汇之，为五篇于其后。呜呼，曾氏之以书传，非曾氏之意也，曾子故以身教而不以言教者也，其志盖将以夏道之忠救周文之敝也。姬公制作之精意，谬然以清，淴然以肫者，唯曾氏为得之。儒行缺，世教漓，视人生之初，几若茹毛饮血之不可复见于世。尝试与之陈尼峄之遗文，稽龟麟之旧册，则亦历历然若矇诵之熟诸口也，皋比之习于耳也，忽忽乎若来若去之无戚于怀也。逃空谷者，闻足音而起；厌稻粱者，易以黍稷而或乐。则兹编之晚显于世也，其亦将天之有意于世乎？其亦末学之有幸于迷途乎？智小任重，言僭行窳，是以战战兢兢，若履薄冰云尔。

其二曰：以《曾子》十篇并《孝经》次《大学》之后，何也？此亦曾子门人记曾子之书，宜与孔子之《论语》《孟子》之七篇、子思之《中庸》并列于四子书者也。《汉艺文志》“《曾子》十八篇”，隋、唐《志》及北宋《御览》皆有之，迄南宋而亡。今惟存《大戴礼》者十篇，各冠以“曾子”，固洙、泗大谊微言，武城毕生践履皆于是乎在。凡《孟子》“彼富我仁”“彼爵我义”之文，董仲舒“尊闻行知”“高明光大”之义，皆见其中。而小戴《祭义》则全取《大孝》篇文。子思子、乐正子春门人述之，齐、鲁、秦、汉儒者罔不诵法称道之，挈大学、小学枢要，宜旦夕奉师保、临父母者也。奈何小戴去取不伦，而郑康成又不注《大戴礼》，遂以此不列于经，又不获与《大学》《孝经》并表章于宋儒之手，惟宋杨氏简、明刘氏宗周，皆笃学大儒，始各注十篇以贻世焉。

曾子得圣道宗，孝尽性，诚立孝，敬存诚，万伦万理，一反躬自省出之，初罔一言内乎深微，外乎闳侈，惟为己为人义利际，谆谆提撕而辟咡之，百世下如见其心焉。暨《天圆》篇，原圣人制礼作乐之由，以明人性之最贵，日用则神化也，庸德则大经也，不越户庭，明天察地，体用费隐贯于一，不遗不御也。或谓《曾子》十篇，多言功夫，罕言本体，不及《子思》《孟子》之精微。试观《大孝》篇：“夫孝置之而塞乎天地，溥之而横乎四海，施诸后世而无朝夕，推而放之东海而准，推而放之西海而准，推而放之南海而准，推而放之北海而准。”“仁者，仁此者也；义者，宜此者也；礼者，体此者也；忠者，中此者也；信者，信此者也；行者，行此者也；强者，强此者也。乐自顺此生，刑自反此作。”此外尚有何本体、何功夫之不该乎？

南宋朱子跋汪晫所辑《曾子》，虽极推曾子之学主躬行，闻一贯，而终身所守不离孝敬清让之规，专以轻富贵、守贫贱、不求人知为大。是以从之游者，所记虽或浅近，而必有益于日用躬行之实云云。岂必欲其如《中庸》之“经大经，立大本，知化育，肫肫其仁，渊渊其渊，浩浩其天”，然后为高深乎？然江、汉以濯之，秋阳以暴之，曾子之知圣人，其道光辉，皓不可尚，即《中庸》渊渊浩浩所自出。其见道也，彻上彻下，一以贯之，宜乎子思、孟子皆出其门矣。至德以为道本，颜、闵、仲弓、曾点之徒以之；敏德以为行本，孝德以知逆恶，曾子以之。圣门洒扫应对，可以精义入神，况洞洞属，属执玉奉盈者乎？

乌乎！曾子之以书传，非曾子意也，其意盖将以夏道之忠救周文之敝，所谓“依乎《中庸》，遁世不见知而不悔”者也，宜乎后世不深知而浅近视之也。十篇之外，曾子言行他见者，汇辑数篇于后。子思亦曾子门人，故类附焉。乌呼！十篇之不列于《四书》，乃儒林憾事，而欲以区区之力表章其间，智小任重，言僭行窳，是以战战兢兢，若履薄冰云尔。

《曾子家语》六卷十八篇，清王定安辑。定安曾为曾国藩、曾国荃修《宗圣志》，“复以余闲，旁搜载籍，得五万余言，仿宋薛据《孔子集语》例，编为二十四篇，谓之《曾子集语》”。后又根据曾国荃之意，改为《曾子家语》，将二十四篇合为十八篇，以复《汉书·艺文志》之旧。该书目次为：卷一《大孝》第一（合《大戴礼记》中的《曾子大孝》《曾子事父母》《曾子本孝》《曾子立孝》为一篇），《至德要道》第二（即《孝经》）；卷二《养老》第三，《慎终》第四，《大学》第五；卷三《三省》第六，《立事》第七（即《大戴礼记》中的《曾子立事》）；卷四《制言》第八（即《大戴礼记》中的《制言》上、中、下三篇合为一篇），《全节》第九，《兴仁》第十，《王言》第十一（即《大戴礼记》第三十九篇《王言》），《闻见》第十二；卷五《吊丧》第十三，《礼问》第十四（即《大戴礼记》中的《曾子问》）；卷六《天圆》第十五（即《大戴礼记》中的《曾子天圆》）；《吾友》第十六；《有疾》第十七；《杂说》第十八。

其叙曰：吾尝读南丰曾氏族谱载，曾子裔孙汉关内侯据，遭王莽乱，始迁豫章，是为南迁诸曾之祖。宋欧阳修氏固已疑之，以为据姓名不见于年表，其世次久而难详，至于始封得姓，亦或不真。其说允矣。然据虽不载正史，自宋以前南迁诸曾，固已奉为不祧之祖矣。昔二帝三王，其先皆出于黄帝，史迁所叙世次，或多刺谬，彼固亲见《世本》诸书者，而犹如此，盖年代荒远，载籍多缺，疑事勿质，未可定其是非也。光绪庚寅之春，定安客金陵，宫保威毅伯曾公以明吕氏所为《宗圣志》若干卷，属为重刊。定安披读至再，所述曾子言行颇多罣漏，且不详所本，盖沿明人臆断钻习，芜杂不复成章，因另撰《宗圣志》二十卷，复以余闲旁搜载籍，得五万余言，仿宋薛据《孔子集语》例，编为二十四篇，谓之《曾子集语》。既卒业，呈宫保曾公。公谓《大戴记》所录《曾子》篇目，名义复沓，甚无谓。爰并其十一篇为六篇，又芟唐以后书若干条，萃为十八篇，以复班书《艺文志》之旧。且曰：“吾衡阳湘乡诸曾，皆来自江右，其为曾子苗裔与否不可考，要其祖汉关内侯载诸往牒，子孙世守，由来久矣。今请名曰《曾子家语》可乎？”安定唯之而无以易也。昔孔子没，其子孙守其遗书，藏之家，号曰《家语》。秦昭王时孙卿入秦，以孔子之语及诸国事七十二弟子之言百余篇，献之昭王。始皇焚书，而《孔子家语》与诸子同列，故不见灭于是。汉孔安国氏惧其久且湮也，次为四十四篇，值巫蛊兴未上。其后戴圣氏以《曲礼》不足，乃取《孔子家语》裨益之，总名为《礼记》，而已见《礼记》者则除《家语》之本篇。今世所传王肃本者，或以为伪讬，然其网罗旧闻，何可废也夫！书阙有间矣。后之人于茫茫坠绪中掇佚补亡，存什一于千百，苟有录也，皆足贵也，况曾子为孔门高第，书之存于今者，至累牍而不已，则以《家语》续孔子之后又孰得谓之僭乎！遂书此以为序。光绪十六年岁在庚寅秋九月东湖王定安谨撰。

附录三 引用参考书目

大戴礼记补注	清	孔广森	丛书集成初编本
校定大戴礼记	清	戴　震	武英殿本
大戴礼记正误	清	汪　中	光绪十一年学海堂刻《皇清经解》本
大戴礼记注补	清	汪　照	《续修四库全书》本
大戴礼记解诂	清	王聘珍	中华书局，1983 年排印本
校正孔氏大戴礼记补注	清	王树楠	光绪九年刊本
大戴礼记斠补	清	孙诒让	齐鲁书社排印本
大戴礼记集注	清	戴　礼	民国四年温州石印本
大戴礼记汇校集注		黄怀信等	三秦出版社 2005 年版
曾子十篇注释	清	阮　元	光绪十一年学海堂刻《皇清经解本》
曾子全书	宋	汪　晫	上海古籍出版社 1990 年影印本
曾子章句	明	刘宗周	浙江古籍出版社 2007 年版《刘宗周全集》本
曾子发微	清	魏　源	岳麓书社 2005 年版《魏源全集》本
曾子家语	清	王定安	光绪十六年刻本
宗圣志	清	曾国荃　王定安	光绪十六年刻本
重辑曾子遗书	清	严式诲	民国九年渭南严氏孝义家塾刻本
曾子问讲录	清	毛奇龄	民国九年渭南严氏孝义家塾刻本
曾子校释		贾庆超	山东大学出版社 1993 年版
经义述闻	清	王念孙　王引之	江苏古籍出版社 2000 年版
十三经注疏			1983 年中华书局影印本
四书章句集注	宋	朱　熹	中华书局《新编诸子集成》本
孟子正义	清	焦　循	1986 年上海书店影印《诸子集成》本
论语正义	清	刘宝楠	1986 年上海书店影印《诸子集成》本

群经平议	清	俞 樾	上海古籍出版社 1995 版本
礼记译解		王文锦	中国古典名著译注丛书中华书局 2001 年版
毛诗草木鸟兽虫鱼疏	三国	陆 玑	四库全书本
礼记纂言	元	吴 澄	四库全书本
史记	汉	司马迁	中华书局 1982 年版
汉书	东汉	班 固	中华书局 1982 年版
后汉书	南朝宋	范 晔	中华书局 1982 年版
宋书	南朝梁	沈 约	中华书局 1982 年版
古史	宋	苏 辙	语文出版社 2001 年版《三苏全书》本
说苑	汉	刘 向	《汉魏丛书》本
抱朴子	晋	葛 洪	上海古籍出版社 1990 年版
水经注	北魏	郦道元	中华书局 2009 年版
中论	魏	徐 干	《汉魏丛书》本
孟子外书	明	姚士粦	中华书局 1991 年版
诸子平议	清	俞 樾	中华书局 1957 年版
庄子集释	清	郭庆藩	中华书局《新编诸子集成》本 1982 年版
荀子集解	清	王先慎	《诸子集成》本中华书局 1998 年版
韩非子集解	清	王先慎	《诸子集成》本中华书局 1998 年版
晏子春秋集释	清	吴则虞	《新编诸子集成》本中华书局 1982 年版
圣门十六子书	清	冯云鹓	道光十四年崇川冯氏刻本
孔子集语	清	孙星衍辑	《平津馆丛书》本
孔子家语疏证	清	陈士珂	《湖北丛书》本
春秋繁露注	清	凌 曙	《龙溪精舍丛书》本

春秋繁露义证	清	苏 舆	中华书局《新编诸子集成》本
吕氏春秋集释		陈奇猷	学林出版社 1984 年版
盐铁论校注		王利器	中华书局 1992 年版
尸子辑校	清	汪继培	光绪浙江书局二十二子本
新语校注		王利器	中华书局《新编诸子集成》本
颜氏家训集解		王利器	中华书局《新编诸子集成》本
淮南鸿烈集解		刘文典	中华书局《新编诸子集成》本
淮南子校释		张双棣	北京大学出版社 1997 年版
韩诗外传集释		许维遹	中华书局 1980 年版
战国策校注			涵芬楼影印四部丛刊本
孔丛子校释		傅亚庶	《新编诸子集成续编》本中华书局 2011 年版
新序纂注	（日本）	武井骥	文政六年（道光三年）长沼府本
说苑纂注	（日本）	尾张关嘉	宽政六年（乾隆五十九年）兴艺馆本
白虎通疏证	清	陈 立	《新编诸子集成》本，中华书局，1994 年版
刘子校释		傅亚庶	中华书局《新编诸子集成》本
论衡校释		刘盼遂	中华书局《新编诸子集成》本
搜神记	晋	干 宝	中华书局 1979 年版
金楼子校笺	南朝梁	萧绎撰	许逸民校笺　中华书局 2011 年版
高士传	晋	皇甫谧	丛书集成初编中华书局 1985 年版
子汇			涵芬楼影明万历五年刊本
汉魏丛书	明	程荣辑	万历新安程氏刊本
百子全书			浙江人民出版社 1984 年影印本
诸子集成			1986 年上海书店影印世界书局本
琴操	汉	蔡邕撰　清黄奭辑	民国二十四年刻本
昌黎先生文集	唐	韩 愈	涵芬楼影印四部丛刊本
琴史	宋	朱长文	文渊阁四库全书本
博物志校证	晋	张华撰　范宁校证	中华书局 1980 年版
兼明书	唐	丘光庭	中华书局 1985 年版
纬书集成	（日本）	安居香山　中村璋八	上海古籍出版社 1994 年版

列女传	汉	刘　向	江苏古籍出版社 2003 年版
伏侯古今注	汉	伏无忌	中华书局影印丛书集成本
群书治要	唐	魏征等	丛书集成初编中华书局 1985 年版
文选注	唐	李　善	中华书局 1977 年版
太平广记	宋	李昉等	中华书局 1981 年版
太平御览	宋	李昉等	中华书局 1963 年版
黄氏日钞	宋	黄　震	国家图书馆出版社 2005 年中华再造善本
郡斋读书志校证	宋	晁公武	上海古籍出版社 1990 年版
小学绀珠	宋	王应麟	中华书 1987 年版
汉书艺文志考证	宋	王应麟	二十五史补编本
子略	宋	高似孙	《学津讨原》本
直斋书录解题	宋	陈振孙	吉林出版集团有限公司 2005 年版
古孝子传	清	茆泮林辑	《龙溪精舍丛书》本
尚史	清	李　锴	乾隆悦道楼刊本
读书杂志	清	王念孙　王引之	江苏古籍出版社 2000 年版
香草校书	清	于　鬯	中华书局 1984 年版
四库全书总目提要	清	纪昀等	中华书局 1987 年影印本
学统	清	熊赐履	《湖北丛书》本
道统录	清	张伯行	康熙四十七年正谊堂刻本
先秦诸子系年		钱　穆	中华书局 1985 年版
诸子通考		蒋伯潜	浙江古籍出版社 1985 年版
孔子弟子考		李启谦	齐鲁书社 1987 年版
中国思想通史		侯外庐等	人民出版社 1957 年版
中国哲学史新编		冯友兰	人民出版社 1980 年版
中国哲学发展史		任继愈	人民出版社 1983 年版
中国经学思想史		姜广辉	中国社会科学出版社 2003 年版
周予同经学史论著选集		周予同	上海人民出版社 1996 年版

后 记

这是一部撰写了十年的书稿。上世纪九十年代初，我在山东省科学院工作期间，奉派到济宁市嘉祥县挂职锻炼。嘉祥是宗圣曾子的故里，县里主要领导同志安排我协助分管领导同志筹备曾子研究会，收集资料，邀请专家开展曾子研究。于是，我就回到母校山东大学，找我的老师董治安先生和诸位同门师兄参与。董先生时任山大古籍整理研究所所长，他非常重视，安排所里的各位教授积极参加，并带头撰写了《论曾子——关于历史上的曾子和曾子的历史评价》一文（后来发表在《文史哲》上，并收入先生的《先秦文献与先秦文学》一书），我也写了《〈曾子〉源流考辨》一文。后来虽然因挂职期满离开了嘉祥，但对曾子研究的兴趣却有增无减。鉴于曾子研究资料零散，残缺不全，董先生让我重新辑校《曾子》一书。于是我就以《大戴礼记》中的《曾子》十篇为内篇，以《论语》《孟子》《庄子》《荀子》《韩非子》《吕氏春秋》《淮南子》等诸子百家所载曾子言论为外篇，以唐宋以前诸书所记曾子迹行为杂篇，逐一进行校注翻译，并附以曾子主要传记和《曾子》一书的考论。虽然董先生已于2012年离开了我们，我还是愿意把他的文章放在本书之前，作为见证和纪念。

这也是一部尘封了十年的书稿。2004年春天，书稿完成后，交给了省内一家出版社。秋天，我的父亲突然离我而去。让我抱恨终生的是，当我匆匆交代一下正在处理的应急工作，连夜赶回老家，竟没能见上父亲最后一面。父亲幼年失怙，备尝艰辛，仅读过一年书，所以他不辞辛劳，坚持供我读完大学、研究生。毕业后，我先是在科研单位工作，后来又到地方成为一名领导干部，父亲依然默默支持着我，我也因此能够把全部精力放到科研和工作上。回想起在学校和单位，也经常给老师、领导、同学、同事本人及其父母陪护，唯独没有陪护照料过自己的亲生父亲一天，这种椎心之痛是无法用语言来表达的。曾子的学说以修养和孝道为根本，像我这样的人不配讲孝道，也没有资格研究曾子。痛定思痛，我从出版社取回了书稿，把它与父亲的遗物放在一起，准备让它们伴我余生，以赎我的不孝之罪。今年，山东出版界深入贯彻习近平总书记视察山东讲话精神，挖掘整理传统文化特别是齐鲁文化，山东人民出版社社长胡长青学弟知道这部旧稿，多次督促出版。呜呼！“往而不可还者，亲也；至而不可加者，年也。是故孝子欲养而亲不待也，木欲直而时不待也。是故椎牛而祭墓，不如鸡豚逮亲存也。”曾子每读《丧礼》，泣下沾襟。十年来，每当想起曾子的这些话，我都会悔恨交加，泪流满面。前车之覆，后车之鉴，愿世人以我为鉴。这就是我最后同意出版这本书稿的原因。

著名书法家山东大学王培元教授为本书题签书名，我的同事刘友智先生、我的研究生张倩同学帮我收辑资料、校阅全书，在此谨表谢意。因书稿撰写周期较长，加之本人学养所限，疏误之处，还请专家和读者朋友不吝教正。

姜涛于济南无悬堂

2015 年 12 月 7 日